TEOLOGIA e DIREITO

Afonso M. L. Soares   João Décio Passos

TEOLOGIA e DIREITO

O mandamento do amor e a meta da justiça

Dados Internacionais de Catalogação na Publicação (CIP)
(Câmara Brasileira do Livro, SP, Brasil)

Soares, Afonso Maria Ligorio
  Teologia e direito : o mandamento do amor e a meta da justiça /
Afonso Maria Ligorio Soares, João Décio Passos. — São Paulo :
Paulinas, 2010. — (Coleção teologia na universidade).

  Bibliografia
  ISBN 978-85-356-2590-5

  1. Cristianismo   2. Deus - Amor   3. Deus - Justiça   4. Direito
5. Teologia   I. Passos, João Décio   II. Título   III. Série.

10-00395   CDD-262.9

Índices para catálogo sistemático:
1. Direito e Teologia   262.9
2. Teologia do Direito   262.9

1ª edição – 2010
1ª reimpressão – 2015

Direção-geral: Flávia Reginatto

Conselho editorial: Dr. Afonso M. L. Soares
Dr. Antonio Francisco Lelo
Luzia M. de Oliveira Sena
Dra. Maria Alexandre de Oliveira
Dr. Matthias Grenzer
Dra. Vera Ivanise Bombonatto

Editores responsáveis: Vera Ivanise Bombonatto e
Afonso M. L. Soares
Copidesque: Anoar Jarbas Provenzi
Coordenação de revisão: Marina Mendonça
Revisão: Sandra Sinzato
Direção de arte: Irma Cipriani
Gerente de produção: Felício Calegaro Neto
Projeto gráfico: Manuel Rebelato Miramontes

Nenhuma parte desta obra poderá ser reproduzida ou transmitida
por qualquer forma e/ou quaisquer meios (eletrônico ou mecânico,
incluindo fotocópia e gravação) ou arquivada em qualquer sistema ou
banco de dados sem permissão escrita da Editora. Direitos reservados.

Paulinas

Rua Dona Inácia Uchoa, 62
04110-020 – São Paulo – SP (Brasil)
Tel.: (11) 2125-3500
http://www.paulinas.org.br – editora@paulinas.com.br
Telemarketing e SAC: 0800-7010081
© Pia Sociedade Filhas de São Paulo – São Paulo, 2010

Apresentação da coleção

A nova coleção *Teologia na Universidade* foi concebida para atender um público muito particular: jovens universitários que estão tendo, muito provavelmente, seu primeiro contato com uma área de conhecimento que talvez nem soubessem da existência: a área de estudos teológicos. Além dos cursos regulares de teologia e de iniciativas mais pastorais assumidas em várias Igrejas ou comunidades religiosas, muitas universidades comunitárias oferecem a todos os seus estudantes uma ou mais disciplinas de caráter ético-teológico, entendendo com isso oferecer ao futuro profissional uma formação integral, adequada ao que se espera de todo cidadão: competência técnica, princípios éticos e uma saudável espiritualidade, independentemente de seu credo religioso.

Pensando especialmente nesse público universitário, Paulinas Editora convidou um grupo de docentes com experiência no ensino introdutório de teologia — em sua maioria, oriundos do Departamento de Teologia e Ciências da Religião da Pontifícia Universidade Católica de São Paulo (PUC-SP), recentemente assumido pela nova Faculdade de Teologia dessa Universidade — e conceberam juntos a presente coleção.

A proposta que agora vem a público visa produzir estudos que explicitem as relações entre a teologia e as áreas de conhecimento que agregam os cursos de graduação das universidades, a serem realizados pelos docentes das disciplinas teológicas — às vezes chamadas de *Introdução ao Pensamento Teológico* —, contando com a parceria de pesquisadores das áreas em questão (direito, saúde, ciências sociais, comunicação, artes etc.).

Diferencial importante dos livros desta coleção é seu caráter interdisciplinar. Entendemos ser indispensável que o diálogo entre a teologia e outras ciências em torno de grandes áreas de conhecimento seja um exercício teológico que vá da *teologia e...* até a *teologia do...* Em outros termos, pretendemos ir do diálogo entre as epistemes à construção de parâmetros epistemológicos de teologias específicas.

Por isso, foram escolhidos como objetivos da coleção os seguintes:

a) Sistematizar conhecimentos acumulados na prática docente de teologia.

b) Produzir subsídios para a docência inculturada nas diversas áreas.

c) Promover o intercâmbio entre profissionais de diversas universidades e das diversas unidades dessas.

d) Aprofundar os estudos teológicos dentro das universidades, afirmando e publicizando suas especificidades com o público universitário.

e) Divulgar as competências teológicas específicas no diálogo interdisciplinar na universidade.

f) Promover intercâmbios entre as várias universidades confessionais, comunitárias e congêneres.

Para que tal fosse factível, pensamos em organizar a coleção de forma a possibilitar que cada volume fosse elaborado por um grupo de pesquisadores, a partir de temáticas delimitadas em função das áreas de conhecimento, contando com coordenadores e com escritores do âmbito. Essas temáticas podem ser multiplicadas no decorrer do tempo a fim de contemplar esferas específicas de conhecimento.

O intuito de estabelecer o diálogo entre a *teologia e outros saberes* exige uma estruturação que contemple os critérios da organicidade, da coerência e da clareza para cada tema produzido. Nesse sentido, decidimos seguir, na medida do possível, a seguinte estruturação para cada volume da coleção (com exceção do volume inaugural, de introdução geral ao pensamento teológico):

- *Aspecto histórico e epistemológico*, que responde pelas distinções e pelo diálogo entre as áreas.

- *Aspecto teológico*, que busca expor os fundamentos teológicos do tema, relacionando *teologia e...* e ensaiando uma *teologia da...*

- *Aspecto ético*, que visa expor as implicações práticas da teologia em termos de aplicação dos conhecimentos na vida social, pessoal e profissional do estudante.

Esperamos, portanto, cobrir uma área de publicações nem sempre suficientemente subsidiada com estudos que coadunem a informação precisa com a acessibilidade didática. É claro que nenhum texto dispensará o trabalho criativo e instigador do docente em sala de aula, mas será, com certeza, um seguro apoio para o sucesso dessa tarefa.

Enfim, queremos dedicar este trabalho a todos aqueles docentes que empenharam e aos que seguem empenhando sua vida na difícil arte do ensino teológico para o público mais amplo da academia e das instituições de ensino superior, para além dos muros da confessionalidade. De modo muito especial, temos aqui presentes os docentes do extinto Departamento de Teologia e Ciências da Religião da PUC-SP, onde essa coleção começou sua gestação.

Afonso Maria Ligorio Soares
Livre-docente em Teologia pela PUC-SP

Introdução

Uma reflexão teológica sobre o direito terá que lidar diretamente com construções de longa duração, no que se refere tanto à teologia quanto ao direito. Ambos deitam suas raízes mais remotas no mundo antigo, passam por vigorosa estruturação epistemológica na baixa Idade Média e sofrem transformações no contexto da modernidade. As camadas históricas que compõem essas disciplinas conservam e renovam universos de crenças, valores e vivências de forma eminente no nicho dos conhecimentos instituídos no decorrer da história ocidental, no âmbito da comunidade científico-acadêmica. Também, as raízes judaico-cristãs e greco-romanas, fontes comuns que instituíram normatividades morais e jurídicas, permanecem como referências arcaicas não só do que conhecemos como cultura ocidental de um modo geral mas também como provedoras de cânones referenciais para as codificações atuais, no âmbito das fontes da teologia e da tradição jurídica. Recuperar essas fontes comuns não constitui, certamente, tarefa tão complexa como parece ser a da recuperação das sequências históricas que ligam os códigos antigos aos códigos atuais, de modo particular no âmbito da normatividade jurídica. Na longa duração, fundem-se, e em muitos casos se confundem, referências normativas distintas e distantes que, no processo histórico vieram a compor codificações que, de fato, costumam afirmar-se como rupturas com as anteriores e a esconder, portanto, suas continuidades. É o que se pode observar na relação entre Cristianismo e direito romano, ou entre os direitos humanos e o humanismo cristão, já nos tempos modernos.

A história da teologia e do direito, cada qual com seus objetos e métodos, possibilita a arqueologia de uma normatividade que se configura em *éthos* e em *nómos* que se relacionam de modo direto nos mais variados contextos e configuram, cada qual, suas instituições. Nesse sentido, podemos falar de uma história comum da teologia e do direito, como expressões bem elaboradas da tradição cristã que compuseram o Ocidente com suas instituições e com seus valores vivenciados e formulados e que chegaram até nós em vários paradigmas.

Como efeito, nessas relações de longa duração podemos nos perder hermeneuticamente e construir fórmulas anacrônicas inadequadas, no intento de resgatar modelos normativos do passado como se por si mesmos fossem válidos ainda hoje. O anacronismo invertido também é tentador: negar que o passado tenha valor constitutivo no presente, como se os valores e as normas atuais tivessem surgido do nada e pudessem, de fato, prescindir das construções normativas do passado. As teocracias incorrem no primeiro risco, tanto na forma institucionalizada em Estados, quanto na forma ideológica que subsiste como uma espécie de sonho perdido, no interior dos Estados modernos. Por sua vez, muitos "modernos" costumam defender uma única verdade que, pela força de sua lucidez, deve negar a tudo o que for construção pré-moderna como expressão de obscurantismo. Certamente, tanto a teologia quanto o direito negam essas oposições, na longa duração de seus conteúdos e métodos, bem como de suas práticas curriculares. Contudo, precisamente por isso, ambos exigem discernimentos históricos que permitam colocar os diferentes modelos que compuseram suas trajetórias e que nos legaram institucionalidades acadêmicas e corporações tão sólidas. Entretanto, é preciso evitar a tentação, certamente não sem razão, de estabelecer relações causais lineares entre um e outro, como, por exemplo, ver o Cristianismo como ruptura radical com a lei judaica, ou buscar os fundamentos religiosos do direito atual. Uma teologia do direito se inscreve naturalmente no rol das abordagens que visam expor fundamentos para o direito, juntamente com a filosofia do direito. No entanto, essa tarefa não se compreenderá jamais como busca de fundamentos em códigos jurídicos antigos, inseridos no seio da tradição judaica ou de qualquer outra, mas sim como busca das razões antropológicas e éticas das formulações jurídico-legais atuais. Se assim não fosse, incorreríamos no fundamentalismo político-religioso.

Na verdade, a relação entre teologia e direito pode ancorar-se em muitas demarcações históricas e daí retirar modelos variados de objetos, métodos e teorias. A relação dialética retroalimentadora entre religião, moral e direito caracterizou as sociedades humanas, desde as mais remotas formas de organização. Dos grupos tribais à Idade Média, podemos encontrar as instituições sociais e políticas, garantindo a circularidade entre essas dimensões normativas, sob o amparo de uma unidade de poder referenciado direta ou indiretamente por um fundamento religioso. As noções de lei divina e de lei natural encontram nesse contexto sua fonte vital e remetem a origem e a finalidade da lei para a esfera transcendente, seja na ligação direta entre as leis da natureza com as divindades, seja na constituição da norma positiva revelada historicamente. De toda forma, antes que do encontro fecundo entre a tradição judaico-cristã e greco-latina emergissem formulações filosóficas e teológicas sobre o direito, a lei já era tratada como construção fundamentada que não se justificava por si mesma. A coerção, seu mecanismo inerente, não podia ser exercida sem que um consenso anterior fosse conseguido, em nome de uma fonte autoritativa maior. Nos vários povos, a lei esteve relacionada de algum modo à divindade, seja como fonte transcende que inscreve na natureza suas regras fixas e eternas, seja como reveladora de um norma positiva a ser vivenciada pelo povo.

A noção de lei revelada por Deus faz parte da história da salvação. Sabemos hoje da função social do *Decálogo* como código relacionado à vida comunitária tribal do antigo Israel, destinado a garantir um ordenamento social e político, marcado pelo equilíbrio entre, de um lado, as individualidades e a coletividade e, do outro, a liberdade perante toda forma de poder que se apresente como absoluto e sagrado. Os profetas exerceram vigilância crítica em relação à pratica da lei por parte dos governantes e mesmo em relação à vivência da Lei de Deus, afirmando a justiça para com os pobres como parâmetro da legalidade. O Cristianismo, seguindo essa mesma linha, vai afirmar a justiça para com os pobres como o significado absoluto da convivência humana que deve exceder a mera legalidade. A justiça dos seguidores de Jesus deve exceder à dos escribas e fariseus (cf. Mt 5,20) para que esses possam entrar no Reino dos Céus. A lei não se sustenta por si mesma em sua formalidade. Antes da prática da lei, está a atitude do sujeito perante o objeto da lei; antes da coibição da lei, a ação propositiva; e antes da letra, o espírito. A justiça de Deus é gratuidade absoluta perante o ser humano que se mostra na acolhida de todos os excluídos. O Reino de Deus se manifesta em ações concretas como um projeto que elimina todas as formas de segregação e diminuição do humano. A legalidade instituída não dá conta do dinamismo urgente e gratuito do Reino de Deus, que chama a todos para a misericórdia e a solidariedade imediata perante as dores humanas. *Exceder a justiça dos escribas e fariseus* é adotar a misericórdia de Deus como parâmetro de nossas ações, quando o outro se mostra como absoluto que transcende os fechamentos na pura individualidade e na pura formalidade legal. O outro é o próximo que chama para a relação amorosa imediata, tempo da graça de Deus, experiência supralegal ou mesmo ilegal. O tempo de Deus não pode esperar o tempo da lei; é graça que se mostra possível e produz salvação: "Vinde benditos de meu Pai, recebei por herança o Reino preparado desde a fundação do mundo, pois tive fome e me destes de comer, tive sede e me destes de beber, era forasteiro e me acolhestes" [...] (Mt 25,31ss). A justiça de Deus toca a carne humana nas suas necessidades mais fundamentais; é manutenção da vida em sua dignidade. Da vida humana concreta advém a vida eterna; fora dela não há salvação. A ressurreição final de cada pessoa é a confirmação final de sua positividade. Na solidariedade com a carne que sofre, vamos construindo a vida eterna e aprendendo a viver no espírito.

Para a fé cristã, o direito existe em função da justiça, e onde houver vítimas e excluídos dos benefícios da lei, a fé deve protestar e criar as condições para a vivência da justiça de Deus. Ela terá que contrapor ao *crónos* lento da lei o *kairós* de Deus. O segundo plano que ocupa a lei na práxis se aplica não somente às leis públicas, mas também às leis sagradas. Nenhuma lei pode substituir o valor da vida humana ou dele prescindir. Não se trata, evidentemente, de afirmar a indiferença aos ordenamentos legais, mas sim de promover a justiça dos filhos de Deus.

Nesse sentido, o Cristianismo não poderá consagrar nenhum ordenamento jurídico-legal como regra fixa, mesmo que em nome da lei natural ou do direito positivo. A dinâmica amorosa da justiça de Deus é que fornece o parâmetro primeiro de qualquer justificação teológica para ordenamentos normativos e legais. O discernimento teológico das formulações e práticas legais conduz naturalmente a posturas de negação ou de afirmação de conjunturas jurídicas e de codificações legais específicas, de forma que será natural a tensão entre teologia e direito; a identificação entre códigos legais e códigos de fé pode operar sacralizações de poderes e ideologias, o que termina por esgotar o Cristianismo em conjunturas históricas e reduzi-lo a interesses de grupos e indivíduos. A força justificadora das religiões foi sempre atrativa e conveniente aos poderes instituídos, podendo facilitar a conservação e a perpetuação de suas estruturas e dinâmicas. As teocracias e as alianças entre os Estados e a Igreja narram as ambiguidades dessa estratégia que termina por sacrificar a liberdade das consciências perante suas opções de fé em nome de uma ordem divinamente legitimada. Certamente, a teologia do direito deverá superar esse paradigma e ancorar-se sobre suas fontes mais límpidas que reservam à lei um lugar histórico pontual, submetida unicamente ao ser humano. Nesse sentido, a secularização oferece a possibilidade de um diálogo crítico e criativo entre as instituições laicas e os valores do Evangelho, sem os riscos das reduções teocráticas do passado.

A antropologia cristã fornece, de fato, as referências para uma fundamentação teológica do direito. Sobre a consideração do ser humano como valor, podem encontrar-se os valores mais fundamentais da fé cristã, o pensamento moderno e a própria fundamentação do direito moderno. A afirmação do ser humano como fim das instituições públicas e, por conseguinte, de todas as normatizações fazem convergir o pensamento clássico e o moderno, a tradição cristã e o pensamento político secularizado. Na verdade, estamos diante de duas fontes clássicas que afirmam a universalidade do ser humano, como filho de Deus livre e responsável, com individualidade destinada à eternidade e como natureza igual que permite falar em bem comum. A primeira situa-se no âmbito da cosmovisão criacional judaico-cristã e recebe propriamente do Cristianismo uma dignidade particular em termos teológico-antropológico, como natureza elevada até Deus no mistério da encarnação e ressurreição de Jesus Cristo. A segunda afirmação da dignidade tem seus desdobramentos políticos e jurídicos no âmbito romano, quando o conceito de cidadania adquire contornos mais nítidos. Como é bem sabido, o Cristianismo resulta do encontro dessas referências e dessas antropologias; dela retira aquilo que veio a ser conteúdo e método de suas compreensões políticas e jurídicas da história, quando a racionalização da fé adquire formato epistemológico, pedagógico e institucional no âmbito das escolas medievais. Teologia e direito são produtos tardios dessa fusão e adquirem consistência e autonomia definitivas como disciplinas a partir do exuberante século XIII.

A dignidade humana constitui o valor central da modernidade. O processo de modernização pode ser entendido como um movimento *do ser humano, pelo ser humano e para o ser humano*. Fora desse valor fundante, nada se justifica e pode ser institucionalizado como moral, legítimo ou legal. Ambiguidades à parte, a modernidade pode ser vista teologicamente como uma espécie de filha secularizada do Cristianismo. A centralidade do ser humano como fim em si mesmo tem seu lugar histórico, semântico e moral, ainda que não exclusivo, na tradição cristã. Como se sabe, ainda que esse valor comum pudesse ser verificado na teologia e na filosofia moderna, os discursos de oposição prevaleceram ao longo dos séculos de emergência e consolidação dos tempos modernos, tanto no âmbito das Igrejas cristãs, de modo contundente na Igreja Católica, quanto no âmbito das filosofias modernas. E a história dessa oposição foi de tal modo sustentada que, de ambos os lados, as acusações de anti-humanismo mutuamente impingidas reforçava a postura de valor e antivalor, de obscurantismo e iluminismo, de avançado e de retrógrado. Provavelmente, não se trata de construir uma síntese entre a modernidade e o Cristianismo, mas sim de encontrar as fontes e as metas comuns para ambos e, do ponto de vista ético, construir trânsitos entre as vivências de fé e as construções sociopolíticas. Se o Cristianismo aprendeu, no decorrer de sua história, as duras lições da aliança com os poderes políticos e suas inconveniências para a vivência livre da fé, afirma, igualmente, a necessidade de os cristãos exercerem suas responsabilidades políticas nas diversas conjunturas.

No ser humano, digno por si mesmo, livre e responsável por si, pelos outros e pelo planeta como um todo, podemos afirmar a possibilidade e a necessidade de uma convergência ética e um consenso jurídico entre todos os seres humanos. A civilização planetarizada clama cada vez mais por essas construções e permite, precisamente por seu estado atual de problemas e de saídas viáveis, avaliar de forma técnica e ética os efeitos históricos da atuação do ser humano sobre a natureza e sobre as suas próprias relações. A função social e ética das tradições religiosas na construção dessas convergências pode hoje ser recolocada como pressuposto de pactos sociais amplos e profundos o suficiente para evitar a danação final do planeta. Evidentemente, as religiões devem manter suas posturas de guardiãs de valores transcendentes, irredutíveis às configurações institucionais concretas, assim como de fontes impulsionadoras de ações coerentes em prol da ordem justa e fraterna.

Em nossos dias, a justiça universal se reveste de urgências, tendo em vista a planetarização das condições e dos modos de vida. Do ponto de vista teológico, esse fato pode ser acrescido de dimensões potencialmente agregadoras, quando consideramos a graça de Deus manifesta na história, como futuro realizado em Jesus Cristo. Esse olhar de fé permite ler o futuro do planeta como consumação da ordem criada e redimida, quando *ser* e *dever ser* se encontram com a sustentabilidade planetária como valor-fim que inclui em um mesmo sistema e destino todos os seres vivos, quando os domínios econômico e tecnológico atuais se tornam meios submetidos a uma finalidade maior aderida como valor comum e, por fim, quando toda legalidade mostra seu limite objetivo e solicita ações éticas capazes de defender a vida.

O aspecto da globalidade é inerente ao conceito de justiça, na medida em que se identifica com o próprio ser humano autônomo, socialmente situado, com natureza e destino comum. A busca da justiça identifica-se com a busca da igualdade, o destino comum dos iguais é sua meta. Apresenta-se como *dever ser* de todos, donde decorrem as demais formas de normatizações e, de modo concretíssimo, a norma legal. Contudo, a busca da convivência global confere a esse *dever ser* uma urgência e uma concretude sem precedentes, como futuro ameaçado, como desgraça comum e como desafio de construção imediata para as gerações vindouras. A justiça da equidade radical proposta pelo Evangelho faz ver no grito de todos os desvalidos do planeta a voz de Deus que desafia toda ordem legal a produzir eficácia. Contudo, o juízo escatológico de Deus que julga nossa sensibilidade e solidariedade para com os desvalidos é sempre atual e direta; não aguarda mediações legais e nem estratégias políticas e lança cada seguidor de Jesus Cristo para posturas éticas. Antes da legalidade, os ouvidos, as cabeças e as mãos do seguidor de Jesus Cristo se abrem para o outro na busca da equidade e da denúncia de tudo o que a impede e diminui e de tudo o que mata a vida. A justiça cristã é a prática imediata da ética através de atos presentes e de atitudes que nos abrem para a vida eterna dos justos (cf. Mt 21,46).

O nexo entre juízo futuro e ação presente baliza a consciência justa do cristão: o julgamento futuro centrado na justiça para com os desvalidos, como encena Mateus, apresenta o futuro como risco de salvação e perdição. A vida moral consiste precisamente em relacionar *escolha, ação e responsabilidade* dentro de um sistema de valores previamente adotado que permite distinguir o bem e o mal, superar a indiferença e temer o futuro. Em termos atuais, a vida justa exige pensar globalmente e agir localmente, projetar o futuro e agir no presente, planejar o estrutural e atuar no conjuntural. Do contrário, podemos nos perder nas conjecturas, nas estratégias e nas metas, enquanto a vida morre ao nosso redor, quando não nas suas fontes sistêmicas. A prática da justiça que conecta nossa consciência com o presente e o futuro, na dinâmica do temor e da esperança, conecta igualmente nossa razão na busca da ação eficiente em favor da vida, na dinâmica do planejamento e da realização. A expectativa do futuro que pode ser de graça ou de desgraça nos lança para as ações presentes capazes de matar a morte a partir de suas consequências (a solidariedade imediata com os que padecem de vida) e de suas causas (a busca dos meios de superação dos mecanismos negadores da vida) e de planejar o futuro da justiça para todos. A situação da vida no planeta clama por uma ecologia justa (lugar devido a todos dentro do sistema-terra) e aponta para o caminho da justiça como saída inevitável, quando as configurações institucionais de natureza política e legal não podem viabilizar a subsistência do planeta, exatamente por serem construções localizadas e, portanto, reprodutoras de interesses de indivíduos, de grupos e de nações. A orientação a partir do *dever ser* da vida do planeta não conhece traduções capazes de direcionar as instituições para ações convergentes. A divisão social e as depredações ambientais são frutos de uma prática política e tecnológica que dispensaram como desnecessária e, até mesmo, perniciosa a pergunta pelo *dever ser*.

Essas questões de ontem e de hoje desafiam a razão normativa na busca dos meios de sua realização. Embora o ético se apresente atualmente como uma espécie de moda em projetos de grupos militantes e até de empresas, a vida comum nunca esteve tão em risco, em termos individuais e globais. A ordem legal, por sua vez, se expande de modo inflacionário como única fonte de normatividade, criando, paradoxalmente, uma cultura legalista (o que não for ilegal será permitido), relativista (agir apesar da lei) e laxista (a lei pode ser burlada). A legalidade, por mais extensa e rígida que se apresente, não cria a consciência convicta e responsável em relação aos valores. Nesse sentido, legalismo e crise moral podem compor, de fato, os dois lados de um mesmo modo de vivenciar os valores. A ética se mostra urgente na busca da fundamentação e da proposição das finalidades e dos meios coerentes para alcançá-la. A teologia encontra-se, por sua vez, com o direito na meta comum da justiça, na reflexão ética e na vida moral. Esse é o lugar e o horizonte das reflexões que compõem a presente publicação que quer ser um testemunho da presença dialogante da teologia dentro da universidade e, ao mesmo tempo, um esforço de visa contribuir com a decodificação das questões que compõem o objeto dos estudos de direito. A teologia inserida na cultura universitária constrói um *diá-logos*, ou seja, uma reflexão que contribui com o *logos* do outro e com o seu próprio *logos*. Nas mesmas sendas trilhadas pela teologia clássica, afirma-se como *um modo* de ver os mesmos objetos vistos pelas outras ciências; busca no *a parte dei* contribuir com a aquisição da visão mais ampla e profunda da problemática epistemológica, da metodológica e da ética que envolvem a educação do futuro profissional.

A presente coletânea gravita em torno do eixo *justiça-ética-legalidade*. Resulta de convicções e de práticas acadêmicas diferenciadas, porém centradas nesse eixo comum, cuja força motora advém do ser humano valor-fim de toda construção normativa. Os diversos olhares tecem reflexões multidisciplinares e interdisciplinares, construindo diferentes aproximações sobre as relações entre teologia e direito. Portanto, o leitor não espere uma teologia sistemática do direito, elaborada dentro de parâmetros metodológicos clássicos. Trata-se, antes de tudo, da construção de pontes entre as duas disciplinas por parte de profissionais das duas áreas; pontes que explicitam questões comuns, desafios comuns e utopias comuns. As contribuições estão aglutinadas em três momentos: a) o histórico-epistemológico, que expõe alguns tópicos do encontro de longa duração entre teologia e direito, bem como seus contatos possíveis no diálogo interdisciplinar; b) o bíblico-teológico, que resgata nas fontes judaico-cristãs elementos que permitem pensar e repensar a prática normativa; c) o ético, que visa expor os aspectos teóricos e práticos do direito. Cada um desses momentos não tem naturalmente a pretensão de exaurir a problemática em foco e sequer construir uma reflexão a modos de *status quaestionis*. O objetivo é expor alguns tópicos de uma propedêutica da relação entre teologia e direito, elegendo a multiplicidade de olhar como caminho necessário e profícuo para o diálogo entre as duas áreas, no âmbito da universidade, particularmente entre os estudantes de direito. O olhar multidisciplinar que compõem o conjunto afirma em uníssono que o ser humano é a razão de ser de todo ordenamento legal e sinaliza para a justiça como seu valor fundamental. Nesse sentido, uma teologia do direito será certamente uma teologia da justiça, jamais uma teologia da lei, uma teologia crítica e utópica e não uma teologia do poder instituído.

O roteiro baseia-se em uma lógica que pretende partir primeiramente do olhar sobre a realidade histórica e epistemológica do direito — momento de resgatar as construções —, abordagem que conta com a contribuição das ciências humanas. Em seguida, busca-se resgatar na Bíblia e na teologia referências que permitam pensar a normatividade de um modo geral, incluindo a ordem legal, momento de atiçar a crítica e expor referências valorativas para os ordenamentos legais. Por fim, na última parte são explicitados alguns desafios práticos para o direito em torno da questão ética. São três momentos que compõem um conjunto marcado pela diversidade de abordagens e de posicionamentos teóricos e práticos, tendo em vista a diversidade de formação dos próprios autores. A preocupação teológica corre no fundo de todas as abordagens convidadas a expor suas convicções a partir de olhares que, em certos casos, não são teológicos no sentido estrito. É do diálogo entre essas diversas abordagens que os desafios éticos para a ordem normativa emergem como relevante para nossos dias. A superação das injustiças e a busca da sociedade justa e solidária constituem a meta comum de todos os que por aqui apresentam suas contribuições. A teologia se apresenta, portanto, como ponto de partida e ponto de chegada das reflexões, ao mesmo tempo em que se mostra como olhar importante para a compreensão do direito em nossos dias. Falar em teologia do direito significa, naturalmente, afirmar uma visão de direito que supere a autorreferencialidade formal, como sistema que subsiste por si mesmo, sem referências a uma fonte de valores transcendentes. Significa, portanto, dizer que toda ordem normativa, de modo particular a ordem legal, legitima-se unicamente se se adota a ética como seu fundamento. Em termos concretos, a fundamentação do direito se dá na justiça, sabendo tratar-se de uma justiça posicionada como reserva escatológica, horizonte transcendente que permite a crítica utópica de todas as construções jurídicas. A fé se define precisamente por esse dinamismo que articula o histórico com o transistórico e afirma a importância das duas dimensões como momento de realização da justiça.

As três partes que compõem a reflexão agregam esforços de sujeitos diversos que aceitaram o desafio de apresentar os pontos de contato entre a teologia e o direito. Não vamos nominá-los aqui. Apenas manifestar nossa gratidão pelas contribuições oferecidas. Auspiciamos que esse primeiro esforço lance as sementes para futuros trabalhos que possam ampliar e aprofundar o diálogo entre teologia e direito dentro da universidade.

PARTE I

Aspectos históricos e epistemológicos

CAPÍTULO I

Religião como sistema normativo: considerações sistemáticas e exemplificações

Frank Usarski

1. A significância da temática no contexto do estudo das religiões

Abstraindo de fases teoricamente contraproducentes, por exemplo, na época da dominância da fenomenológica clássica da religião e sua concentração na subjetividade irracional humana como constituinte principal da relação entre o ser humano e o chamado "sagrado", reflexões sobre a religião na sua função como sistema normativo tem representado um tema importante e persistente na área dos estudos da religião.

Um exemplo para essa tendência é a abordagem de Immanuel Kant (1724-1804). Seu conceito de religião baseia-se nas seguintes afirmações. O ser humano é caracterizado por um desejo inato de satisfazer os princípios éticos na sua totalidade. Na busca para a capacidade de fazer justiça a essa aspiração, porém, os atores são confrontados com a experiência frustrante de que na vida mundana não há alguém que seja moralmente perfeito. Em vez disso, cada indivíduo se vê constantemente desafiado por suas inclinações, outro lado da ambígua natureza humana. Apesar das suas falhas, porém, os sujeitos não desistem de fazer o melhor para seguir as regras morais. Kant atribuiu essa tendência à convicção humana de que Deus existe, de que a alma é imortal e de que a realização plena da ética coincide com a felicidade máxima do indivíduo. Assume-se que há um ser superior que não apenas representa a perfeição mas também garante que a evolução moral continua após a morte e finalmente leva os sujeitos à beatitude. Do ponto de vista do filósofo alemão, religião é uma exigência da *razão prática* e representa "a síntese de todos os deveres enquanto mandamentos divinos".[1]

Um outro autor conhecido por sua identificação da religião como um sistema norteador é Émile Durkheim (1858-1917). Seu estudo da religião fez parte das reflexões sistemáticas sobre a sociedade e seus constituintes, particularmente no que diz respeito às suas normas, regras e aos seus mecanismos de controle social responsáveis pela integração do sujeito em algo que transcende as limitações individuais de cada integrante do coletivo. A partir da sua pesquisa das crenças e práticas de tribos aborígines australianas, o fundador francês da sociologia demonstrou a funcionalidade social do chamado "totemismo", um sistema simbólico e normativo desenvolvido ao redor de um ícone venerado como "sagrado".[2] Mediante a atribuição de um *status* extraordinário a um "totem" e a referência periódica a ele no sentido de determinados ritos associados, o grupo torna-se consciente da sua própria existência enquanto coletivo. Ao mesmo tempo, reconfirma seu compromisso com as regras que definem tanto a relação entre o "profano" e o "sagrado" quanto as normas constitutivas para a vida social da tribo, como, por exemplo, a proibição de matar animais simbolizados pelo totem, a exigência de participar das festividades ritualistas, o tabu do incesto e o princípio da exogamia. Nesse sentido, a religião representa uma instância reguladora da vida social.

O terceiro exemplo é o de Clifford Geertz (1926-2006). Para o antropólogo norte-americano, a religião representa "um sistema de símbolos que atua para estabelecer poderosas, penetrantes e duradouras disposições e motivações nos homens através da formulação de conceitos de uma ordem de existência geral e vestindo essas concepções com tal aura de fatalidade, que as disposições e motivações parecem singularmente realistas".[3] Nesse contexto, é notável que Geertz caracteriza a religião com a concepção humana que insiste que os acontecimentos de vida não são aleatórios, mas se desenvolvem de acordo com determinados padrões subjacentes. Mais do que isso: na medida em que o postulado de uma "ordem geral da existência" é tido como certo pelo fiel, este último desenvolve a tendência de agir de acordo com as exigências normativas atribuídas àquela "ordem geral".

As abordagens há pouco resumidas, junto com uma série de outros pensadores não mencionados, mostram-se sensíveis para a importância da dimensão normativa da religião e servem como referências para a pesquisa empírico-histórica interessada na dimensão da normatividade das religiões, de acordo com suas múltiplas articulações contextualizadas em diferentes épocas históricas e ambientes culturais. Para dar conta dessa complexidade, o presente artigo elaborará, em um primeiro

---

1   KANT, *Die Religion innerhalb der Grenzen der bloßen Vernunft*, p. 487.

2   Cf. DURKHEIM, *As formas elementares da vida religiosa*.

3   GEERTZ, *A interpretação das culturas*, p. 105.

momento, um esboço da estrutura geral do assunto no sentido de aspectos-chave constitutivos para o pensamento religioso acerca do tema da normatividade. Com o objetivo de concretizar essa reflexão ainda genérica, será posteriormente demonstrado como os conceitos relevantes se configuram no contexto do Confucionismo, do Hinduísmo e do Islã.

2. Considerações sistemáticas

O presente parágrafo visa sintetizar os principais elementos constitutivos para o potencial normativo da religião e seu impacto sobre a vida humana. Do ponto de vista da Ciência da Religião, os seguintes pontos-chave têm que ser levados em consideração.

O estudo comparado da capacidade norteadora da religião tem que distinguir entre diferentes níveis do alcance da normatividade. O nível mais geral consta da reivindicação, de uma religião, de que as regras formuladas por ela valem de maneira universal e oniabrangente. A normatividade assume um caráter menos abrangente caso uma religião atribua um determinado conjunto de regras a camadas sociais específicas, grupos particulares ou certos segmentos da vida. As duas opções não se excluem. É comum observar que a mesma religião formule princípios universais e, além disso, normas mais rígidas a determinados estratos ou âmbitos sociais. Uma expressão da normatividade totalizadora encontra-se na ideia do *ma'at*, conceito-chave da religiosidade do antigo Egito. O termo refere-se a um princípio abstrato de ordem subjacente que se manifesta tanto no sentido da regularidade cósmica quanto no sentido da justiça no mundo humano. Conforme essa ideia, a existência não se divide em uma esfera sagrada e uma profana. Em vez disso, a vida em todas as suas expressões é vista como "sagrada", um pensamento que se exprimia paradigmaticamente na tarefa dos sacerdotes de mensurar o tempo e o fato de que relógios eram itens de culto.[4]

Um exemplo para o alcance específico de normatividade religiosa em termos de um determinado segmento social são as regras específicas que definem a existência monástica no âmbito do Budismo. As respectivas exigências encontram-se no chamado Vinaya-Pitaka,[5] isto é, a chamada "cesta da disciplina" direcionada a monjas e monges. As diferentes escolas trabalham com diferentes listas de ofensas. A mais curta é composta por 218, a mais longa por 263 itens. Em todos os casos, as normas são sistematizadas conforme a gravidade da transgressão e suas consequências. No topo da hierarquia, encontram-se quatro infrações penalizadas com a expulsão imediata da comunidade monástica. Trata-se do rompimento com o celibato, do roubo,

---

4   Cf. ASSMANN, *Religion und kulturelles Gedächtnis*, pp. 47-60.

5   Cf. HEIRMAN, Vinaya: from India to China.

do assassinato e da reivindicação de possuir faculdades supranaturais. Seguem treze violações, entre outras a participação de um jogo de azar, que resultam em punições temporárias definidas pela assembleia geral da comunidade monástica que pode decidir que o monge desobediente perca temporariamente seu *status* monástico.

Um caso diferente do impacto específico de exigências religiosas encontra-se no postulado de Cícero (106-43 a.C.), na sua obra *De natura deorum*, de que há uma relação etimológica entre o substantivo *religio* e o verbo *relegere* no sentido de *tomar cuidado com algo a ser realizado com atenção minuciosa*. Com essa associação, o autor demonstrava uma preocupação com o intercâmbio "tecnicamente" correto com as divindades. Em outras palavras, do ponto de vista do politeísmo romano, "*religio* era primeiramente entendido sob a perspectiva do seu aspecto ritualista",[6] um conceito que relacionava a ideia de exigências religiosas à esfera limitada do culto.

Na medida em que a religião se articula como uma cosmovisão normativa no sentido totalizador, a tradição é confrontada com a questão do acesso ao conhecimento sobre as regras que devem nortear a vida humana. Do ponto de vista ideal, as religiões têm principalmente duas opções para responder a tal pergunta. Uma possibilidade consta na afirmação de que em determinados momentos uma fonte supra-humana fez-se entender diante de determinados "virtuosos" religiosos. O segundo modelo atribui os *insights* a um ato de introspecção mediante o qual seres humanos extraordinariamente qualificados entram em contato com uma camada profunda da sua própria consciência na qual o saber espiritual em questão está enraizado. Em ambos os casos, os recipientes do conhecimento assumiram a tarefa de divulgar a mensagem no mundo humano.

O acesso ao "conhecimento", seja mediante "revelação", seja mediante "introspecção", é frequentemente visto como um privilégio dos fundadores ou outras personagens significantes, responsáveis por mudanças fundamentais do rumo da respectiva religião, por exemplo, no sentido de uma reforma. Além disso, no decorrer do processo de codificação do "conhecimento", consolida-se um conjunto de personagens responsáveis por preservar o saber e tomar providências práticas em prol de satisfazer as exigências normativas.

Voltando ao tema da religiosidade do antigo Egito, para exemplificar o resultado da fixação de tradição e instituição do "curador" do conhecimento sobre a normatividade, pode-se acrescentar que uma boa parte da "teoria" do *ma'at* foi fixada na chamada "literatura didática", mais conhecida como "literatura de sabedoria", que ganhou forma a partir da metade do terceiro milênio antes de Cristo. Os respectivos textos contêm importantes instruções religiosas, inclusive as aplicáveis no nível do Estado. Trechos das fontes revelam uma forte relação entre o *ma'at* e o poder político

---

6   HAUSSIG, *Der Religionsbegriff in den Religionen*, p. 43.

incorporado pelo rei. O último devia seu *status* à força criadora (*ra*) do universo e era responsável pela imposição do *ma'at* na terra. Tinha como tarefa combater o mal, garantir a justiça e a verdade no mundo humano e agradar as divindades mediante os sacrifícios.

Muitas vezes, a capacidade de uma religião de impor suas regras sobre a vida é uma função do processo de reinterpretação de experiências arcaicas com a natureza que já tinham culminado em atitudes coletivas e padrões comportamentais antes do surgimento da respectiva religião. Nesses casos o poder de definição da última beneficia-se de uma normatividade preestabelecida e preservada através das gerações mediante a socialização primária. Esse mecanismo reflete-se paradigmaticamente no calendário eclesiástico que exige, daqueles que o seguem em determinados momentos do ano, atitudes e condutas específicas, entre outras no que diz respeito a questões da dieta, um domínio da religião que se apropria do desejo antropológico de estruturar o tempo conforme as qualidades e os desafios típicos para as estações e os ritmos cronológicos. Nesse sentido, o calendário eclesiástico representa uma síntese de vários movimentos cíclicos gravados na memória coletiva. Um desses ciclos tem a Páscoa como centro e é norteado pelo ciclo lunar. Um outro ciclo segue o ritmo solar e caracteriza-se pela incorporação de diversas tradições pré-cristãs como o Natal e a Epifania. O ritmo solar é também constitutivo para um terceiro ciclo composto pelas festas de santos.[7]

Como o exemplo anterior indica, o impacto das exigências religiosas sobre a organização da vida humana ou sobre determinados segmentos dela não repercute necessariamente em regras explícitas e diretrizes institucionalizadas sancionadas pelo poder legítimo. O repertório de normas inclui também costumes, convenções ou princípios morais. Trata-se de uma esfera da convivência humana cuja normatividade é geralmente sustentada pelo consenso tácito sobre sua validade, e de mecanismos amorfos de reprovações de condutas não conformistas do ponto de vista da maioria da população. Um exemplo para condutas e hábitos subentendidos é a prática da circuncisão no âmbito do Islã, sobretudo encontrada em regiões da África, dando continuidade a diversas formas de modificação cirúrgica de genitais tanto masculinos quanto femininos conhecidas desde a Idade do Bronze. Trata-se de procedimentos não sancionados pelo Alcorão[8] e explicitamente prescritos por apenas uma das quatro escolas do direito islâmico.[9]

---

7   Cf. BIERITZ, *Das Kirchenjahr*.

8   Cf. KUENY, *Circumcision*.

9   Cf. REBSTOCK, *Beschneidung im Islam*.

3. Exemplificações

Esse item tem como objetivo ilustrar como os princípios mencionados anteriormente se concretizam em ambientes religiosos específicos. Para esse fim, serão escolhidos o Confucionismo, o Hinduísmo e o Islã. A seleção justifica-se, sobretudo, pelo fato de que se trata de três sistemas nos quais o problema da normatividade tem ocupado um lugar central nas discussões internas. Além disso, as três religiões não sofreram — com a mesma intensidade — as consequências da secularização como o Cristianismo. Portanto, representam um diferencial em comparação com uma religião que, devido à crescente autonomia de outros subsistemas sociais, inclusive o do direito, perdeu seu potencial de definição sobre a totalidade da vida.

a) Confucionismo

O conceito de *tao* é crucial para a religiosidade chinesa. A noção refere-se a um princípio cósmico supremo que antecede e permeia a existência relativa em todas as suas expressões. Traduções do termo, por exemplo, como "caminho" representam apenas aproximações de seus significados abstratos que escapam às categorias convencionais do pensamento humano. Do ponto de vista ontológico, *tao* é ao mesmo tempo transcendente e imanente. Os textos clássicos o caracterizam como eterno e sem forma. Mesmo assim, seus efeitos são perceptíveis em todas as manifestações do cosmo onde se articula na dinâmica entre as duas constituintes existenciais complementares, *Yin e Yang*. Desse ponto de vista, todas as coisas e processos estão inter-relacionados e seguem as mesmas regras universais. Macrocosmo e microcosmo se sobrepõem. A esfera humana faz parte integral dessa totalidade e tem que se submeter à ordem oniabrangente. Trata-se de um conceito compartilhado tanto pelo Taoísmo quanto pelo Confucionismo.

O conceito de *tao* tem suas raízes em especulações pré-confucionistas encontradas nos aforismos do antigo clássico *Shi Jing*, provavelmente compilado a partir do século XI a.C. Os relevantes trechos referem-se a uma sequência de heróis que, devido a uma virtude extraordinária, institucionalizaram a ordem e, com isso, a "cultura" na terra. As narrativas atribuem essa capacidade ao acesso dos heróis a determinados mapas, ou seja, plantas de origem celestial que contêm instruções sobre a organização do mundo humano no sentido de criação de faixas circundantes ao redor da residência do imperador, que ocupa a posição central. O último representa a zona de harmonia total com a ordem cósmica. Quanto mais se afasta dessa faixa, maior a desordem. A zona menos favorável é a dos bárbaros, que vivem na margem e regiões remotas do ponto de vista do Império do Meio.

A manutenção da ordem é a tarefa principal do imperador, um dever assumido a partir do momento em que a ordem cósmica transfere ao líder do governo o chamado "mandato celestial". Caso o portador da dinastia atual não consiga cumprir sua função, ele perde o mandato para o fundador de uma nova dinastia.

O conhecimento sobre a ordem e sua manutenção, porém, não é um saber inato, mas tem que ser adquirido através de educação, durante a qual o candidato recebe as instruções dos sábios. Portanto, a mudança de dinastias não é um ato espontâneo que capacitaria imediatamente um concorrente como verdadeiro imperador substituindo um incompetente antecessor de um dia para outro. Em vez disso, o novo "escolhido" necessita de uma formação adequada e tem que provar, inclusive mediante o golpe bem-sucedido contra o antigo governo, que ele é digno do "mandato celestial".[10]

O cumprimento da tarefa cósmica pelo imperador implicava a performance dos mais importantes ritos. Os últimos eram reservados ou para o chefe do Estado ou para um dos seus representantes pessoais, diferentemente das cerimônias religiosas no nível da província, do município e da prefeitura realizadas por funcionários públicos formados no espírito do Confucionismo. Independentemente do nível, os ritos estavam sujeitos a regras detalhadas e não permitiam nenhuma alteração. Conforme os ensinamentos do Confucionismo, o imperador garantia, mediante o culto em nome do Estado, a ordem cósmica no sentido da harmonia entre as três esferas, isto é, o céu, a terra e o mundo humano.

Na medida em que o Confucionismo se articula como uma ética social, os respectivos textos enfatizam o dever da autocultivação do ser humano no sentido de reconhecer a ordem cósmica e se nortear nela.

O Taoísmo destaca a capacidade inata de o ser humano viver de acordo com as leis da natureza, lamenta a perda da harmonia do *indivíduo* com o cosmo devido ao efeito alienador das construções culturais e ensina a necessidade de recuperar a verdadeira natureza humana para que as manifestações espontâneas do *tao* possam se impor sem obstáculos. A doutrina confucionista, por sua vez, aponta para a direção oposta. Particularmente interessado na recuperação da ordem *social* diante do caos causado por guerras permanentes entre os estados feudais na chamada Época dos Reinos Rivais (770-221 a.C.), Confúcio (551-479 a.C.) defendeu o ideal do *nobre* — caracterização de alguém que se destaca por uma atitude e um comportamento modelar de acordo com as demandas recíprocas implícitas nas inter-relações em diferentes ambientes e níveis da sociedade. Nesse sentido, o *nobre* não se define por sua origem em uma família renomada, mas por uma socialização bem-sucedida conforme as regras e os costumes decisivos para a convivência dos seres humanos de acordo com as posições complementares assumidas pelos interlocutores nos variados papéis em situações privadas (marido e esposa; pais e filhos; irmão mais velho e irmão mais novo etc.) e públicas (soberano e cidadão; idoso e jovem; patrão e empregado

---

10   Cf. OPITZ, Präkonfuzianistische Ordnungsspekulation.

etc.). À medida que os integrantes da sociedade fiel ao Confucionismo seguissem os padrões predefinidos, a ordem cósmica repercutiria no mundo humano.[11]

O esboço anterior demonstra que afirmações sobre a normatividade têm marcado a história das religiões autóctones da China e que o tema ocupa um espaço predominante no pensamento confucionista. Levando diferentes níveis da existência em consideração, perspectivas cosmológicas, políticas, ritualistas e éticas se complementam e promovem uma cosmovisão holística concentrada na ideia de ordem e suas exigências do ponto de vista da esfera humana. São essas características que fazem com que o Confucionismo sirva como um exemplo paradigmático no contexto desse artigo.

b) Hinduísmo

No Hinduísmo, o termo *dharma* representa um conceito correspondente à ideia chinesa de *tao*. Não é por acaso, portanto, que se encontram novamente dificuldades linguísticas na busca de uma expressão adequada em português. Traduções comuns como "dever", "ética", "justiça", "princípio", "lei" ou "direito" apontam não apenas para o caráter polissêmico da noção mas também para o fato de que o Hinduísmo apresenta-se sobretudo como uma "ortopraxia" que faz com que essa religião seja uma fonte rica para reflexões sobre a relação entre "religião" e "normatividade".

Como as equivalentes ideias das religiões do antigo Egito (*ma'at*) e da China (*tao*), a ideia do *dharma* abrange tanto a dimensão cósmica quanto a esfera humana social.

Conforme a compilação conhecida como *dharma sutras*, o conhecimento do *dharma* deve-se a quatro fontes. A mais importante é a do *veda*. A expressão deriva do verbo *vid*, que significa "saber". De acordo com essa etimologia, a noção de *veda* representa um "compêndio de conhecimento" e serve como termo genérico para o conjunto de quatro coletâneas, isto é, o Rig-Veda, o Sama-Veda, o Yajur-Veda e a Atharva-Veda. A mais importante e ao mesmo tempo mais antiga coletânea, compilada por volta de 1500 a.C., é o Rig-Veda.[12]

A tradução hindu caracteriza a literatura védica como *shruti* (lit.: "aquilo que foi ouvido" [na transcendência]), destacando que se trata de um saber enraizado na profundidade da consciência humana em tempos primordiais descoberto por videntes (*rishis*) mediante a introspecção. Diferentemente da literatura *shruti*, que foi recebida mas não criada por seres humanos, a segunda fonte do *dharma* é atribuída a autores concretos. O termo técnico dessa classe de textos é *smriti*, substantivo associado ao verbo *smri* (lit.: "lembrar").

---

11   Cf. SEIWERT, Chinesische Religion.

12   Cf. JONES; RYAN, *Encyclopedia of Hinduism*, p. 480.

Religião como sistema normativo

A literatura *smriti* surgiu entre 500 e 200 a.C. na Índia e contém os chamados *dharmashastras*. Os *dharmashastras* prescrevem as condutas pertinentes de diferentes camadas da sociedade hindu. Não apenas se preocupam com normas comportamentais e princípios morais, mas também trazem instruções sobre a performance correta de rituais e cerimônias.

Entre os *dharmashastras* encontram-se também as famosas *Leis de Manu* (*Manavadharmashastra*), atribuídas ao personagem semi-histórico Manu, venerado como primeiro legislador da humanidade. A terceira fonte do *dharma* são os costumes dos virtuosos daqueles que estudaram o Veda, em geral os membros das três primeiras castas, particularmente os brâmanes, integrantes da casta superior vistos como guardas do *dharma* e no que diz respeito a uma conduta correta. Nesse sentido, servem como modelos para o resto da sociedade. A partir desse princípio, entende-se também a quarta fonte do *dharma* caracterizada como *atmatushti*, o que pode ser traduzido como "satisfação como si mesmo", uma sensação que corresponde à consciência de sujeito de que suas ações estão de acordo com as demandas védicas.[13]

Como termo polissêmico, a expressão assume significados diferentes dependentes do nível da existência com a qual a expressão é associada. No nível universal, o *dharma* representa o princípio cósmico eterno que determina os grandes ciclos cósmicos (*kalpa*) inclusive suas subfases (*yuga*).

Mesmo sendo abstrato, ilimitado e transcendente, o *dharma* tem seu lugar também nos processos públicos e domésticos. Portanto, manifesta-se nas relações sociais e na vida individual. Para fazer justiça às diferentes constelações, a literatura hindu esforça-se para elaborar o significado do *dharma* sob circunstâncias concretas. Por essa razão, os respectivos textos revelam uma "sensitividade contextual do *dharma*".[14] Isso significa na prática que o *dharma* ganha formas específicas, dependendo das características e demandas das situações nas quais as regras são aplicadas.

As referentes obrigações religiosas diferem, por exemplo, de acordo com as particularidades de uma região, da idade e da casta de um sujeito em questão, uma variabilidade indicada pelo termo *svadharma* no sentido de um *dharma* pessoal (*sva*). A expressão implica que a definição do *dharma* não pode ser feita de maneira abstrata. Algo que representa uma ação correta para um guerreiro pode ser inoportuno para um negociante. O que é pertinente para um homem pode ser impertinente para uma mulher.

Os *shastras* estão, sobretudo, preocupados com as obrigações da alta casta hindu. Portanto, refletem a ideologia dominante, enfatizando o papel importante dos brâmanes para a ordem social e seus méritos como seguidores fiéis das tradições

---

13   Cf. SCHREINER, Das richtige Verhalten des Menschen im Hinduismus, p. 91.

14   Cf. FLOOD, *An introduction to Hinduism*, p. 57.

sagradas e guardas dos padrões morais sublimes. Nas suas funções como sacerdotes, o *dharma* refere-se às suas obrigações ritualistas. Uma vez que os cultos emulam a criatividade cósmica e sustentam sua ordem, os brâmanes têm o dever de realizar os ritos. Os respectivos atos não resultam em uma recompensa por si, mas sua não realização seria o "não *dharma*" (*adharma*), ou seja, um "pecado".[15] Para cumprir essa obrigação, as performances ritualistas têm que ser puras, tanto no sentido de higiene corporal quanto no que diz respeito ao perigo de contaminação devido a certas interações com integrantes de castas mais baixas.

Outro foco da literatura hindu sobre o tema do *dharma* é o reinado, forma de governo privilegiada do ponto de vista do Hinduísmo, uma vez que se trata de liderança de um rei ideal classificado como *cakravārtin* (lit.: "aquele que é o centro da roda"). A caracterização atribui ao rei um *status* divino, na literatura hindu medieval frequentemente identificado com Vishnu, o mantenedor do universo. O rei deve sua posição elevada não ao seu carisma, mas sim ao seu contato direto com a esfera divina. Semelhantemente ao conceito chinês do "mandato celestial", encontra-se na literatura hindu a ideia de que, mediante o ato de coração, o chefe do Estado (*raja*) participa com um poder extra-humano que se impõe no momento da entronização sobre a figura do rei, sua corte e daí sobre a área do seu domínio. A partir do momento em que o rei tomou posse, ele tem que cumprir suas tarefas políticas (*rajdharma*) como proteger seu povo, garantir a justiça no seu território e manter a ordem social mediante o controle das demarcações sociais entre as castas. Sua autoridade impõe respeito sobre a população para que os cidadãos obedeçam e não abandonem seus compromissos para com as regras das suas respectivas castas.

Além de noções já citadas como *svadharma* ou *rajdharma*, o conceito de *varnashrama-dharma* comprova a "sensitividade contextual" dos *shastras* para com as obrigações em função de constelações variadas. A expressão é composta por duas palavras, isto é, *varna* e *ashrama*. Ambas as expressões tem a ver com demandas específicas que se sobrepõem na vida cotidiana de um hindu. *Varna* (lit. "cor") refere-se ao sistema quádruplo das castas. *Ashrama* (originalmente "eremitério") é associado aos quatro estágios biográficos da vida ideal de um hindu.

A subdivisão em *varnas* é um traço marcante da sociedade indiana clássica. Além da distinção entre *brâmanes*, *kshatriyas*, *vaishyas* e *shudras*, e os atributos e deveres associados a cada uma dessas camadas, há uma diferenciação no sentido do acesso ou não ao saber religioso. Conforme o *Vishnu Smriti*, é dever dos brâmanes ensinar o *veda* e realizar os sacrifícios. Os kshatriyas são treinados para usar armas e defender o país. Os vaishyas cultivam os campos e criam o gado. Os shudras prestam serviços às outras classes. Apenas as primeiras três *varnas* têm o direito de estudar

---

15 Cf. ibid., p. 53.

a tradição sagrada. A pertença a uma casta é inegável. A marca social é tão essencial para a existência de um hindu como os traços da sua fisiologia.

A organização da vida hindu em quatro fases é conhecida desde o século V a.C. e obrigatória para os brâmanes. Kshatriyas e vaishyas têm a liberdade de seguir ou não o caminho biográfico padronizado. Cada estágio é marcado por regras explícitas e associado a um determinado objetivo. A primeira fase (*brahmacharya*) é a de aprendizagem com uma autoridade religiosa em prol do conhecimento dos deveres e direitos da casta do discípulo (*dharma*). Com o casamento, o hindu abandona sua vida celibatária e entra no estágio doméstico (*grihastha*), desfrutando os legítimos prazeres sensoriais (*kama*), bem como as gratificações da sua profissão (*artha*). Na terceira fase (*vanaprastha*), o hindu retoma sua austeridade em prol da busca de realização espiritual (*moksha*), uma aspiração que — do ponto de vista ideal — seria finalmente alcançada na fase de um sábio itinerante (*sannyasin*).

Os aspectos há pouco resumidos plausibilizam em que sentido o Hinduísmo se articula, sobretudo como uma *ortopraxia*. Nesta última repercutem normas detalhadas supostamente deduzidas de uma ordem universal que não impede uma aplicação diferenciada das regras de acordo com as constelações sociais e individuais do fiel particular. Em todo caso, o Hinduísmo apresenta-se como um sistema de obrigatoriedades *par excellence* e com isso como uma expressão ideal do potencial da religião de impor suas regras sobre a vida humana.

c) Islã

O forte caráter normativo do Islã já se reflete na sua nomenclatura. O termo significa "submissão" e expressa a convicção do muçulmano de que a existência humana ganha apenas valor na medida em que a soberania total de Allah e a obrigatoriedade absoluta da sua vontade são reconhecidas. A formulação mais radical dessa ideia encontra-se nas seguintes frases: "Islã é uma palavra árabe e significa submissão, devoção e obediência. Como religião o Islã exige a submissão completa à vontade de Deus e obediência absoluta a Ele [...]. Como todos podem ver, o universo em que vivemos é minuciosamente organizado. Existe uma sintonia perfeita entre todos os elementos dos quais ele é composto. Tudo tem seu próprio lugar em um plano grandioso que se torna miraculosamente realidade [...]. Essa lei poderosa universal que rege tudo o que existe no mundo, a partir do menor grão de pó até as vias lácteas no espaço, é a lei de Deus, do Criador e Mantenedor do universo. Uma vez que a criação em sua totalidade obedece à lei divina, o universo inteiro literalmente segue a religião do Islã, pois Islã não significa nada além do que submissão e obediência a Deus. O sol, a lua, a terra e todos os outros corpos astrais são muçulmanos, bem como o ar, a água, o calor, as pedras, as árvores e os animais: tudo no universo é muçulmano, pois obedece a Deus pela submissão a suas leis. Até mesmo um ser humano que se recusa a crer em Deus ou que reza para um ídolo tem que necessariamente ser um muçulmano quanto à sua existência física".[16]

A citação deixa claro que o Islã conta com exigências divinas inescapáveis. Isso vale não apenas para seres humanos mas também para toda existência relativa, um pensamento em dimensões cósmicas semelhantes às que qualificam o Confucionismo (*tao*) e o Hinduísmo (*dharma*), nesse caso baseado em um conceito de criação que vê na dinâmica do universo a intervenção contínua de Deus.

Todavia, enquanto o ser humano nunca perde seu *status* como criatura cuja natureza é congenitamente submetida às leis divinas, o indivíduo apenas torna-se um muçulmano propriamente dito quando responde afirmativamente à sua determinação primordial e se entrega conscientemente a uma relação de dependência total ao Senhor do universo. Em termos mais abstratos, aquém do universalismo todo-abrangente, frequentemente articulado por autores muçulmanos, há um conceito de um particularismo soteriológico privilegiando aqueles que confirmam pela fé e pela prática cotidiana sua submissão voluntária à vontade de Deus, conforme a revelação definitivamente transmitida pelo profeta Mohamed. Desse ponto de vista, o Islã é uma religião para aqueles que respondem afirmativamente à sua determinação primordial e se entregam conscientemente a uma relação de dependência total ao Senhor do universo.

Sobre os muçulmanos no sentido convencional, o Islã tem poder total de definição, independente do tipo das suas ações, do lugar e do momento da sua realização, bem como do seu caráter público ou privado. Ou seja: não há nenhum comportamento e nenhuma situação sobre a qual o Islã não teria um impacto sobre o muçulmano ou não lhe prescreveria o modo como agir. Desse ponto de vista, o Islã é muito mais do que uma fé subjetiva. É um sistema normativo que nega a distinção entre o "sagrado" e o "profano", enfatizando que nada está fora do alcance de Deus.

A afirmação da validade universal de exigências divinas corresponde a um conceito antropológico que atribui ao ser humano a capacidade de cumprir as regras estabelecidas por Allah, uma imagem que dá um sentido específico à história das revelações através de uma série de profetas que termina com Mohamed e o Alcorão, o único livro sagrado que contém a mensagem divina corretamente preservada, completa e autêntica em forma de 114 sutras. As últimas repetem cerca de 200 vezes que foi o próprio Allah que revelou o Alcorão, uma expressão que insiste na origem celestial do Livro e salienta o fato de que Mohamed é "apenas" o mensageiro de Deus.

Aspectos como esses confirmam que o muçulmano vive em um universo teocêntrico. Para que a sua submissão às demandas divinas seja bem-sucedida, os espe-

---

16 MAUDOODI, *Weltanschauung und Leben im Islam*, pp. 16-17.

cialistas islâmicos buscam descobrir as implicações das demandas e implementá-las através da lei oficial, conhecida como *sharia* (lit: "o caminho reto").

A fonte mais importante nesse contexto é obviamente o Alcorão. Adicionalmente, o Islã reconhece três outras fontes a serem consultadas caso seu Livro sagrado, que historicamente foi formulado sob as condições da Península Arábica na metade do século VI, não ofereça respostas satisfatórias à questão sobre quais ações, comportamentos e medidas deveriam ser tomados pela comunidade para agradar a Deus.

Caso o Alcorão não fale sobre determinado problema concreto, os juristas consultam a coletânea de trechos (*hadith*) que relatam as ações e afirmações de Mohamed, na sua função não como mensageiro, mas sim como líder modelar da comunidade islâmica (*umma*). Caso nem a fonte secundária contenha material útil para chegar a conclusões válidas, os especialistas procuram nas fontes para ensinamentos divinos (Alcorão) ou nas posturas tomadas pelo Profeta (*hadith*) ao enfrentar problemas análogos àqueles que estão em pauta. Se esse procedimento também falhar, um colegiado de autoridades máximas da lei islâmica discute a questão aberta até que se chegue a uma decisão consensual.

Apesar da abertura para a contribuição humana no processo de elaboração do direito islâmico, os muçulmanos não desistem de considerar seu sistema jurídico "um produto da revelação divina, portanto composto de regras de validade absoluta e eterna que nenhuma outra instância legislativa poderia substituir ou modificar, conforme o postulado de que Deus é o único legislador da comunidade dos fiéis".[17] Correspondentemente, leis no sentido estrito e instruções religiosas representam no Islã os dois lados da mesma moeda. Ser um bom muçulmano significa, portanto, respeitar a lei islâmica. Qualquer pergunta legal é ao mesmo tempo uma questão de espiritualidade individual.

Do ponto de vista sistemático, a totalidade de normas cabe em duas categorias. Trechos alcorânicos classificam determinadas exigências como direitos de Deus e outras como direitos da humanidade. As regras da primeira classe são invariáveis e inegociáveis, e têm uma rigidez que, por exemplo, obriga qualquer muçulmano a oferecer um teto para crianças desabrigadas. Os direitos da humanidade são mais flexíveis e passíveis de certas modificações, de acordo com particularidades do contexto.[18]

Independentemente dessa classificação, o Alcorão cita regras relacionadas a práticas religiosas lado ao lado com normas relevantes para a organização da vida social. Nesse sentido, encontram-se no mesmo contexto literário instruções como a

---

17   SALEM, *Islam und Völkerrecht*, p. 26.

18   Cf. UMAR, Theological dimensions of Islamic law.

proibição da usura, a observância de não consumir carne do porco, a advertência de que negócios fechados na sexta-feira no horário da oração coletiva são inválidos e a ameaça do inferno para quem apropria-se de recursos de um órfão. Além disso, existem regras, para açougueiros, por exemplo, de como abater animais do modo correto segundo o ritual, normas referentes à vestimenta e inúmeras prescrições com respeito à vida familiar.

Em muitos casos, as preocupações religiosas e sociais se sobrepõem, por exemplo, quando se trata dos chamados "cinco pilares", deveres cujo cumprimento distingue um muçulmano dos infiéis, a saber: a testemunha de fé, o dever de rezar cinco vezes por dia, o imposto social anual, o jejum no mês de ramadã, e — fortemente recomendado — a peregrinação para Meca.

O esboço anterior reflete o caráter eminentemente jurídico do Islã, motivo pelo qual essa tradição foi escolhida como terceiro exemplo para o potencial da religião de regulamentar a vida humana.

4. Nota final

Há uma forte tendência nas sociedades ocidentais de enxergar os campos do direito e da religião como desvinculados ou, até mesmo, antagônicos, mesmo que se reconheça que muitos elementos constitutivos para o sistema jurídico moderno têm suas raízes na tradição judaico-cristã.[19] Quem compartilha dessa opinião supervaloriza uma constelação cultural e historicamente específica em desfavor de configurações que têm mantido uma relação íntima entre as duas esferas e com isso resistido aos efeitos erosivos da secularização. Foi a intenção do presente texto reabrir o horizonte da discussão nesta época de globalização, quando posturas etnocêntricas são insuficientes.

5. Referências bibliográficas

ASSMANN, Jan. *Religion und kulturelles Gedächtnis*. München: Beck, 2000.

BIERITZ, Karl-Heinz. *Das Kirchenjahr*; Feste, Gedenk- und Feiertage in Geschichte und Gegenwart. München: Beck, 2001.

DURKHEIM, Émile. *As formas elementares da vida religiosa*. São Paulo: Martins Fontes, 2000.

FLOOD, Gavin. *An introduction to Hinduism*. Cambridge: Cambridge University Press, 1996.

GEERTZ, Clifford. *A interpretação das culturas*. Rio de Janeiro: Zahar, 1978.

HAUSSIG, Hans-Michael. *Der Religionsbegriff in den Religionen*. Berlin: Philo, 1999.

---

19   Cf. SULLIVAN; YELLE, Law and religion: an overview, p. 5.325.

HEIRMAN, Ann. Vinaya: from India to China. In: HEIRMAN, Ann; BUMBACHER, Stephan Peter (eds.): *The spread of Buddhism*. Leiden/Boston: Brill, 2007. pp. 167-202.

JONES, Constance A.; RYAN, James D. *Encyclopedia of Hinduism*. New York: Facts on File, 2007.

KANT, Immanuel. *Die Religion innerhalb der Grenzen der bloßen Vernunft* [1793/94]. Hamburg: Felix Meiner, 2003.

KUENY, Kathryn. Circumcision. In: MARTIN, Richard C. *Encyclopedia of Islam and the Muslim World*. New York: Thompson & Gale, 2004. v. 1, pp. 148-149.

MAUDOODI, Sayyid Abu-l-A'la. *Weltanschauung und Leben im Islam*. Leicester: The Islamic Foundation, 1978.

OPITZ, Peter J. Präkonfuzianistische Ordnungsspekulation. In: *Chinesisches Altertum und konfuzianische Klassik*; politisches Denken in China von der Chou-Zeit bis zum Han-Reich. München: List, 1968. pp. 17-34.

REBSTOCK, Ulrich. Beschneidung im Islam. In: *Religion und Geschichte und Gegenwart*. 4. ed. Tübingen: Mohr Siebeck, 1998. v. 1, col. 1.358.

SALEM, Isam Kamel. *Islam und Völkerrecht*; das Völkerrecht in der islamischen Weltanschauung. Berlin: Express Edition, 1984.

SCHREINER, Peter. Das richtige Verhalten des Menschen im Hinduismus. In: ANTES, Peter et alii. *Ethik in nichtchristlichen Kulturen*. Stuttgart: Kohlhammer, 1984. pp. 82-113.

SEIWERT, Hubert. Chinesische Religion. In: LOTT, J. (org.). *Sachkunde Religion II*; Religionen- Religionswissenschaft. Stuttgart: Kohlhammer, 1985. pp. 108-131.

SULLIVAN, Winnifred Fallers; YELLE, Robert A. Law and religion: an overview. In: *Encyclopedia of religion*. New York: Thompson & Gale, 2005. v. 8, pp. 5.325-5.332.

UMAR, F. Abd-Allah. Theological dimensions of Islamic law. In: WINTER, Tim (org.). *The Cambridge Companion to classical Islamic theology*. Cambridge: Cambridge University Press, 2008. pp. 237-257.

CAPÍTULO II

O direito na Igreja, na sociedade e na universidade medieval

Antonio Marchionni

Deo auctore nostrum gubernantes imperium, quod nobis a caelesti maiestate traditum est...

Por vontade de Deus, governadores do nosso império, que nos foi entregue pela majestade celeste, empreendemos guerras com êxito, honramos a paz e mantivemos a estabilidade da república. Por isso, elevamos nossos ânimos para a ajuda de Deus onipotente, para que não confiemos nas armas nem nos nossos soldados nem nos comandantes das guerras nem na nossa habilidade, mas atribuamos toda a esperança unicamente à providência da suma Trindade, da qual os elementos do mundo inteiro procederam e pela qual a ordem deles no mundo foi estabelecida (*Codex Justinianus* I, 17).

Com essas palavras cristãs, o imperador Justiniano entregava ao jurista Triboniano, na Constantinopla de 509 d.C., a tarefa de reunir uma comissão de juristas destinada a compor o *Corpus iuris civilis* ("Corpo do Direito Civil"). Tratava-se de ordenar a multidão de leis criadas desde a fundação de Roma até o momento, quando o direito escrito já contava mil anos de existência.

O sabor cristão *catholicus* dessas palavras imperiais nos faz entender por que o *Corpus* recebeu uma atenção devota a partir do século XI. Com efeito, após séculos de hibernação do *Corpus* durante as invasões bárbaras, ele será redescoberto e vigorosamente estudado nos ambientes eclesiais e escolares da Idade Média, constituindo-se base do direito no Ocidente até hoje. Digamos que o húmus do direito na modernidade possui um perfume cristão.

Por qual razão a Idade Média enalteceu o *Direito Civil* a partir do *Corpus*, acoplando-lhe uma reorganização do *Direito Canônico* e dedicando-lhe até a primeira universidade na história, a de Bolonha? É esta a indagação à qual este escrito responde.

Brevemente, antecipo que logo após o ano mil, terminado o período bárbaro, ocorreu na história do Ocidente uma poderosa virada de civilização, um milagre histórico-cultural, que os historiadores atuais denominam "revolução papal dos séculos XI-XIV". Essa virada, porém, necessitou de instrumentos que, além de serem escolares, científicos, tecnológicos e morais, tiveram de ser jurídicos.

Interessava à Igreja medieval e ao papado a construção urbano-econômico-social de uma Europa obediente à vontade de Deus: vontade divina vista como *lex maxima mundi* ("lei máxima do mundo"). Para realizar tal projeto, era necessária na sociedade uma revitalização científica, racional, econômica e jurídica. Em outras palavras, a construção da Europa nova em moldes cristãos exigiu uma razão, uma ciência e um direito a serviço da ética bíblica. Assim sendo, a universidade se constituiu em ferramenta primordial de um imenso projeto de civilização evangélica.

1. O direito romano na Roma republicana

A primeira lei escrita apareceu em Roma ao redor de 460 a.C., após um período arcaico de leis consuetudinárias e orais. A ocasião foi dada pela plebe, que, decidida a não mais ser explorada para sossego dos patrícios, abandonou a cidade e foi viver no vizinho Monte Sacro, exigindo, para retornar, que a *Lei das XII Tábuas* fosse exposta em lugar público. Foi a primeira lei escrita no Ocidente, fruto da primeira greve proletária na história.

Na Roma republicana (510-27 a.C.), subsequente ao período monárquico (753-510), vários tipos de normas coexistiam. Vigorava, desde as origens remotas, o *ius quiritium* ("direito dos romanos"), contendo os costumes ancestrais orais sobre matrimônio, família e propriedade. Depois veio o *ius civile* ("Direito Civil"), dedicado às relações entre os cidadãos de Roma. Contemporaneamente, vinha se formando o *ius honorarium* ("direito honorário"), constituído pela jurisprudência dos magistrados que, exercendo a *iuris-dictio* ("dizer o jus"), davam corpo aos *iura* ("direitos") para resolver questões pontuais. Enquanto isso, as assembleias populares, reunidas em frente ao senado na praça do *comitium* ("comício", de *cum-ire*, "ir juntos"), davam vida ao *ius legitimum* ("direito legítimo"), que regulava a vida da cidade e das províncias. Força de lei possuía também o *plebiscitum* ("plebiscito", de *plebis scitum*, "decisão da plebe"). Enfim, veio formando-se o direito que regulava as relações entre os povos, o *ius gentium* ("direito dos povos").

2. Justiça ontológica e justiça distributiva

O leitor não entenderá este escrito nem o espírito da Idade Média nem a revolução papal dos séculos XI-XIV sem o conhecimento do que será dito a seguir.

O pensamento greco-romano da Antiguidade se movimentava dentro do panteísmo, que é uma visão de mundo pela qual o universo é um Grande Deus (*pan-theos*, "tudo é deus"). Adotava-se, consequentemente, um conceito amplo de justiça, que podemos dividir em dois níveis, o segundo derivado do primeiro:

- *Justiça ontológica* (do ser), objeto da filosofia e da teologia.

- *Justiça distributiva* (entre os seres), objeto do direito.

Portanto, em Atenas e Roma, a justiça possuía primeiramente uma dimensão cósmico-panteísta, da mesma forma que o panteísmo oriental se norteava pelo *dharma*, cultuado como *lei eterna do cosmo*. Tal espírito se depreende do filósofo e político Túlio Cícero ("homem justo" segundo Santo Agostinho), que pintou a alma jurídica romana no livro *Das leis* (52 a.C.), trezentos anos mais velho que *Das leis* de Platão ("homem divino" segundo Cícero) e que *Política* de Aristóteles. Para estabelecer uma diferença entre gregos e romanos em termos de direito, pode-se dizer que a Grécia foi teórica, enquanto Roma foi teórica e prática.

"Justiça" significava antes de tudo harmonia eterna, *divinitas et humanitas* ("divindade e humanidade"), ordem universal, correspondência entre natureza e razão. Dessa ordem no cosmo e na pessoa (justiça do ser, *justiça ontológica*) derivam relações ordenadas entre os homens (justiça entre os seres, *justiça distributiva: suum cuique tribuere*, "dar a cada um o seu").

Situada na divindade e depois trazida para o mundo sublunar das pessoas, a *justiça ontológica* indica o existir em *sintonia consigo mesmo e com o universo cósmico-divino*. Também na Bíblia Deus é *justo*, o que significa santo, perfeito, completo, generoso; e José era homem *justo*, isto é, santo, divino, harmonizado consigo, com os outros e com o mundo (cf. Mt 1,19). Em Spinoza, em seu livro *Ética*, ser ético significa viver em amor-união com o Deus-Mundo.

Fica claro que a *justiça distributiva*, aquela que é estudada no direito, é efeito da justiça ontológica. A pessoa justa dentro de si em virtude da contemplação e imitação do Divino será justa em seus atos sociais, nada subtraindo a ninguém. Toda injustiça, pessoal ou institucionalizada, denuncia uma carência da dimensão cósmico-divina na pessoa e na sociedade.

Em Platão, a justiça se chama *dike*, quase deusa. É sinônimo de paz-harmonia, e seu contrário é a *hybris* ("desordem truculenta"). A paz feliz é o sumo bem do indivíduo e da sociedade. Esse conceito passará para os rituais cristãos, onde a palavra mais repetida é *paz*. Cristo apareceu aos apóstolos após a ressurreição, e a sua primeira palavra foi: "A *paz* esteja convosco".

A justiça é, em Platão, uma virtude cardeal que molda a pessoa mediante o exercício de outras três *virtudes cardeais*: prudência, fortaleza, temperança. A partir daí, Platão elabora dois tipos de justiça ou *dike*:

- *Dike pessoal*: harmonia entre razão-vontade-instinto, alcançada mediante a prudência da razão, a fortaleza da vontade, a temperança do instinto.

- *Dike social*: harmonia entre governante-guerreiros-trabalhadores, alcançada mediante a prudência do governante, a fortaleza do guerreiro, a temperança do trabalhador.

Na alegoria da *biga alada*, contida no *Fedro*, Platão imagina um carro dirigido por um auriga (a razão), puxado por um cavalo branco (a vontade) e por um cavalo preto (o instinto). Sem cavalos, o auriga fica parado; sem auriga, os cavalos brutos se espatifam no muro; sem um dos dois cavalos, a biga cai no barranco da direita ou da esquerda. É na cooperação dos três (justiça) que o conjunto chega à vitória. Essas virtudes cardeais passarão para o catecismo cristão.

Em termos sociais e políticos, a justiça-paz da *pólis* e da pessoa é algo que jorra da justiça divina, não sendo, portanto, fruto do direito, da economia ou da coerção policial-judicial. Filha da divindade, a justiça é, por isso, filha da verdade (*alétheia*), uma vez que a verdade nada mais é que o mundo inteligível ou luz espiritual no platonismo (no Cristianismo a verdade é Deus).

Que a justiça, a paz ou a harmonia humano-política derive da verdade fica claro também pela comparação da verdade com o sol em Platão. Os raios do sol tanto mais ficam afastados entre si quanto mais estão afastados do centro, e tanto mais se aproximam entre si quanto mais se fundem no fogo solar. Da mesma forma, os cidadãos ficam distantes e divididos entre si quando estão distantes da verdade, e se fundem numa unidade moral-social-nacional quando estão mergulhados no sol da verdade e do bem.

Do panteísmo greco-romano, esse conceito cósmico de justiça passará para o teísmo judaico-cristão e islâmico. No teísmo, o universo não é mais um deus, mas sim uma criatura de Deus. Entra em cena o conceito de criação e de Deus-genitor-pai-pessoa. Agostinho dirá no *Sermão 126* que a justiça é a própria mente de Deus: *Quod Deus vult ipsa iustitia est* ("aquilo que Deus quer é a própria justiça"). Por isso, a vontade de Deus será o conceito que campeia sobre as ações civis, logísticas e culturais da Idade Média.

Justiniano ordena o CORPUS exatamente dentro desse caldo cristão-teísta: a sua empreitada jurídica se situa numa linha que vai de Cristo até os dias atuais.

3. O direito romano na Roma imperial

Na Roma imperial (27 a.C.-509 d.C.), a antiga compilação republicana da *lex* ("lei") é suplantada pela vontade única dos imperadores, os quais, para enfrentar a recorrente novidade de situações no imenso império, emitem *constitutiones* ("constituições"). Quando o império adota duas capitais, após a fundação de Constantinopla ou Nova Roma a partir de Constantino (330 d.C.), entram no direito romano as tradições e leis monárquicas da seção oriental do império. Contemporaneamente, à *lex republicana* vai se adicionando o conjunto das tradições bárbaras incipientes, processo que durará até o fim das invasões por volta do ano mil.

Essa constelação jurídica de cunho imperial-oriental-bárbaro ia exigindo o costume de fazer *compilações* parecidas com os *códigos* modernos. As principais foram o *Codex gregorianus* ("Código gregoriano", 292 d.C.), o *Codex hermacianus* (293 d.C.) e sobretudo a *Lex romana visigothorum* ("Lei romana dos visigotos", 506 d.C.). Juristas de renome constituíam o referencial na interpretação e aplicação dessa nebulosa jurídica, entre os quais sobejam os nomes de Papiniano, Gaio e Ulpiano.

Era esse o caos jurídico que se apresentava a Justiniano. O *Codex juris civilis* ocupou a vida do imperador e, concluído, possuía mais de três milhões de linhas. O *Corpus* incluía:

- As *Institutiones* ("instituições"), manual didático de introdução ao direito sobre pessoas, coisas e ações nos moldes das *Instituições de Gaio* de 180 d.C. Estas últimas foram descobertas em 1816 por um diplomático alemão em visita a Verona, o qual lia um pergaminho e se apercebeu que por baixo da escrita havia outra com o texto de Gaio. As *Institutiones* começam assim: "Em nome do Senhor Nosso Jesus Cristo, o Imperador César Flávio Justiniano…".

- As *Digestae* (coleções de *iura*), que resumiam os pareceres dos juristas romanos. Elas começam com as famosas palavras de Ulpiano: *Ius est ars boni et aequi* ("o direito é a arte do bom e do équo").

- O *Codex* ("Código de leis"), que coleta da legislação dos imperadores romanos, contendo direito eclesiástico, direito privado, direito penal, direito administrativo e direito financeiro. O *Codex* inicia com este artigo: *De summa trinitate et de fide catholica et ut nemo de ea publice contendere audeat* ("sobre a suma Trindade e a fé católica, e para que ninguém publicamente ouse contestá-la").

- As *Novellae Constitutiones* ("últimas constituições"), contendo a legislação do próprio Justiniano em língua grega.

No Ocidente, o *Corpus Iuris Civilis* permaneceu na sombra durante os séculos posteriores a Justiniano, até 1050. Nesses séculos prevaleceu o direito consuetudinário das legislações romano-bárbaras e carolíngias. O texto do *Corpus* ficou guardado primeiramente em Amálfi, depois em Pisa a partir de 1200, depois em Florença de 1400 até hoje. Foi em Bolonha, a partir de 1050, que o *Corpus*, juntamente com o Direito Canônico, se tornou objeto de estudos renovados nas escolas e nas universidades.

4. O Direito Canônico no primeiro milênio

O Direito Canônico é o conjunto das normas que regulam as relações dos católicos entre si e destes com a sociedade externa. Chama-se canônico do grego *cánon*, que significa "regra". Durante os séculos, até hoje, chamou-se também de direito sagrado (*ius sacrum*), direito pontifício, direito eclesiástico e, no Concílio Vaticano II (1965), direito eclesial.

No seu interior, o Direito Canônico se divide em direito divino (intrínseco à natureza humana ou deduzível da Bíblia) e direito eclesial (disciplinas estabelecidas pela autoridade eclesiástica, como, por exemplo, o celibato).

A Igreja apostólica e primitiva, até 300 d.C., não possuía um direito. Pautava sua vida sobre a Bíblia, os Dez Mandamentos, os Atos dos Apóstolos, a Didaqué e os escritores eclesiásticos como Barnabé, Clemente, Inácio, Policarpo, Ambrósio, Agostinho e Jerônimo. Também se pautava nos concílios a partir de Niceia (325), nos quais já aparecem *cânones disciplinares*.

À medida que as comunidades se estruturavam sob a hierarquia dos bispos e as controvérsias começavam a pipocar, apareceram os *Decretalia pontificia* ("decretos pontifícios"), com as quais o bispo de Roma respondia aos recursos das Igrejas locais. O primeiro *Decretalia* é o do Papa Sirício em 386. Os numerosos *Decretalia* começaram a ser recolhidos em *Collectiones* (coleções), entre as quais a *Coleção de Dionísio, o Pequeno* (514), a *Coleção isidoriana* (636) e a *Coleção Hadriana* (774).

5. O Direito Canônico nos séculos XI-XIV e até hoje

Deve-se a Graziano, monge camaldolense nascido na região italiana da Úmbria e professor em Bolonha, a primeira sistematização do Direito Canônico, a qual passou à história como *Decretum Gratiani* ("decreto de Graziano"). Antes de sua morte, por volta de 1150, esse monge quis conciliar as contradições contidas na Bíblia e nas coleções jurídicas anteriores, tanto que o título original da obra é *Concordia discordantium canonum* ("concordância dos cânones discordantes"). Esse estudo das discordâncias escriturísticas, conciliares e patrísticas estava sendo realizado também por Abelardo no livro *Sic et Non* ("sim e não"), inaugurando o racionalismo crítico medieval.

O *Decretum Gratiani* imediatamente recebeu comentários nas universidades medievais e glosas apuradas por mão dos *decretalistas*. Mas será no Concílio de Trento (1545-1563) que haverá de forma decisiva uma regulamentação doutrinária e disciplinar da Igreja Católica.

Nos séculos seguintes, devido à centralização da Igreja em Roma, à força dos Estados nacionais, ao Código napoleônico e ao separatismo iluminista entre Estado e Igreja, levou, em 1917, a um código unificado, o *Código de Bento XV*.

Finalmente, o último *Código de Direito Canônico* foi promulgado por João Paulo II em 1983 como *Lex Ecclesiastica Fundamentalis*, recomendada pela eclesiologia (teologia da Igreja) do Concílio Vaticano II.

Este último Código contém 1.752 cânones em 7 livros: (1) normas gerais, (2) o povo de Deus, (3) a função de ensinar na Igreja, (4) a função de santificar na Igreja, (5) os bens temporais da Igreja, (6) as sanções na Igreja, (7) os processos. O *Código*, sublinhou o Pontífice na promulgação, "não tem como finalidade substituir a fé, a graça, os carismas e sobretudo a caridade dos fiéis na vida da Igreja. Ao contrário, sua finalidade é criar uma tal ordem na comunidade eclesial que, atribuindo o primado ao amor, à graça e ao carisma, o seu desenvolvimento orgânico se torne mais fácil".

6. A *alma mater studiorum:* Irnério funda a Universidade de Bolonha

Municiados dessas peripécias históricas gerais do Direito Civil e do Direito Canônico, voltemos agora ao Medievo.

Uns 25 anos mais jovem que Graziano, vivia em Bolonha certo Irnério, *magister* de estudos jurídicos e provavelmente de origem germânica. Esse mestre representou uma virada na cultura mundial, marcando o início do direito escrito europeu com base no direito romano. A Irnério atribui-se a fundação da primeira universidade no mundo em 1088, a qual se chamava *studium* e hoje é celebrada como *alma mater studiorum* ("mãe que nutre os estudos"). Mas foi o papa que pediu a Irnério essa iniciativa.

Irnério estava circundado de muitos jovens apaixonados pelos estudos jurídicos e glosadores dos textos romanos. Por que tanto entusiasmo? Porque Irnério tinha redescoberto o *Corpus iuris civilis* de Justiniano. Entusiasmados, esses juristas, juntamente com outros estudantes, empreenderam também uma retomada vigorosa dos estudos relativos às artes liberais (teóricas) e mecânicas (práticas), como estava acontecendo também em Chartres e Paris. Em seguida, receosos de que essa chama de investigações se apagasse, decidiram criar uma organização estável no tempo, livre e laica; por isso, associaram-se em colégios (*collegia* , de *com-ligare*, "co-ligar"), que posteriormente veio a se chamar universidade (*unum-versus*, "em direção ao uno", que é Deus).

Se pensarmos que em Bolonha, ao lado do grupo de Irnério, dedicado ao direito romano, estava presente também o grupo do *magister* Graziano, que se debruçava sobre o Direito Canônico. Podemos imaginar o vulcão de pesquisa que explodiu no *Studium Bononiae* ("estudo de Bolonha"). Foi por isso que Dante coloca Graziano no quarto céu do Paraíso entre os sapientes, por ter fomentado o foro civil e o foro eclesial:

> Quell'altro fiammeggiare esce dal riso
> di Grazian, che l'uno e l'altro foro
> aiutó si che piace in Paradiso.

> *Aquele outro flamejar sai do sorriso*
> *de Graziano, que um e outro foro*
> *ajudou assim que agrada no Paraíso*

(Dante Alighieri, *Paradiso*, X, 103-105).

7. A febre do direito. Por quê?

Por que esses estudos jurídicos tiveram tanta atualidade e permanência, a ponto de dar vida a uma universidade? Na verdade, em nenhum dos séculos anteriores faltaram estudiosos do direito. Seus estudos, porém, permaneceram isolados e quase pessoais, sem eco na sociedade. E por que agora o direito teria esse eco?

Anteriormente ao *studium* de Bolonha, os textos de direito estiveram aí, fuçados por glosadores e decretalistas, sem, todavia, adquirirem publicidade e visibilidade. Esse fato é comparável à posição daqueles povos que assentam por séculos sobre jazidas de diamante e petróleo, sem delas se aperceberem: bastou que a tecnologia precisasse delas para que fossem assaltadas e devoradas.

Algo aconteceu na Europa que fez com que a redescoberta do direito viesse a ser saudada como algo providencial. Trata-se da chamada "revolução papal". A Europa começa a fervilhar de cidades, escolas, profissões, mercados, grupos sociais, instituições, corporações: tudo isso precisava de uma organização jurídica, que, longe de ser fim em si mesma, devia estar voltada para a ética cristã como espírito dos novos tempos.

Mas, antes de entrarmos nesse item, é mister darmos uma olhada nas coisas e pessoas daquele tempo.

8. A *Pax* do século XI e a nova consciência do agir humano

Passados os séculos obscuros das invasões bárbaras e da anarquia feudal, séculos de primitivismo, brutalidade, destruição, medo e incerteza, ao redor do ano mil desponta a aurora de tempos diferentes.

A *diminuição da insegurança* ao redor do castelo senhorial fixa na terra e na família os homens, que anteriormente morriam em guerra com a idade média de 30 anos. Essa fixação com aumento da expectativa de vida produz uma *retomada demográfica*, que é efeito e causa de uma *revitalização agrária*. Acrescente-se a invenção de novidades técnicas: o arado pesado, a ferradura e o peitoral nos cavalos usados agora na agricultura e não apenas em batalha, a rotação bienal e trienal na semeadura, o cultivo e consumo de legumes, com a consequente diminuição de doenças. Aparece o moinho de vento, que se junta ao moinho d'água para moer grãos e mover aparelhos destinados a curtumes, fabricação de tecidos, trabalho em madeira e empastamento do papel.

Nasce a cidade medieval. O aumento da população leva ao comércio, cria o mercado, a feira e as viagens; faz aparecer novos povoados ao redor da capela do senhor, transformada em paróquia. O excedente populacional se instala ao redor da igreja-catedral e da residência do bispo, onde se aglomeram indivíduos provenientes do condado: servos, mercadores, artesãos, pequenos e médios senhores do campo. É a cidade comunal (em italiano, *il comune*), fortificada e autônoma como o castelo, povoada por camadas intermediárias entre a casta feudal e a camada rural, com palácios e templos góticos, mercados e praças, onde se cruzam estudantes, engenheiros, artesãos, letrados, advogados, vagabundos, cruzados, mercadores, cavaleiros, clérigos e professores. Já não basta mais o esquema trifuncional, atribuído a Adalberão de Laon, que dividia a sociedade medieval em *oratores*, *bellatores*, *laboratores* (oradores, guerreiros, trabalhadores). A cidade ferve de paixões, ideias, obras, organizações e instituições. Isso impulsiona o homem medieval a uma nova estima de suas capacidades, substituindo o *medo* da natureza misteriosa e hostil pelo *domínio* sobre a natureza.

Em filosofia, em vez de a fuga do mundo, tem lugar a estima do mundo, que deve ser melhorado em sinergia criativa com o Sumo Bem. A razão se emancipa da fé e adquire estatuto próprio. A natureza, com suas leis, se torna tema das escolas de Chartres, de São Vítor e de Notre-Dame.

No horizonte profissional, despontam novas figuras de juristas, notários, médicos, artistas e mestres, que ascendem a cargos educacionais, econômicos e políticos, dando vida a uma nova ordem de convivência cívico-comunitária.

Em ciência, registra-se a inventividade de um renovado espírito empírico, de modo que hoje se fala de uma "revolução intelectual do século XII", um gênero de iluminismo medieval a meio caminho entre o "iluminismo" de Mileto do filósofo grego Tales (700 a.C.) e o Iluminismo francês-europeu de 1750. Na verdade, trata-se de mais um renascimento acrescido à renascença carolíngia do século IX e à Renascença de 1400-1500.

Em educação, aumenta o nível cultural do clero e dos funcionários públicos. As escolas, que até então eram administradas pelas abadias beneditinas sob a marca do espiritual, se transferem para as catedrais e outras instituições canonicais, com enfoques naturalísticos sobre a ciência, o indivíduo e a sociedade. Nessas escolas começa a modernidade, quando a *traditio* e a *auctoritas* ("tradição e autoridade") são acrescidas pela *quaestio* e *disputatio* ("questionamento e disputa"), ou seja, pelo debate criativo, que será o cerne do *método escolástico* nas universidades. Segundo o pedagogo Ivan Illich, austríaco radicado no México (1926-2002), o caráter típico dessa revolução intelectual do século XII é a *revolução dos livros* ou *cultura livresca*.[1] Até então, venerava-se o Livro da Revelação, do doutor, do filósofo, da autoridade. Agora, o papel vindo da China via Toledo, o velino em pergaminhos finos, a tinta, a letra minúscula carolíngia, o itálico e a caneta com ponta de feltro facilitam nos *scriptoria* ("escritórios") a compilação por amanuenses de livros para bibliotecas, alunos, mercadores e senhores. Aparecem livros e apostilas de professores e pesquisadores, com índices, parágrafos, resumos, palavras-chave e, em geral, uma nova organização técnica e estética da página. Ao copista e ao leitor junta-se o *auctor* ("autor"); à disciplina monacal, a invenção escolástica; à narração, a reflexão; à leitura, a compilação; à escuta, a disputa. De acordo com Illich, a substituição dos ideogramas e hieróglifos pelo *alfabeto fenício* em 1300 a.C. fez nascer a filosofia grega e representou a primeira revolução cultural da humanidade. A *cultura livresca* do século XII dá origem à universidade, representando a segunda revolução cultural da humanidade; Gutenberg, três séculos mais tarde, apenas acelerará com a tipografia essa onda cultural. Hoje em dia, no começo do terceiro milênio, estamos presenciando a terceira revolução cultural da humanidade, quando a tecnologia do chip está propiciando a *cultura do vídeo-livro*.

9. Da natureza resolvida em teologia à natureza resolvida em ciência e filosofia

Propensa a ver a Idade Média dos séculos XII e XIII como o ápice da metafísica e como a ascensão para a síntese clássico-cristã de Santo Tomás e Dante Alighieri, a

---

1 Cf. ILLICH, *In the Vineyard of the Text* (comentário sobre o *Didascalicon* escrito em 1127 por Hugo de São Vítor).

historiografia moderna apenas ultimamente começou a dar atenção ao aparecimento de uma mentalidade empírica ao redor de 1100.

Antes do ano 1000 em vão procuraríamos na patrística cristã um conceito físico da ordem cósmica. Para os padres gregos e latinos, o mundo é o conjunto das coisas que Deus criou nos seis dias do Gênesis. Prevalece o conceito teológico-místico: mais que a estrutura do mundo físico e o estudo das leis que regulam a mecânica do universo, neste procurava-se o *vestigium Dei* ("vestígio de Deus").

A novidade dos séculos XI-XIV pode ser sintetizada nestes termos: a uma física lida em chave teológica, junta-se uma física lida em chave filosófico-científica. E, para confortar essa afirmação, costuma-se recorrer a duas expressões de Hugo de São Vítor, a primeira indicando a interpretação religioso-alegórica do mundo, a segunda realçando a empiricidade do mundo:

> 1) *Universus mundus iste sensibilis quasi quidam liber est scriptus digito Dei* ("Este mundo universo sensível é como um livro escrito pelo dedo de Deus") (Hugo de São Vítor, *De tribus diebus*).

> 2) *Natura est ignis artifex ex quadam vi procedens in res sensibiles procreandas. Physici namque dicunt omnia ex calore et humore procreari* ("A natureza é um fogo criador que nasce de alguma força para gerar as coisas sensíveis. Os físicos, com efeito, dizem que todas as coisas são geradas pelo calor e pela umidade") (Hugo de São Vítor, *Didascalicon* I, XI).

Pode-se afirmar que data desses anos o início da era moderna, quando desaparecem da cena bizantinos, árabes e povos invasores, e entram em ação as cidades do centro e do norte da Europa, juntamente com as escolas de Pavia, Milão, Mântova, Verona, Salerno, Laon, Notre-Dame. E, a partir de Bolonha em 1088, as universidades.

Cem anos antes do empirista franciscano Roger Bacon, vários pensadores racionalistas e científicos do século XII sustentam essa renovação nas cidades em desenvolvimento: Abelardo, Hugo de São Vítor, Adelardo de Bath, Tierry de Chartres, Gilberto de Poitiers, Guilherme de Conches, John de Salisbury e Pedro Lombardo. Eles discutem literatura, medicina, lógica, gramática, dialética, retórica, não as interpretando apenas a serviço da agostiniana *doctrina christiana*, mas fazendo-as instrumentos para descerrar a *ratio* ("razão") das coisas.

10. A revolução papal dos séculos XI-XIV

As situações anteriormente elencadas constituíram o terreno no qual ocorreu a *revolução papal* daqueles séculos.

Em 1073 foi eleito o Papa Gregório VII, já monge beneditino da Toscana e depois monge em Cluny, na França. Foi também administrador geral dos bens da Igreja e representante papal nas cortes europeias, onde conheceu os meandros do poder.

A Europa estava insegura, ensanguentada, sem guia espiritual. Os sacerdotes e as religiosas conduziam vida licenciosa. Bispos e clero tinham perdido a autonomia sob o poder dos senhores feudais e sob a lógica do dinheiro. Os imperadores controlavam o papado e sua eleição. Era necessária uma reorganização do conhecimento, dos valores, das leis e das instituições. Era necessário colocar os povos sob a estrela da ética bíblica.

Escreveu o Papa Gregório:

> São raros os bons que em tempo de paz são capazes de servir a Deus. São raríssimos aqueles que por amor a Deus não temem as perseguições ou estão prontos a opor-se aos inimigos de Deus. Por isso, a religião cristã — ai de mim — quase desapareceu, enquanto cresceu a arrogância dos ímpios (Carta de Gregório aos monges de Marselha).

> Os bispos [...] procuram com ganância insaciável a glória do mundo e os prazeres da carne. Não somente destroçam em si mesmos as coisas santas e religiosas, mas com seus maus exemplos arrastam seus súditos para todo tipo de delito (Carta de Gregório a Lanfranco de Canterbury).

Em 1075, com a carta *Dictatus Papae* e a subsequente *luta pelas investiduras* contra o imperador germânico Henrique IV, o Papa Gregório retoma o poder de nomear os bispos, que desde o século VI, dependendo dos lugares e dos tempos, eram ora pastores apenas espirituais ora funcionários imperiais com regalia de terras: bispos-príncipes e bispos-condes. Gregório obriga o clero ao celibato, segundo a regra do Concílio de Niceia sob Constantino em 325. E combate a simonia, ou seja, a compra de cargos eclesiásticos.

O Papa Gregório estava convicto de que a vontade de Deus, representada pela Igreja, devia tornar-se lei única e soberana dos seres humanos. Fora disso, não haveria saída para a Europa feudal e sangrenta. Para tal empreitada, o papa precisava daquilo que foi chamado de o "partido do papa". Ele precisava de assistentes, representantes pontifícios, bispos, teólogos, fundadores de ordens mendicantes como mais tarde São Francisco e São Domingos, canonistas, clero instruído e santo, cristãos cultos, escolas, universidades. Até o século XIV, toda a Igreja, dos papas aos fiéis, continuou a empreitada iniciada por Gregório VII. E a Europa se movimentou. E a história humana subiu para patamares novos em todos os níveis: urbanístico, econômico, associativo, educacional, artístico, profissional, científico, democrático.

Mas, se quiséssemos encontrar a fórmula dessa ebulição civilizatória, qual seria ela?

11. O direito e a ciência a serviço da ética

Eis a fórmula da revolução papal para a renascença da Europa: a ciência e o direito a serviço da ética. Melhor: a ciência de Atenas e o direito de Roma a serviço da ética de Jerusalém.

Em correspondência dessas três cidades, a universidade medieval criou três faculdades: de direito, de medicina e de teologia. Ou seja, o estudo do ser humano em sociedade pelo direito, o estudo da natureza pela ciência, o estudo de Deus pela teologia. Nada faltou: homem, natureza, Deus.

O jovem medieval estudava, dos 14 aos 20 anos, as artes liberais (escola das artes: é o nosso ensino médio). As artes liberais do *trivium* (três vias: gramática, retórica, oratória) e do *quadrivium* (quatro vias: aritmética, geometria, música, astronomia) foram ladeadas pelas *artes mecânicas*: tecelagem, construção, agricultura, caça, comércio, teatro e medicina. Isso demonstra a vitalidade da época, como descrito em 1127 por Hugo de São Vítor no livro *Didascalicon*, onde as artes mecânicas recebem o direito de fazer parte do saber.

Por volta dos 20 anos, o jovem ingressava numa das três faculdades. Em seguida, ele acessava o doutorado, sendo que o doutorado em teologia exigia a idade mínima de 35 anos. A universidade medieval foi inspiradora da moderna democracia, porque era possível a todos, até ao filho do camponês, ascender aos mais altos graus de ensino (e até ao papado) apenas por mérito, e não por nascimento. Em termos de direito, estudava-se tanto o *Corpus iuris civilis* quanto o *Corpus iuris canonici*, ainda que este último tivesse aplicação maior nas relações civis. É preconceito barato afirmar que a entrada do direito romano nas escolas incomodava a Igreja por seu teor pagão, ignorando que Justiniano era *catholicus* e todo o *Corpus juris civilis* emana perfume cristão.

Para aprofundarmos a função do direito na Idade Média, leremos a tese filosófico-política do professor parisiense Philippe Nemo em seu livro *O que é o Ocidente?*. A tese do autor mostra que o Ocidente atual é filho de cinco etapas na história: (1) Atenas, (2) Roma, (3) Jerusalém, (4) a "revolução papal dos séculos XI-XIV e (5) as revoluções liberais dos séculos XVIII-XIX. O resultado dessas etapas é a *sociedade liberal moderna* (o Ocidente), vista como "a sociedade onde os grupos sociais se *auto-organizam* civil e cientificamente sob a égide do direito e da ética para alcançar o bem comum". A essência do liberalismo é vista pelo autor em três liberdades:

*   *Liberalismo intelectual*: pluralismo nas opiniões, nos direitos individuais, na imprensa, na ciência, na religião, na escola.

O direito na Igreja, na sociedade e na universidade medieval

- *Liberalismo econômico*: pluralismo nas iniciativas produtivas e comerciais.

- *Liberalismo político*: pluralismo nas opções partidárias, na revogação do governo, nas eleições.

Atenas criou a ciência. A cidade grega destruiu a monarquia, cujo poder político, econômico, jurídico, militar e religioso estava na mão do rei (*basiléus*). Em lugar do palacete real fortificado, veio a *ágora*, espaço público com o uso irrestrito da palavra e da razão. As colinas tornaram-se lugares de assembleias populares, e os cidadãos passaram a ser iguais sob a lei. O exercício da racionalidade levou à criação da escola e ao abandono do mito, que explicava a terra recorrendo ao céu: as leis do cosmo começaram a ser decifradas pela mente racional.

Roma criou o direito universal e o direito da pessoa (humanismo romano). Os magistrados romanos não somente inventaram um direito geral no império pluriétnico, mas também criaram o direito privado, que protegia a pessoa e seus bens contra as mudanças políticas, distinguindo o próprio do alheio. Essa proteção da pessoa singular está na base do humanismo ocidental e favoreceu a iniciativa econômica. A humanidade saía do tribalismo.

Jerusalém trouxe a ética e a escatologia. A *ética* da Bíblia e do Evangelho supera a ética fria da lei grega e romana, propondo a moral da compaixão, da solidariedade e da doação sem fim: "Sede perfeitos como o Pai celestial é perfeito" (Mt 5). A *Escatologia*, por sua vez, impulsiona a história humana para um fim último, quando tudo voltará a Deus (*éskaton*, em grego, significa "ponto último"). Nos orientais, nos gregos e nos romanos, o tempo era visto como uma roda girando ao redor de si mesma: era um tempo cíclico, onde tudo se repetia em intervalos (eterno retorno). A escatologia bíblica, ao contrário, introduz o tempo linear e vetorial, onde tudo corre para um ponto final. Com isso, Jerusalém introduzia a *ideia de progresso* da história. Esta é a razão pela qual o Ocidente evoluiu tecnológica e politicamente mais que o Oriente.

A *Revolução Papal dos séculos XI-XIV* colocou a razão grega e o direito romano a serviço da ética e da escatologia bíblicas. Até então, pensava-se que o mundo ia acabar com a vinda do Senhor no ano 1000. Como ele não veio, passou-se a pensar que o mundo não estava pronto para tal vinda, porque a sociedade feudal o tinha mergulhado nos totalitarismos, na injustiça, na guerra, na corrupção, na nomeação de bispos e párocos pelo senhor feudal, na licenciosidade dos religiosos. No caos do período bárbaro e feudal, entre 400 e 1100, o ideal da democracia ficou guardado, como velinha acesa, nos mosteiros, onde os monges tomavam as decisões em reuniões comunitárias chamadas "capítulo". O século XI iniciou o renascimento europeu e a chamada "revolução intelectual" do século XII. A necessidade de renovação moral da sociedade fez nascer ordens religiosas e monásticas, que retornaram à imitação de Cristo. Os papas lutaram contra os imperadores para reaver a independência da

Igreja (Luta das Investiduras, 1073-1123). Houve um novo conceito do agir temporal: o ser humano não devia apenas ficar esperando a volta do Senhor, mas devia agir bravamente para que ele voltasse. Cada ação humana começou a ter peso. Cada cidadão começou a ter importância. Esta consciência levou a Igreja a reorganizar o direito como instrumento da ética e a fundar a primeira universidade, em 1080, a de Bolonha, especializada exatamente em direito. Surgiram cidades, profissões, corporações, estudantes, pensadores, poetas, santos, ciências, palácios, mercadores, políticos e catedrais.

As *revoluções democráticas modernas* sedimentaram definitivamente as liberdades liberais no pensamento, na economia e na política. O absolutismo tornou-se página virada. A Revolução Americana de 1776, a Francesa de 1789 e as europeias ao longo do século XIX levaram a cabo o ideal da revolução papal dos séculos XI-XIV: melhorar o mundo pela ética, pela ciência e pelo direito. Vieram a sociedade de direito, a democracia representativa, a separação dos poderes, a justiça independente, a tolerância religiosa, a liberdade de imprensa, a proteção dos direitos e da propriedade, o respeito dos contratos. Tudo isso permitiu a auto-organização da sociedade (os totalitarismos fascistas e comunistas do século XX se constituíram em inimigos desse ideal de auto-organização no pluralismo: eles creem não numa *ordem autorregulada*, mas sim numa *ordem imposta*).

12. Mas a ética é maior que o direito

A Idade Média cria uma mentalidade jurídica civil que é autônoma em relação à ordem eclesiástica, mas não é desvinculada da ordem divina. O Direito Canônico representou o primeiro sistema jurídico unitário ocidental, enquanto o Direito Civil ainda se dividia em diversos sistemas: feudal, senhorial, mercantil, urbano e régio. Mesmo assim, estava claro que todo o direito devia pôr-se a serviço da ética bíblica, orientado pela justiça que está em Deus.

Ser ético é ser justo (ordenado) dentro de si e com os outros, se aplicarmos os conceitos anteriormente descritos de *justiça ontológica* (no ser) e *justiça distributiva* (entre os seres). No sentido ontológico, justiça e ética são sinônimos e delas deriva o direito como "conjunto de regras obrigatórias que garantem o viver social".

A ética, para um medieval, nada mais é que o cumprimento da vontade de Deus, a qual orienta todos os atos humanos, corporais e espirituais, pessoais e coletivos, temporais e eternos. Entres os atos humanos, há aqueles atos que regulam as relações justas com os outros, e nisto consiste o *ius* ou direito. O direito ou *ius* deriva da ética ou justiça. Portanto, a ética é maior que o direito, e este é instrumento dela. Foi essa visão das coisas humanas e divinas que orientou o estudo e o uso do direito na Europa medieval.

Diz Ulpiano (200 d.C.) na frase inicial reportada no Digesto do *Corpus iuris civili*: "Quem se ocupa do direito deve primeiro conhecer de onde o termo 'direito' provenha; ele é assim chamado a partir de justiça". Diz Isidoro nas *Etimologias* em 600: *Iustitia lex divina est, ius autem lex humana* ("a justiça é lei divina, o direito é lei humana"). Diz Hugo de São Vítor no *De voluntate Dei* em 1130: "Se perguntamos por que é justo aquilo que é justo, respondemos: porque é conforme a vontade de Deus, que por si mesma é justa". Diz Anselmo em 1090: *Justitia est lex Dei* ("a justiça é a lei de Deus"). Diz Azzone nas *Glosas* em 1200: *Auctor iuris est homo, auctor justitiae Deus* ("o autor do direito é o homem, o autor da justiça é Deus"). Diz Tomás de Aquino em 1260 na *Suma Teológica* II-II, questão 58: "A justiça de Deus é eterna em quanto eterno é o seu querer e o seu projeto, e isto forma o constitutivo principal da justiça, se bem que nos seus efeitos entre os homens ela não seja eterna, pois nenhuma coisa é coeterna a Deus". Diz Acúrsio nas glosas ao *Corpus* de Justiniano em 1230: *ius est a justitia sicut a matre sua; ergo fuit primum iustitia quam ius* ("o direito vem da justiça, como de sua mãe; logo, a justiça foi primeiro que o direito").

Assim entendemos a divisão clássica de Santo Tomás na *Suma Teológica*, válida até hoje na visão teísta do mundo: (1) lei divina, (2) lei natural e (3) lei humana. Da lei divina deriva a lei natural e desta deriva a lei humana, ou seja, o direito.

O direito é instrumento da ética, é uma ordenação de regras sociais mínimas entre as pessoas, não para que as pessoas se amem, mas sim para que as pessoas não se prejudiquem. E, não se prejudicando, as pessoas possam alcançar a tranquilidade do "reino da liberdade cristã", no qual se expandem em exercícios de bondade, beleza e verdade. Em suma, o direito não pode obrigar o marido a amar a esposa, mas a ética sim.

Estendendo esses conceitos medievais à nossa mentalidade atual, podemos estabelecer entre ética e direito estas distinções:

- A ética é contemplação e interiorização do Bom, que é Deus; o direito é um denominador mínimo e consensual de regras escritas sobre parágrafos daquele Bom.

- A ética brota da dignidade do homem nos materialismos, da lei eterna do cosmo nas filosofias cósmico-espiritualistas, da mente do Criador nas religiões teístas; o direito emana da vontade de legisladores humanos nem sempre representativos da vontade geral e nem sempre isentos de interesses privados.

- A ética é um *máximo espiritual*, grande como o espírito da pessoa, uma vocação, uma convicção, um entusiasmo válido de dia e de noite, em casa e na praça, no interior da pessoa e nas relações coletivas; o direito é um *mínimo social*, combinado pela média dos interesses materiais e exercido apenas nas relações coletivas.

- A ética tem como juiz a consciência da pessoa: o direito um funcionário público.

- A ética é a verdade íntima da pessoa em seu ser e agir; o direito pode ser simplesmente copiado e decorado.

- A ética traça metas; o direito apenas proíbe empecilhos para algumas daquelas metas.

- A ética obriga a amar; o direito obriga a não prejudicar.

- A ética crê na bondade do homem; o direito crê na bondade da norma.

- A ética vem de dentro e tem sua força no amor; o direito vem de fora e tem sua força na punição.

- Tudo que é moral é legal; nem tudo que é legal é moral.

- A ética se funda na espiritualidade; o direito se funda na funcionalidade.

O próprio direito positivista, segundo a *Teoria pura do direito* de Hans Kelsen (1881-1973), diz, sim, que o jurista é apenas jurista, não um filósofo nem um padre, e deve ocupar-se somente do direito como está escrito, até que não seja mudado pelo legislador. Mesmo assim, Kelsen pressupõe no legislador a posse de valores morais.

13. Conclusão para os tempos atuais

O direito sem a ética é infecundo. A ética é anterior ao direito, no tempo e no porte. Ela é o combustível do direito, e este, sem aquela, é vela sem chama. Pouco adianta ter um direito evoluído e copiado, se os espíritos carecem de um *sistema interior de valores e virtudes*, capaz primeiro de pensar aquele direito e depois obedecê-lo. As sociedades ocidentais hodiernas exibem um direito evoluído, mas a *obediência às leis* varia de povo para povo, e dizemos que este povo é mais ordeiro que aquele. Por que tal diferença? Simples: é diferente o amadurecimento ético prévio ao direito.

A visão medieval do direito oferece à modernidade a chave para explicar a insuficiência do direito nos povos e entre os povos em nossos tempos. Causa disso é o direito separado da ética, ou seja, da Justiça (em maiúsculo). O direito moderno traz benefícios do conhecimento da tradição jurídica, pois o Ocidente é não apenas uma unidade geográfica mas também uma unidade de inspiração que começa nos séculos XI-XIV.

14. Referências bibliográficas

NEMO, Philippe. *O que é o Ocidente?* São Paulo: Martins Fontes, 2007.

GILSON, Etienne; BOEHNER, Philotheus. *História da filosofia cristã*. Petrópolis: Vozes, 1995.

CAENEGEM, Raoul Charles van. *Uma introdução histórica ao direito privado.* São Paulo: Martins Fontes, 2000.

BERMAN, Harold. *Direito e revolução*; a formação da tradição jurídica ocidental. São Leopoldo: Unisinos, 2006.

CASTRO, Flávia Lages de. *História do direito geral e do Brasil.* Rio de Janeiro: Lumen Juris, 2008.

ILLICH, Ivan. *In the Vineyard of the Text*; a *commentary* to Hugh's Didascalicon. Chicago/London: University of Chicago, 1993.

VERGER, Jaques. *Universidades na Idade Média.* São Paulo: Unesp, 1990.

CAPÍTULO III

Teologia e direito na aurora do mundo moderno: Francisco de Vitoria e Bartolomeu de Las Casas

Carlos Josaphat

No alvorecer do mundo moderno, a teologia é convidada, se não intimada, a rever seu paradigma tradicional. Tem que se confrontar com os diferentes desafios que lhe são lançados pelas novas condições da cristandade, da cultura e da sociedade, sacudidas por um ímpeto geral de emancipação e remodelação do mundo.

Com os descobrimentos, o Velho Continente iria expandir civilização e cultura? Ou aguçaria apenas suas inveteradas ambições de dominação, estendendo-as às jovens nações de além-mar, delas se apoderando como se fossem terras de ninguém, a serem colonizadas na arbitrariedade de um vazio jurídico e de uma ausência de ética?

1. Desafios à teologia e ao direito

A cristandade sai da Idade Média, trazendo em seu bojo um feixe de instituições, de doutrinas e práticas grandemente ambíguas, que se enraizavam na indistinção do direito religioso e civil, concretizando-se quase sempre na aliança interesseira ou nos conflitos desastrosos dos "dois gládios": o espiritual e o temporal. A unanimidade na profissão da ortodoxia religiosa chega a se confundir com a exigência da coesão e da harmonia na sociedade, ainda que sejam forçadas. A teologia, especialmente implantada nas universidades, contava com certa margem de liberdade e assumia seu papel de repensar a identidade da Igreja, nesse novo contexto. Mais ainda, tentava oferecer à sociedade (tida como cristandade) princípios, normas e modelos nos domínios ainda nebulosos da política e do direito.

O itinerário de nossa reflexão será simples. Esboçamos as figuras e as doutrinas de dois abridores de caminhos para a teologia e o direito na alvorada do mundo moderno:

- A teologia passa a acordar as consciências ao reconhecimento e à reivindicação do direito, "de todos os direitos para todos", mesmo entre os povos. Aqui, se destaca o pioneirismo de Las Casas.

- A elaboração doutrinal desse direito se instaura graças às posições éticas e teológicas de Francisco de Vitoria e da Escola de Salamanca.

2. A teologia e direito internacional na doutrina e na militância de Las Casas

Para ser evangelizadora, a teologia reclama e inspira a existência e a prática do direito nas relações com o Novo Mundo.

A grande questão emerge quando o Novo Mundo, concretamente a América espanhola, de mistura com uns milhares de colonizadores, acolhe uma boa dúzia de missionários formados e animados por uma teologia renovada, preocupada em confrontar o desenrolar da história com os valores e exigências do Evangelho.

a) Os descobrimentos despertam a criatividade da teologia

O acontecimento parecia simples e sem grandes consequências. Em começos de 1511, desembarcavam no Caribe quinze frades pregadores, membros da Ordem de São Domingos. Em sua bagagem minguada, entulhavam-se uns tantos livros, especialmente a Bíblia e uma nova edição da *Suma Teológica* de Santo Tomás de Aquino, em cujos imensos calhamaços se continha o novo comentário de Frei Tomás Vio, o chamado Cajetano (1468-1534).

Pois não é que, ao calor dos trópicos, o Evangelho e a *Suma* de Tomás de Aquino se tornam incendiários? Após um ano de oração e de observação do processo colonizador, a comunidade dos missionários dominicanos, em um famoso sermão, às vésperas de Natal de 1511, proclamava que a conquista e a exploração da América eram um imenso e nunca visto pecado coletivo. A injustiça global merecia simplesmente o inferno para todos os responsáveis e protagonistas desse latrocínio, oficializado por uma política e uma economia eficazmente produtivas, mas desprovidas de direito, vazia de justiça e solidariedade.

Um jovem empresário sevilhano, Bartolomeu de Las Casas (1484-1566), acaba acolhendo essa mensagem dos filhos de São Domingos. Encontra na Bíblia uma nova visão da história, descobre a América, não como empório comercial mas sim como gente amada por Deus. E se torna, em consciência, e por um título jurídico, o "Defensor dos Índios". Mais ainda, vai se afirmando qual protagonista e teólogo da fraternidade universal.

Dom Frei Bartolomeu de Las Casas merece ser privilegiado em nossa reflexão, pois é a personificação singular da teologia que assume o elã da justiça e introduz os direitos humanos como princípio renovador da história.

Em sincronismo com esses eventos que sacudiam a Colônia, nas universidades europeias, a teologia começava a se interrogar sobre a legitimidade ética e jurídica da colonização. Outro jovem religioso dominicano espanhol, enviado à Universidade de Paris, aí tomava conhecimento das doutrinas de John Mayr (cujo nome será latinizado como João Maior), um comentador da *Suma sentenciária* de Pedro Lombardo. Esse jovem dominicano, Francisco de Vitoria (1486-1549) será o grande Mestre da Universidade de Salamanca. Ele fará a junção da teologia e do direito na esfera acadêmica, e terá um papel primordial na elaboração de um direito internacional e na proposição de um governo para o mundo que começava a se globalizar.

b) *Las Casas, pioneiro do direito internacional e da ética mundial*

Após sua conversão à dimensão social do Evangelho, Bartolomeu de Las Casas se mostra um homem de pensamento e de ação, coerente com suas intuições profundas, mas progredindo sempre, confrontando suas ideias e projetos com as situações e as condições extremas, criadas pelos descobrimentos e pela colonização da América.

Já em 1504, no vigor dos vinte e com apenas dois anos de América, faz-se admirar como colonizador ativo e exemplar. Aos trinta anos, com a madureza e a competência de empresário bem-sucedido, com a lucidez de um humanista e a consciência advertida de um cristão, aceita o fato da colonização. Mas repudia o sistema da conquista e a exploração das novas terras, que, aliás, o encantam e seduzem. E passa a se identificar com os interesses da população nativa do Novo Continente.

A decisão corajosa de se dar à causa do serviço desinteressado e de lutar pelos direitos de uma população desprotegida faz de sua vida o exemplo singular do desabrochar criativo da solidariedade, da liberdade e da razão na aurora do mundo moderno.

A partir dessa virada, que para ele é uma conversão exigida pelo seu encontro com o profetismo bíblico, no contexto da conquista violenta e opressora, está longe de abrir mão de suas qualidades de inteligência, de estudo, de discernimento prático e de coragem na luta. Bem ao contrário, coerente com essa opção radical, a sua vida se desdobra em diferentes etapas, em constante evolução na escolha dos meios concretos e ajustados para a ação incansável e eficaz, toda concentrada na defesa ou na promoção das liberdades e dos direitos em favor dos "índios".

Juntando sempre ação e reflexão, seu itinerário se sintetiza em um plano audacioso de colonização alternativa. Este vai da tentativa de instaurar comunidades de trabalhadores, espanhóis e ameríndios, até a proposta de uma espécie de confederação de nações, começando pela aliança contratual da Espanha e dos povos indígenas.

Em um primeiro momento, desde sua conversão, no seu famoso Pentecostes, em Sancti Spiritus, em Cuba, em 1514, seu intento é tirar proveito de sua experiência de empresário que fez render suas duas *encomiendas*. Tenta criar modelos alternativos de colonização, estabelecendo "comunidades" de trabalhadores espanhóis e nativos, em igualdade de condições, respeitadas as diferenças de cultura e competências profissionais.

Esses projetos são muito bem elaborados. Não são propostas idealistas de colonização, mas traçados minuciosos, indicando com rigor quem, o que e como fazer. Estabelece o mapa e o preço das construções, o custo das obras e dos salários. E obtém o financiamento púbico, estipulando o devido prazo para repor os gastos necessários.[1] Ao lado fraterno dessas comunidades, bem delineadas pelo mestre espiritual, corresponde a qualidade técnica que vem do homem de ação e de negócios. Pois o empresário convertido consagra ao trabalho desinteressado o mesmo empenho e a mesma lucidez que antes colocava na busca do lucro e da prosperidade de suas fazendas.

Mais tarde, por solicitação do próprio Conselho das Índias, Las Casas escreverá um tratado em 1542, publicado por ele em 1552. Aí, da maneira mais vigorosa e bem elaborada, revela a inspiração primeira de sua vida e de sua luta. É aquela convicção de base que explode com vigor, sendo proclamada no próprio título do escrito, endereçado à Sua Majestade: O "remédio" só pode ser "acabar com *encomiendas*, feudos e vassalagens dos índios". É o primeiro dos oito tratados, publicados em Sevilha em 1552.[2]

O pensamento e as atitudes de Las Casas progredirão continuamente, sempre a partir desse primeiro núcleo que afirma a autoridade régia sobre as populações da América, mas marcando bem que o valor e a legitimidade dessa autoridade estão ligados à condição *sine qua non* de que a essas populações sejam garantidos todos

---

1   Os projetos, sob o nome de *Memoriais*, da maior relevância espiritual, ética e jurídica, podem ser encontrados nas Obras Completas de Las Casas, OC, v. 13.

2   Agora traduzidos em português e editados pela Editora Paulus.

os direitos individuais, familiares e políticos, incluindo o respeito a suas culturas e a autonomia de suas autoridades locais ou regionais de governo.

Portanto, já os projetos de comunidade de trabalho, cuidadosamente pensados e construídos pelo Padre Las Casas desde 1516, traduziam em germe essa forma justa e solidária de relacionamento entre os povos espanhol e americano, estabelecendo em miniatura modelos de propriedade, de comportamento e de organização, que irão sendo ampliados e aprofundados em suas dimensões éticas, jurídicas e políticas.

No entanto, essas primeiras tentativas, apoiadas pelas autoridades da Metrópole, fracassam, total e dolorosamente, em 1521, em razão da oposição violenta dos proprietários colonizadores, que souberam açular os próprios índios contra os projetos que o missionário batalhava para construir em favor deles.

Esse fracasso terrível, verdadeiro banho de sangue, pesará fortemente na mudança das modalidades de ação e mesmo da forma de vida que o lutador realizará na força dos seus trinta anos. Mas não arrefecerá em nada a sua intuição e a sua opção de base em relação à América. Para ser mais fiel ao seu projeto primitivo é que ele se faz frade dominicano em 1522.

Ei-lo agora Frei Las Casas, todo de branco em seu convento a que não falta uma biblioteca razoável. Passa agora a aprimorar seus estudos e aprofunda sua espiritualidade, assumindo uma posição mais radical, pois se empenhará sempre mais em ir às causas da opressão dos povos indígenas, pondo a nu as engrenagens da colonização desumana, e buscando formas alternativas autênticas a breve e a longo prazo.

c) Despertar as consciências e a opinião pública

Las Casas sente que nada se consegue sem antes modificar as mentalidades, criar uma nova cultura de compreensão do outro, de solidariedade entre as nações. No imediato, não deixa de intervir diante das autoridades, de apoiar todos quantos vê em condições de contribuir para melhorar logo as condições de vida de pessoas, de famílias, de grupos ou regiões.

Mas, na medida em que se concentra na busca da ação profunda, permanente e transformadora, sua arma será sobretudo a palavra, a pregação, apoiando-se em escritos à mão ou ditados às pressas, dando importância primordial ao testemunho da bondade e do serviço desinteressado. Na correspondência dos seus primeiros anos de vida religiosa e apostólica, comemora com visível satisfação os difíceis êxitos de evangelização e de pacificação, atribuindo-os ao trabalho em equipe com seus confrades dominicanos.

No entanto, cada vez mais Las Casas se mostra convencido de que o essencial é mudar as formas de pensar e agir da Metrópole; é esclarecer a opinião pública e as consciências dos responsáveis do governo na própria Espanha.

Esse empenho lúcido e paciente de despertar e educar consciências pela informação, pela ação e pela reflexão faz de Las Casas o escritor, o historiador e o pensador, cultivando o saber jurídico, político, teológico. Nos últimos anos de sua vida, como bispo da "real cidade de Chiapas", coloca seu prestígio episcopal a serviço dessa causa, para ele prioritária, que vem a ser a criação de uma nova visão do processo complexo, tumultuoso e movediço da colonização.

Quer influir doutrinal e politicamente sobre a cristandade espanhola, indo e vindo com frequência, ligando a Colônia à Corte ou ao Conselho das Índias. Multiplica os escritos, como a *Brevíssima relação sobre a destruição das Índias*, cuja primeira redação data de 1542. Aponta os maus tratos infligidos à população da América, expondo os princípios e exigências de justiça, os direitos que devem ser garantidos aos indivíduos e aos povos, em nome da razão, do "direito natural", do "direito divino", proclamado pelo Evangelho. Fato singular, sobretudo na carreira de um missionário. Ele junta sempre o estudo do direito ao estudo da teologia. Seus escritos podem servir de fontes para a compreensão do direito tão complexo e pouco conexo de seu tempo.

No entanto, seus escritos, como o *Único modo de atrair todos os povos à verdadeira religião*, permaneciam manuscritos, sendo copiados em uns tantos exemplares para serem passados oportunamente a autoridades, a colaboradores e amigos. Na etapa das lutas e dos debates, sustentados pelo sexagenário em 1550-1552, o escritor vê que é a hora de lançar ao público sua mensagem, até o momento reservada a uma camada restrita de leitores. Toma a iniciativa de editar seus oito tratados em um gesto de coragem e lucidez. Ele crê na força da palavra, na convicção que forma o cidadão e o cristão e que pode anunciar assim a aurora de um mundo novo.

d) *Promover uma ética jurídica e política. Revigorar o poder político, para que o direito esteja presente e seja partilhado na periferia e em todas as camadas da população*

A marcha progressiva de uma reflexão teológica, mas também ética, histórica, jurídica e política, se acelera e intensifica nos últimos dois decênios da vida de Las Casas na Espanha. Ela esbarra, no entanto, cada vez mais com a visão e a prática de um poder absoluto, tanto na Igreja como no Estado monárquico. É bem simbólico e, sobretudo, desafiante para ele que o arcebispo de sua querida Sevilha seja, desde 1546, o famigerado Dom Fernando Valdés, inquisidor-mor de toda a Espanha.

Las Casas aceita e mesmo defende a plena autoridade do rei e do papa, reconhecendo a origem divina e, portanto, o caráter sagrado desse duplo poder enlaçado, então, com o objetivo de se impor e se consolidar no comando da cristandade. Em muitos de seus escritos, especialmente nos dois tratados correlacionados, o *Trata-*

do comprobatório e as *Trinta proposições*, Las Casas se aplica em demonstrar com carradas de argumentos a suprema autoridade papal e imperial, e precisamente na perspectiva do domínio sobre a América recém-descoberta.

A originalidade de Las Casas está em ligar e condicionar esse poder à finalidade do bem comum que ele deve visar e realizar, sob pena de se tornar arbitrário, irracional, contrário ao direito natural e ao direito divino, e perder assim sua legitimidade ética e jurídica.

Ele insiste sobre o dado primordial: o imperador deve ser o soberano direto e imediato dos índios, sem os entregar a intermediários ambiciosos, desprovidos de outra autoridade a não ser a que eles usurpam pelo seu poderio econômico. Assim, os conquistadores e seus comparsas, prevalecendo-se de uma pretensa legalidade vinda da Coroa, se põem a maltratar aqueles que são os súditos de Sua Majestade, os despojam de seus bens e de sua liberdade.

Sobretudo nos dois tratados, o *Comprobatório* e as *Trinta proposições*, que se entrelaçam e completam, essa tese jurídica, política e especialmente ética vem desenvolvida e provada por toda espécie de argumentos teóricos e práticos, em que se mostra que só o poder político em sua forma legal e jurídica é legítimo, fora de qualquer interferência das forças econômicas. Essa é a verdadeira doutrina, e violá-la é a fonte dos desmandos, das desordens e dos crimes que aí estão.

Em sua maioria, as "razões" de ambos os citados tratados doutrinais vão ao encontro das denúncias que enchem as páginas da *Brevíssima relação sobre a destruição das Índias*. Descrevem os crimes e injustiças dos conquistadores, chefes militares e empreiteiros dominadores. Esse predomínio de um poderio econômico ao léu de qualquer ordem legal constituía assim o grande obstáculo ao que deveriam ser os verdadeiros objetivos da presença dos cristãos espanhóis na América.

Com muita força e alguma paixão, Las Casas proclama que a liberdade é o valor supremo e a prerrogativa inalienável dos índios. Eis uma de suas formulações lapidares: "Aquelas gentes todas e aqueles povos de todo aquele orbe (= a América) são livres. Essa liberdade não a perdem por admitir e ter Vossa Majestade por universal senhor. Antes, uma vez supridos alguns defeitos de que padecem por acaso em suas repúblicas, o senhorio de Vossa Majestade os limparia e apuraria, e assim gozariam de liberdade ainda melhor".[3]

Tal é a visão ética e política a que chegou Las Casas em sua plena maturidade: as relações entre os povos espanhóis e indígenas haveriam de ser harmoniosas e benéficas para uns e para outros dentro de um império, que fosse, todo ele, um verdadeiro Estado de direito. A insistência primeira do Mestre Las Casas é de que esse direito seja único e coerente, emanando da autoridade central, do rei e de suas cortes.

---

3   Nona razão, no tratado das *Trinta proposições mui jurídicas*.

Era preciso excluir poderes intermediários usurpados, bem como formas de propriedade e de mandos superpostos: sobre uma mesma terra e uma mesma gente, seria uma iniquidade que se escalonassem os poderes do rei, dos nobres, dos conquistadores, dos colonizadores e dos seus capatazes. É picante ver como, diante de situações inteiramente novas das "Índias", Las Casas apelava para as normas do velho direito que excluíam a superposição de propriedades das terras e autoridades sobre o povo.[4]

Um projeto global de retidão e lisura em todos os domínios e recantos do império caracteriza a atitude de Las Casas, e não se conhece quem como ele ou tanto quanto ele tenha reclamado com tamanha e constante insistência a exclusão de toda corrupção na Metrópole e nas suas relações com a Colônia.

No entanto, essa primeira exigência, fundamental sem dúvida, não esgota toda a originalidade do Bispo Missionário nos últimos 25 anos de sua vida de lutador pela justiça. Essa justiça tem para ele uma radicalidade e uma amplidão, deveras inovadora, revolucionária em seu conteúdo jurídico e político, a partir de um fundamento cultural e ético.

A originalidade singular das posições doutrinais e práticas, jurídicas, políticas, fundadas em uma ética universal inspirada em uma teologia evangélica, convergem finalmente no postulado de uma ética mundial, de um direito internacional, concretizando-se na instituição de uma confederação de povos, na justiça, na igualdade e na solidariedade, na reciprocidade da ajuda, na igualdade e na diferença.[5]

e) A necessária confederação de povos desigualmente desenvolvidos para garantir justiça e liberdade para todos

Nos mais importantes de seus escritos doutrinais, Las Casas desenvolve com certa discrição uma audaciosa filosofia política, que afirma e valoriza aqueles dois polos já conhecidos, tentando articulá-los entre si e mesmo consolidá-los pelo mútuo apoio e auxílio que se prestam um ao outro.

Ele começa pelo polo que suscitaria então menos dificuldades: pelos famosos títulos de legitimação, que vêm a ser o direito natural, o direito comum das gentes, o direito divino, ele destaca e justifica o primeiro núcleo de poder, a soberania dos monarcas espanhóis que as concessões pontifícias estendem às Índias Ocidentais.

---

4   É o que se patenteia na oitava das *Trinta proposições mui jurídicas*, na qual a superposição de poderes, de autoridades e de tributos vem condenada por argumentos racionais, reforçados pelo recurso às normas do *Digesto*.

5   Esse modelo ético e jurídico de relacionamento entre os povos, a "confederação", vem explicado no tratado *Trinta proposições mui jurídicas* (ver na Introdução, item "Por uma confederação de povos garantindo justiça e liberdade"); bem como no *Tratado comprobatório* (é o que se realça na Introdução, item: "Das comunidades de trabalho à confederação dos povos").

Mas, em seguida, vem a novidade: com a mesma força, ele realça um segundo núcleo que o primeiro não pode ofuscar, mas deve reconhecer e sustentar, é o verdadeiro poder político, a autoridade própria dos chefes, dos caciques, dos príncipes ou reis, legítimos detentores da autoridade nos povos das Índias Ocidentais, da América.

A Espanha haveria de manter os principados, as formas e os chefes de governo dos índios, que seriam então chamados a dar seu consenso para se integrarem como súditos do imperador, a quem, por sua vez, competiria a missão de lhes assegurar os direitos individuais, familiares e políticos.

Mais ainda, e esta é a originalidade mais marcante de Las Casas no plano da ética mundial e do direito internacional, as relações dos povos da América com a Espanha deveriam ser regidas por um convênio ou um verdadeiro tratado. Eis uma dessas expressões audaciosas do pensamento criativo do grande Missionário:

> E, além disso, considerada a especialidade, acima mencionada [de que a autorização, a legitimidade da colonização] é privilégio ou favor em prol dos índios, o que os torna mais livres, por sua própria vontade hão de receber Vossa Majestade como senhor, e, em tal acolhida hão de estipular e contratar com Vossa Majestade o melhor e o mais favorável estatuto, além das mais convenientes e eficazes condições para colocar e constituir o estado deles em mais segurança, melhor qualidade, firmeza e perpetuidade. E a eles Vossa Majestade há de prometer e jurar essas coisas, como a quaisquer reinos e povos livres, como se costuma fazer quando recebem de novo sobre si algum príncipe como senhor, e os príncipes o prometem e juram a eles, e sempre o fizeram desde que os homens começaram a se espalhar sobre a face da terra. E é conforme à reta razão e é justiça que o façam, e a Sagrada Escritura o refere e aprova como bom (É a nona razão do *Tratado comprobatório* já citado).

Sem o nomear, é um regime federativo, fundado em um tratado internacional, o que Las Casas propõe como estrutura e dinamismo das relações entre os povos, visando diretamente ao império espanhol e às nações indígenas. Essa nova ordem ética, jurídica e política terá por base o respeito e a promoção do direito, da autonomia e das prerrogativas convenientes para todos, levando em conta as situações diferenciadas de uns e de outros. Mais concretamente ainda, todo esse conjunto equitativo de leis e comportamentos pede um novo direito, comportando uma dimensão nacional e internacional.

Ele propõe, portanto, uma espécie de confederação, em que a autoridade suprema é real e efetiva, mas visa manter e aprimorar os valores, os direitos e as vantagens dos povos e regiões que integram o império.

O grandioso projeto dessa confederação da justiça e da solidariedade se afirma em seus escritos da maturidade como a plena realização de sua ideia primitiva de constituir na América uma rede de "comunidades", visando suplantar a iniquidade do *repartimiento* e das *encomiendas*. Sua reflexão o levará finalmente a acrescentar o que está implícito nos dois tratados, publicados em 1552: a legitimidade do "império", ou da "confederação" dependerá deste elemento fundamental: a livre aceitação por parte dos habitantes autóctones da América.

É o que proclamará o bispo missionário já octogenário, em um de seus derradeiros escritos, de 1564, *As doze dúvidas sobre o Peru*, no começo do capítulo 11:

> Para que com validade, quer dizer considerando os direitos e as devidas circunstâncias, nossos ínclitos reis alcancem a justa posse do poderio supremo sobre as Índias, é requisito necessário que intervenha o consenso dos reis e povos daquele mundo, ou seja, que estes deem seu consentimento à instituição ou doação outorgada a nossos reis pela Sé Apostólica.

Em consequência, no livro da mesma época *Sobre os tesouros do Peru*, capítulo 27, Las Casas manda que se completem e corrijam os textos das *Trinta proposições* e do *Tratado comprobatório*, para que fique bem clara sua doutrina: a autoridade dos reis espanhóis sobre os índios depende da prévia aceitação destes, e nenhuma autoridade lhes pode ser imposta; quer aceitem ou não a mensagem da fé, permanece sempre como direito inalienável a plena liberdade dos indígenas.

Há, portanto, um progresso no pensamento de Las Casas. Mas, no conjunto de seus escritos e com maior insistência nos derradeiros, verifica-se que tal evolução obedece a uma coerência, indo sempre no sentido de afirmar e confirmar os direitos, sobretudo a liberdade dos índios, de que se mostrou, durante mais de meio século, o incansável defensor.

Essa audácia de sonhar, lutar e refletir, em um humanista que pressentiu e saudou a aurora do mundo moderno, merece cada vez mais a atenção, sobretudo de quantos se ocupam com os desafios de hoje e se preocupam com a carência de criatividade nos domínios do direito, da política e da ética em face dos problemas mundiais.

Sua visão política de uma confederação de povos tende a conciliar a teocracia, o poder divino e absoluto dos reis, com um amplo modelo democrático, de partilha de poderes, de responsabilidades, de integração de universos geográficos, históricos e culturais diferenciados, e se apoia em uma vasta compreensão filosófica, ética e teológica.

Na verdade, a história das doutrinas políticas mostra o século XVI, especialmente esse período dourado e aventureiro da Espanha, como um imenso canteiro de construções políticas, mas sobretudo jurídicas, comportando projetos, esboços de formas de governo, para além dos legados estreitos do poder absoluto e pessoal dos monarcas.

Estudos e pesquisas vêm mostrando como na antiguidade pré-cristã e nas diferentes etapas da cristandade e da modernidade, na prática e na reflexão dos pensadores, caminham e tendem a predominar as buscas de compreensão e de realização de "governos mistos".

E, muito particularmente, surgem, perduram e se consolidam em alianças as redes de "cidades livres", como outras tantas unidades políticas, em parte independentes, mas sabendo reconhecer um poder superior, soberano e unificador dessas camadas ou unidades inferiores em vista dos grandes interesses comuns.

f) A democracia mundial dentro e para além da teocracia medieval

Por sua ampla cultura e seu empenho de se situar no vasto contexto de seu tempo e da história em geral, como ele a conhecia, Las Casas faz alusão pelo menos a aspectos importantes dessa procura geral de um "governo ideal", respeitador de todos os direitos dos indivíduos e coletividades, mediante formas de "constituição mista",[6] cujas grandes linhas são planejadas por políticos, legistas, teólogos e filósofos, com quem o Missionário se mostra familiar.

É uma visão democrática, fundada ética e juridicamente, que surge no meio da teocracia, herdada da Idade Média, e tende a orientá-la e sem dúvida superá-la. Em nome de uma ética política, Las Casas esboça um modelo democrático, chamado a reger todos os países e a constituir uma confederação de povos autônomos. Essa confederação já haveria de partir das relações então iniciadas pela colonização entre a Espanha e as nações primitivas da América.

Para iluminar e guiar toda essa imensa construção, enuncia e explica o quarto dos "princípios" fundadores da justiça, que é o último dos tratados editados por Las Casas em 1552. Essa formulação é bem densa em sua norma radical e incontornável:

> Todo chefe, espiritual ou temporal, de uma multidão de homens, está obrigado a ordenar seu governo ao bem da multidão e regê-la para o próprio bem dela.

Esse princípio ético, teórico e universal é aproximado da situação tradicional, do regime teocrático dominando a Espanha dos reis católicos, propondo um caminho novo, democrático, inspirado no predomínio do direito e da liberdade. De forma condensada, esboça-se o quadro dentro do qual se hão de desenvolver novos modelos alternativos de relações entre povos e se há de aprimorar uma doutrina política universalmente humana.

---

6 Uma descrição cuidadosa e uma análise pertinente dos estudos e dois modelos propostos de "governo ideal e constituição mista" no decorrer da história se encontram em BLYTHE, *Ideal Government and the Mixed Constitution in the Middle Age*. Utilizamos a tradução francesa (Paris: Cerf, 2005).

> Os reis da Espanha, para o bem da fé, receberam da Sé Apostólica o cuidado e o encargo de trabalhar para que se pregue a fé católica e se amplie a religião cristã por este máximo orbe das Índias. É o que é necessário fazer para a conversão dessas gentes à fé em Cristo, e a isso se obrigaram nossos reis espontaneamente.

La Casas analisa esse modelo típico da cristandade teocrática, segundo o duplo critério ético: o primeiro é a finalidade única, o objetivo exclusivo do poder que vem a ser o bem da comunidade, do povo: o outro é que esse bem comum consiste na promoção da justiça, na garantia de todos os direitos para todos, bem como na liberdade assegurada às pessoas e na autonomia reconhecida às comunidades, povos ou nações.

Las Casas vai da análise teórica da noção aristotélica e tomista da liberdade às posições minuciosas elaboradas em resposta aos complexos problemas da escravidão e da opressão de que são vítimas os índios.

Muito especialmente, no seu tratado em latim sobre os *Princípios de base da justiça*,[7] há um apelo aos vários ramos do saber e da cultura seiscentistas, acompanhado de uma reflexão pessoal de grande valor doutrinal, visando destacar e elucidar os fundamentos da justiça, do direto e da liberdade.

São direitos e valores universais, prerrogativas a assegurar com urgência aos índios que delas são privados por violência. Mas essa situação singular dos habitantes da América se torna ocasião privilegiada para uma manifestação geral dos direitos fundamentais de todos os seres humanos e de todos os povos.

Em síntese, pode-se concluir que, em sua inteligência e sua generosidade singulares, o bispo missionário se afirma primeiro como homem-síntese de seu tempo. Pois, em suas formas de pensar e expressar, mostra-se bem dentro da cultura e do espírito de sua época, abraçando e amoldando de seu jeito as aspirações e os sonhos do Renascimento. No entanto, com a leitura do conjunto de seus escritos, especialmente dos *oito tratados* de 1552, em cuja publicação ele quis deixar uma versão conjunta e harmoniosa de seu pensamento, parece que se vai revelando uma contribuição absolutamente original do pensamento e das posições de Las Casas.

Ele se projeta como o pioneiro de um direito internacional e de uma ética mundial, levantando a bandeira dos valores humanos e do socialismo democrático que hoje resplandecem no horizonte da história como a esperança da humanidade.

---

7   *Principia quaedam ex quibus procedendum est in disputatione ad manifestandam et defendendam iustitiam indorum*, em OC, v. 3, pp. 547s.

3. A elaboração doutrinal do direito na reflexão ética e teológica de Francisco Vitoria e da Escola de Salamanca

É ilustrativo e proveitoso confrontar a mensagem laboriosa de Las Casas com o ensino tranquilo e bem construído de Francisco de Vitoria (1483-1546), o célebre mestre dominicano da Universidade de Salamanca. Las Casas, em contato direto, enfrentou os problemas da América bem antes de Vitoria, prosseguiu seu labor e sua luta de missionário e de bispo durante vinte anos após o falecimento do grande mestre de Salamanca.

Las Casas faz uma apreciação serena e em geral entusiasta das posições daquele que qualifica o "doutíssimo Mestre Vitoria", enaltecendo-lhe a doutrina, mas fazendo reservas às suas informações sobre as Índias e seus habitantes. O que coincide em parte com as modestas confissões do próprio Vitoria, declarando o lado hipotético de suas conclusões práticas, quando essas se apoiam em dados concretos ou históricos que lhe chegaram de segunda mão.

Bem se vê, Vitoria e Las Casas são ambos inovadores. Mas o ponto de partida e o sentido da caminhada dos dois não coincidem. No projeto teórico, na elaboração doutrinal do direito, sem se comprometer dando nome aos bois, Vitoria relega a teocracia, questiona a legitimidade do poder absoluto sagrado e profano. Aqui, vai mais longe do que Las Casas, na medida em que propõe um contato entre espanhóis e índios, sem referência às concessões pontifícias, mas na base do reconhecimento de uma mesma natureza humana e de um direito natural fundamental.

Esses elementos doutrinais, de inspiração evangélica, mas de conteúdo essencialmente natural, humano, são reconhecidos e saudados por Las Casas como contribuições valiosas do "doutíssimo Mestre Vitoria", embora não sejam dele as primeiras lições recebidas pelo missionário Las Casas. Estas lhe vieram dos primeiros dominicanos, especialmente de Frei Pedro de Córdoba, bem como do estudo direto do próprio Santo Tomás de Aquino, no convento de Santo Domingo, na Ilha Espanhola (de 1523-1527), antes que Vitoria começasse suas *Relecciones*, suas "Lições" em Salamanca (em 1532).

Há, assim, uma antecipação profética comum a esses grandes teólogos. Pressentem que só um direito internacional e uma ética mundial estarão à altura de reger a humanidade que, sem saber, se põe a trilhar os caminhos rumo à globalização, ao encontro dos povos mediante os avanços cada vez mais acelerados da economia, do saber, da tecnologia e da comunicação.

a) Acordos essenciais e desacordos de alguma importância

Uma só vez, Las Casas manifesta suas reservas, se não seu desacordo, em relação ao "doutíssimo mestre Vitoria". Essa divergência já nos introduz no tema da maior relevância que é o confronto das posições dos grandes pioneiros na defesa dos direitos humanos e na promoção do direito internacional.

Las Casas preconiza a necessidade de juntar *el hecho y el derecho*, traduzindo materialmente e guardando a assonância; "o feito e o direito". O que significa articular a realidade dos fatos e as normas e exigências do direito. Ele diz que a falha radical de John Mayr, em quem Sepúlveda se apoia para desqualificar os índios, é que levariam uma vida inumana, "bestial" no inóspito clima equatorial.[8] E, portanto, na opinião duplamente errada, de John Mayr e de Sepúlveda, os índios só seriam bons para servir de escravos, estando desprovidos da verdadeira qualidade de seres humanos, do direito de dispor livremente de si mesmos e de seus bens.

O desacordo com Vitoria é mais quanto aos fatos, *el hecho*: ele estava pouco informado e se teria pronunciado com certa ambiguidade sobre os índios, de forma a ser mal interpretado. Eis o texto claro, porém matizado, de Las Casas, que sabe indignar-se com os sofistas, mas discute serenamente com os mestres:

> Na exposição de alguns títulos (de legitimidade da guerra), Vitoria se mostrou um tanto remisso, querendo temperar o que aos homens do imperador tinha parecido demasiado duro. Para os amantes da verdade, ao contrário, não há nada de dureza em tudo quanto Vitoria expõe na primeira parte dessa lição, pois não apenas foi uma realidade no passado, senão que continua verdadeiríssima no presente. O próprio Vitoria no-lo dá a entender, ao falar de forma condicional, por temor de supor ou expressar falsidades em lugar de verdades.[9]

A estima, até mesmo a veneração, de Las Casas por Vitoria é evidente e emocionante. Ele acata e enaltece o professor, o homem de doutrina, devotado à verdade, ao estudo, ao ensino. Mas bem sabe que lhe faltam informação direta e experiência pessoal das coisas, dos acontecimentos, dos comportamentos, das situações e das circunstâncias que constituem a realidade viva da América.

---

8   Cf. *Apologia*, OC, v. 10, p. 623.

9   Ibid., p. 627.

b) Embaraços dos mestres inovadores em face das ambiguidades do poder

Las Casas e Vitoria enfrentam uma dificuldade especial, quando se empenham em elaborar uma nova visão do direito dentro do contexto ainda persistente do que se pode chamar a teocracia eclesiocêntrica.

O bispo missionário quer afirmar e mesmo bradar para que todos e especialmente as altas autoridades ouçam o seu programa completo de denúncias, de reivindicações e de projetos em favor dos índios: mas igualmente fique bem claro que ele reconhece e acata o poder dos reis espanhóis sobre as Índias.

Assim, dois "tratados" tomam como ponto de partida a asserção e a demonstração desse "legítimo" poder dos "Reis de Castilha e de Leon" sobre as Índias: *As trinta proposições mui jurídicas* e o *Tratado comprobatório*. Ao contrário, o tratado *Sobre alguns princípios donde se deve partir para qualquer controvérsia sobre a justiça dos índios* se funda exclusivamente sobre a razão e o direito natural, definindo, analisando e justificando os direitos dos índios sob o aspecto de uma ética humana e universal.

A originalidade de Las Casas está sempre em partir da realidade, do que aí está e do jeito que vem, com o propósito audacioso de superá-la, redefinindo as noções e buscando modificar as situações. Assim ele redefine o poder, define os direitos, e passa a pressionar todas as instâncias da autoridade para que o poder esteja a serviço do direito.

O poder verdadeiro e legítimo não é absolutamente um poder arbitrário. Ele é ordenado à realização do direito, deixando de ser legítimo, não sendo mais direito, se ceder à arbitrariedade, negando-se a si mesmo pela aceitação ativa e passiva da corrupção, alienando o que é de todos e para todos, em proveito de algum ou de alguns particulares.

Mais ainda. Las Casas afirma: as pessoas, os grupos, os povos das Índias Ocidentais, anteriormente à vinda dos espanhóis, já estão no pleno gozo de seus direitos naturais, são providos de famílias, de instituições, de autoridades, de reis, por eles legitimamente escolhidos e dos quais não podem ser despojados pelos detentores ou representantes do poder régio espanhol. Este deve, ao contrário, defender os índios e seus direitos contra as ambições e violências dos conquistadores espanhóis.

Vê-se que Las Casas e Vitoria se encontram não só quanto ao conteúdo global das posições de um e de outro mas também pela forma, um tanto magistral, que passa a assumir cada vez mais o bispo missionário.

c) Especial grandeza e originalidade de Vitoria

Vitoria é o professor. Estuda, pesquisa, ensina, é amado pelos seus alunos e forma professores em série. À diferença de Las Casas, que vive e convive com a realidade concreta dos problemas, já é nos termos e no clima da universidade que o mestre de Salamanca recebe e aborda as questões, mesmo as mais práticas e candentes, como as interrogações sobre a legitimidade da colonização.

Em seu ensino regular, ele expõe e comenta como manual ou texto de base a própria *Suma teológica* de Tomás de Aquino. Seus cursos regulares são valiosos, porém desprovidos de maior originalidade. O contrário se dá com as chamadas "Lições", tomadas de posição sobre os problemas atuais.

Até certo ponto, elas correspondem às "Questões disputadas" de Tomás de Aquino, pois abordam questões universitárias do momento. Mas, à diferença de Tomás, Vitoria não guarda mais o método audacioso de debates de que seriam parceiros os professores e alunos.

Interessam-nos aqui imediatamente as Lições consagradas aos novos problemas suscitados pelo encontro da teologia e do direito. Traduzem atitudes do mestre visando à orientação da política, do governo tanto civil quanto eclesiástico. Manifestam uma nova visão da Igreja, de suas relações com o Estado. Mais ainda. Com nitidez e de forma bem argumentada, Vitoria aborda as questões inteiramente novas de um direito internacional. E tenta mesmo elaborar as grandes linhas de uma ética universal, de olhos na humanidade que começa a se encontrar pela façanha maravilhosa dos descobrimentos.

Então, Francisco de Vitoria aborda a questão teórica de maneira mais radical e coerente do que qualquer outro. É o professor que parte dos princípios, para inferir e ordenar conclusões, sem se embaraçar com as situações históricas que não se conformam e até mesmo se opõem aos postulados e coerências da doutrina que ele vai elaborando.

Com efeito, praticando uma ética de inspiração evangélica, portanto teológica, mas para além dos limites religiosos confessionais, o Mestre visa ao que é universalmente humano — pois o Evangelho tem por primeira exigência o amor universal. Abrindo os caminhos éticos, à luz do Sermão sobre a Montanha, é preciso dizer: no começo, diante da consciência e da responsabilidade do agir, à luz do Mistério divino, eis o absoluto da dignidade humana, aqui está o feixe dos direitos humanos universais, invioláveis, sempre a promover e defender.

Procuramos seriar, datar e articular os grandes temas tratados pelo mestre, à luz convergente do direito e da teologia, indicando o essencial de suas soluções, o que permitirá pesquisas e aprofundamentos ulteriores.

d) Teologia e direito nas "Lições" acadêmicas de Vitoria

Vitoria profere 13 Lições, de 1527 a 1541. Para nossa reflexão, têm interesse especial a série das quatro primeiras sobre o poder civil e eclesiástico (1527-1533) e as duas de uma última série sobre "Os índios" e sobre a "Guerra justa" (1536-1539).

As outras se prendem mais aos temas sugeridos pelo ensino formal de uma teologia escolástica centrada sobre o comentário da *Suma* de Tomás de Aquino, prosseguido durante essa dúzia de anos.[10]

O encontro da teologia com o direito se realiza de maneira plena e fecunda na dupla série de Lições que destacamos. Colocando diretamente o problema do poder em sua dicotomia, do poder eclesiástico e civil, mestres, do porte de Vitoria e da equipe por ele animada, enfrentavam o problema que, havia séculos, vinha dividindo a cristandade. Já nos fins do século V, o Papa Gelásio falando de pai para filho ao Imperador Anastásio, lembrava-lhe em termos deferentes que o detentor do supremo poder público devia inclinar-se diante das autoridades religiosas, pois a instância espiritual é superior à terrestre.

Mas até onde vai essa superioridade? No decorrer dos séculos, as ambições eclesiásticas e civis disputavam os espaços de sua competência. A partir de questões miúdas de imposição ou isenção de impostos, de distinção de foro ou de jurisdição, a controvérsia se generaliza, merecendo o nome da luta entre os "dois gládios". Tal é a linguagem utilizada nos começos do século XIV por Bonifácio VIII, lançando injúrias e ameaças a Filipe II, que não deixa de lhe dar o troco. Com sua bula *Unam sanctam* (de 18 de novembro de 1302), esse papa impetuoso inaugura a idade tumultuosa das grandes polêmicas, de inspiração política assumindo o feitio de disputas doutrinais. Elas irão se prolongando e agravando nos dois séculos seguintes, acarretando a ruptura da cristandade ocidental.

Com os teólogos do século XVI, Las Casas, Vitoria, discípulos e colaboradores deste em Salamanca, estão bem informados dessas aventuras e desventuras da teologia, aliciada ou confiscada pelos poderosos dos dois grupos antagônicos.

Em suas Lições sobre o poder, sobre a natureza e sobre a extensão do poder eclesiástico e do poder político, Vitoria, com sua dupla competência teológica e jurídica, quer ser o professor que paira acima das controvérsias. Busca delimitar os campos com rigor.

Afirma o pleno poder do rei nos domínios, no governo e na administração do seu país na busca do bem público, contanto que seja efetiva, e se exerça de maneira

---

10 Merece atenção, no entanto, a Lição sobre o Matrimônio, pois visa ao casamento de Henrique VIII da Inglaterra, que no ano de 1533 se divorciara de Catarina de Aragão e se casara com Ana Bolena, embora não tivesse obtido do Papa a anulação do primeiro casamento. É o caso mais direto de interferência de um acontecimento político no ensino universitário de Vitoria.

racional e responsável. De forma semelhante, reconhece, declara e procura provar a soberania do papa, a plenitude de seu poder espiritual. Mas, assim como recusa toda interferência do imperador nos negócios eclesiásticos, nas nomeações episcopais, por exemplo, igualmente declara que o poder do papa no domínio temporal, no campo da política é "indireto", excepcional. Este só se pode exercer em sentenças e medidas de caráter espiritual, para impedir ou punir pecados, crimes e males para a sociedade.

Aí, o teólogo teve que enfrentar os fogos amigos vindos dos dois lados. O papa e o imperador negavam competência ao teólogo para lhes restringir os poderes respectivos. Pois cada um desses senhores supremos tinha seus poderes por absolutos, atribuindo ambos a si próprios competência exclusiva para julgar da utilização correta de sua autoridade. Aliás, para tais emergências, os dois dispunham de uns tantos teólogos de seu bordo e a seu serviço.

A primeira série de questões sobre o poder e os dois poderes deu a Vitoria ocasião e espaço para uma elaboração eclesiológica renovadora, crítica em relação à prática medieval e apelando para a fidelidade à antiga tradição, o que era acompanhado de uma exposição ética e jurídica para o campo da política.

A última série consagrada aos problemas da colonização será utilizada com a mesma coragem e lucidez, mostrando criatividade ética e jurídica no campo das relações entre os povos. Alargando e chegando a universalizar a perspectiva das questões entre Metrópole e Colônias, torna-se o pioneiro do direito internacional, em sua expressão doutrinal.

As questões *Sobre os índios* e *Sobre a guerra justa* são intimamente conexas. Abordam essencialmente dois aspectos da colonização: Os títulos e as condições da legitimidade da própria colonização, da ocupação e conquista do Novo Continente constituem o amplo tema da primeira questão. A qualidade humana e pacífica da colonização, a exclusão da guerra de conquista, como injusta e ilegítima, tal é a tese de caráter igualmente ético e jurídico das questões da segunda série.

Toda a temática e o conjunto todo da cerrada argumentação são de índole estritamente ética e jurídica, baseando-se nos termos clássicos do direito natural e do direito das gentes, bem como na interpretação compreensiva e abrangente do direito positivo então em vigor. Mas o mais importante é que Vitoria visa inferir e estabelecer a legitimidade de um direito internacional, indicado como necessário e urgente; pois constata o vazio jurídico, que se tornava evidente quando se deviam reger, segundo o direito natural e o direito das gentes, as novas relações entre os povos surgidas com os descobrimentos.

Mais ainda, averiguando, no plano mundial, um vazio político similar ao vazio jurídico, Vitoria postulava a necessidade de criar uma espécie de governo internacional. Este é chamado a preservar a autonomia de cada Estado nos limites de sua competência, mas estabelecerá uma autoridade mundial soberana para reger na justiça, jurídica e eticamente, a humanidade, a "comunidade das nações", em todos os campos ou problemas de interesse universal.

Ele ampliava e elaborava com mais rigor a intuição semelhante que inspirava de maneira mais concreta a militância de Las Casas, este não aborda o tema de um governo mundial. Voltado sempre para a Espanha e as gentes da América, o Missionário reclama a ética e o direito que devem reger as relações entre povos soberanos. Vitoria pode ser considerado o precursor de uma ONU eficaz. Mais ainda, propõe o ideal de um poder internacional, acima e a serviço de todos os povos, conduzindo a humanidade a viver e a conviver como a comunidade da justiça, da solidariedade e da paz.

Em sua encíclica *A Caridade na verdade,* datada de 29 de junho de 2009, Bento XVI homologa (no número 67) essa posição, que se há de tornar viável, pois se impõe como necessária e urgente. Não seria a hora de acolher a utopia criadora, suscitada pela junção profética da teologia e do direito, em boa hora realizada por Las Casas e Vitoria, quando a globalização dava seus incertos primeiros passos ao despontar do mundo moderno?

4. Referências bibliográficas

Escritos de Las Casas e Vitoria

Conjunto das obras de Frei Bartolomeu de Las Casas

São catorze volumes publicados pela Alianza Editorial, Madrid (citada como OC [Obras Completas], no original espanhol).

Obras Completas em português. Em vias de publicação pela Editora Paulus, em dez volumes. Já publicados:

Vol. 1 — *Único modo de atrair todos os povos à verdadeira religião.* São Paulo: Paulus, 2005.

Vol. 2 — *Os oito tratados* (publicados por Las Casas em Sevilha, em 1552). *Liberdade e justiça para os povos da América.* São Paulo: Paulus, 2009.

A Introdução Geral e as Introduções a cada tratado desta edição brasileira, elaboradas por Frei Carlos Josaphat, podem ser ampliadas e aprofundadas pelos seus estudos sobre Las Casas:

JOSAPHAT, Carlos. *Contemplação e libertação*; Tomás de Aquino, João da Cruz e Bartolomeu de Las Casas. São Paulo: Ática, 1995.

_____. *Las Casas*; todos os direitos para todos. São Paulo: Loyola, 2000.

_____. *Las Casas*; Deus no outro, no social e na luta. São Paulo: Paulus, 2005.

_____. *Las Casas*; espiritualidade contemplativa e militante. São Paulo: Paulinas, 2008.

Obra de Francisco de Vitoria

BAUMEL, Jean. *Les leçons de Francisco de Vitoria sur les problèmes de la colonisation et de la guerre*. Paris: Librairie Bloud e Gay, 1936.

URDÁNOZ, Teófilo. *Obras de Vitoria*; preelecciones teológicas. (Edição crítica do texto latino, versão espanhola, introdução biográfica e comentários com o estudo de sua doutrina teológico-jurídica.) Madrid: BAC, 1960.

VITORIA, Francisco. *El Estado y la Iglesia*. Madrid: Publicaciones Españolas, 1960.

Seleção de temas históricos e doutrinais

Autores principais

BLYTHE, James M. *Ideal Government and the Mixed Constitution in the Middle Age*. Princeton: Princeton University Press, 1995. Ed. fran.: *Le gouvernement idéal et la constitution mixte au Moyen Âge*. Paris: Cerf, 2005.

FERNÁNDEZ PÉREZ, Isacio. *¿Bartolomé de Las Casas contra los negros?* Madrid: Editorial Mundo Negro, 1991. Obra magistral e fundamental para desfazer equívocos sobre o "escravagismo" de Las Casas.

_____. *El Derecho Hispano-Indiano*; dinámica social de su proceso histórico constituyente. Salamanca: Editorial San Esteban, 2001. Amplo volume de seiscentas páginas mostrando a criação de um "novo" direito em favor da América espanhola sob a influência preponderante dos missionários e teólogos, sobretudo de Las Casas e da Escola de Salamanca.

FRIEDE, Juan. *Bartolomé de Las Casas*; precursor del anticolonialismo. México: Siglo XXI, 1974.

GUTIÉRREZ, Gustavo. *Dios o el oro en las Indias*; siglo XVI. Lima: Instituto Bartolomé de Las Casas, 1990.

_____. *En busca de los pobres de Jesucristo*; el pensamiento de Bartolomé de Las Casas. Lima: CEP-Centro de Estudios y Publicaciones e Instituto Bartolomé de Las Casas, 1992.

HANKE, Lewis. *Bartolomé de Las Casas*; pensador político, historiador, antropólogo. La Habana: Sociedad Económica de Amigos del País, 1949.

HOORNAERT, Eduardo. Las Casas entre o direito corporativo e o direito internacional. *REB*, vol. 49, fasc. 196 (dezembro de 1989), pp. 899-912.

LOSADA, Ángel. *Fray Bartolomé de Las Casas a la luz de la moderna crítica histórica*. Madrid: Tecnos, 1970.

MAHN-LOT, Marianne. *Barthélemy de Las Casas L'Evangile et la Force*. Paris: Cerf, 1964.

TODOROV, Tzvetan. *A conquista da América*; a questão do outro. São Paulo: Martins Fontes, 1996.

URDANOZ, Teófilo. Las Casas y Francisco de Vitoria. In: VV.AA. *Las Casas et la politique des Droits de L'Homme*. Aix-En-Provence: Inst. D'Etudes Politiques D'Aix, 1984. pp. 235-302. Excelente documentário.

Obras coletivas e encontros significativos

VV.AA. *En el quinto centenario de Bartolomé de Las Casas*. Madrid: Cultura Hispánica/ Inst. de Cooperación Iberoamericana, 1986.

VV.AA. *Las Casas et la politique des Droits de L'Homme*. Aix-En-Provence: Inst. D'Etudes Politiques D'Aix, 1984.

VV.AA. *Los dominicos y el Nuevo Mundo*; Actas del II Congreso Internacional. Salamanca: San Esteban, 1990.

VV.AA. *V centenario del primer viaje a América de Bartolomé de Las Casas*. Sevilla: Junta de Andalucía, 2003.

CAPÍTULO IV

Fundamentos axiológicos do direito: a relação constitutiva entre direito e valor

Fábio Mariano

Então, quando um tirano apodera-se de um Estado e impõe aos cidadãos o que eles devem fazer, isso também é uma lei? (Relato de Xenofonte da pergunta feita por Alcebíades a Péricles).[1]

1. Introdução

Ao ser convidado para escrever este artigo, embora o aceite tenha sido imediato, me pareceu haver certo grau de dúvida sobre o que exatamente apresentar. A dúvida permanecia porque temos por tradição considerar que direito válido é aquele que está posto nas regras do jogo, como ensinam muitos dos positivistas, em especial Kelsen na sua proposta acerca da teoria da validade do direito.[2] Esse pensamento perdura nas escolas de direito de maneira geral. Como negar o direito dos códigos, como aquele direito válido? Assim, ainda que, de maneiras distintas, outros pensadores também entendem o direito como aquilo que se estabelece pela formalidade de seus conteúdos, na codificação dada pela produção legislativa de leis, atos, decretos e tantos outros diplomas.

Em qualquer âmbito do cotidiano, temos que uma abordagem de determinado tema ou assunto sempre suscitará discussões que aparecerão como uma norma que dita determinado comportamento, que regula determinada situação, que prevê ou

---

1   ALEXY, *Conceito e validade do direito.*

2   Como dissemos, a preocupação quanto ao tema permanece, tendo inclusive sido apresentada a separação entre o direito positivo e não positivo por Alexy, na obra recém-traduzida no Brasil *Conceito e validade do direito.*

corrige certas condutas e assim por diante. O que temos então é que para cada caso há uma norma reguladora ou prescrições a serem aludidas para casos concretos.

É notória, ao lermos alguns autores do mundo jurídico, a percepção de que há no embate contemporâneo acerca do direito um entrave relativo às questões que se relacionam ao direito natural e ao direito positivo — *jus naturae* e *jus positivum* — o direito pressuposto como ente metafísico longínquo e o direito posto como aquele que remete ao caso concreto, inquirindo necessariamente em correntes opostas e não complementares.

Essa natureza distintiva procura, à medida do possível, elucidar e sanar questões apontando para caminhos díspares entre um conceito e outro. Não raras vezes, deparamo-nos então numa encruzilhada de questões que remetem à genealogia de ambos na tentativa de, ao percorrer esse caminho, encontrar as respostas que não se inter-relacionam, se perdem, deixando então uma lacuna que se evidencia no pouco embate teórico entre ambas as correntes, assim como num tabu. Separa-se e não se discute. Discutem-se e separam-se ambas.

2. Anomia? Eunomia?

As lições acerca desses conceitos nos remetem primeiramente a tempos outros que precederiam qualquer dos nossos estudos. Filósofos da Antiguidade já propunham a questão daquilo que iremos considerar como o divino matizador e de cunho genealógico que propõe como fundamento primeiro do direito o estabelecimento da relação do divino com o homem. Essas colocações evidenciam, portanto, que a normatividade se manifesta mesmo antes que se tenha consciência dela enquanto fenômeno que regula as ações do homem e de seu meio.

Na história da humanidade, percebe-se que o homem é circundado pelos aspectos materiais — econômicos, sociais, políticos etc. — e os imateriais — a religião e, por que não, a cultura — que o tornam, independentemente de qualquer ação que tome para si ou outros, regido por um sistema de normas coadunadas entre morais e legais.

O tema da justiça, tão antigo e caro aos pensadores, nos dá desde os pré-socráticos o conceito de uma ordem, de um direito que se relaciona com a virtude humana como necessária à convenção entre os homens. Essa ideia de justiça que surge no *kósmos* se apresenta como a possibilidade continuadora do mundo físico e a vida humana que surgia, mas já estabelecia convenções como forma de unidade, regularidade desembocando, portanto, naquilo que seria o justo. A ordem cosmológica de Anaximandro[3] nos ensina, portanto, a desenvoltura de um movimento constante e

---

3   Anaximandro de Mileto (610-547 a.C.), autor do primeiro livro em língua grega. Foi o primeiro filósofo a escrever seus pensamentos de forma a passar da oralidade da história para a escrita.

permanente de uma ordem ou uma lei que governa o *kósmos* e que se coloca acima da ideia de *pólis* entre a natureza humana.

Nos sistemas filosóficos, é possível reconhecer que a ideia de justiça ligada a uma visão cosmológica está arraigada em sua síntese. Como apresentam vários dos pré-socráticos, uma visão acerca de uma ordem pode se dar por caminhos díspares. Pitágoras, por exemplo, entende essa questão como dualismo entre matéria e números, enquanto Heráclito nos ensina que essa dualidade e reconhecimento de um conceito próprio de justiça ou injustiça está na luta entre todos os elementos do *kósmos*.

A dualidade como fonte geradora de opostos nos campos do saber registra movimentos que fazem eclodir essa primeira ideia. A justiça afinal, de onde vem? Quem emana? Por qual razão? Seria aquilo que Parmênides nos ensina: há uma unidade, e esta se aloca na supremacia de um Deus único.

Antígona nos dá a primeira ideia desse efeito. A dualidade em categorias que se mostraram distintas — as naturais e as materiais — se instala naquele lapso temporal em que se promove o debate retórico entre, de um lado, uma irmã, ente, que invoca o direito de enterrar (um direito divino, humanizador, que daria ao seu familiar a dignidade do sepulcro); e, do outro, o rei Creonte, que invoca a lei como aquela que proíbe determinada conduta e restabelece a ordem que ele, enquanto governante, não poderia deixar de cumprir. A lei do rei é a válida, porque ali seu papel se confunde com o divino; por isso obsta aquele direito invocado pela irmã que está entre os comuns.

Já antes de Platão era possível verificar que as preocupações estavam muito mais voltadas para a sensibilidade, o sobrenatural, o patriarcalismo. Por isso, a escola socrática veio de encontro com tal lógica sobrenatural, sobrepondo e substituindo no âmago esse discurso mitológico, e fazendo reaparecer a própria filosofia e as leis.

Menos preocupada com a busca socrática da verdade, a sofística, à medida de sua inserção, buscou afastar de sua técnica toda metafísica, dando ao homem a possibilidade de emanar suas próprias leis em um conjunto racional unívoco. Desconstruir esse conjunto de ideias foi papel que coube aos socráticos.

Protágoras[4] pode ser considerado o advogado que propôs a questão da relatividade e dos valores aos conceitos estabelecidos. Em suas lições, propõe uma posição firme acerca do justo e do injusto, já que o que era bom para "A" podia não ser para "B". Não era possível a aplicação de conceitos sem que estes pudessem ser qualificados e devidamente considerados em sua aplicação. Entra aí o papel do aplicador, do intérprete e, assim, da razão.

---

4   Cf. GUTHRIE, *Os sofistas*, pp. 156-157.

Platão foi o filósofo que melhor nos fez perceber que o homem tem em sua essência a alma, mas que, no entanto, não parece simplesmente como algo metafísico. Há uma alma dotada de razão. Ensina-nos José Manuel de Sacadura Rocha:

> A alma em Platão tem duas características: ela é preexistente (existe antes do corpo) e subsistente (existirá após o perecimento do corpo). Compõem a alma três partes: logística, a parte superior, que corresponde à razão; irascível, a parte mediana, que corresponde às paixões; apetecível, a parte inferior, que corresponde aos vícios.[5]

Platão nos apresenta aquilo que iremos denominar adiante como inerente ao homem, a razão, mas antes inerente à alma humana, e que irá produzir um sistema de valoração. O homem não está livre da produção de signos, e isso se faz com apoio da razão, do processo de racionalização.

Prova-se tal afirmativa em sua obra *As leis*, onde o filósofo ensina sobre a natureza destas últimas, buscando explicá-las como fonte de uma autoridade que pudesse lhes conferir validade. Aí está a reta razão (*orthos logos*), na qual o legislador é o sábio que a põe por escrito.[6]

3. Valores e normas

Tratamos de, em poucas linhas, demonstrar que os pensadores pré-socráticos e a escola sofista não viabilizaram a construção propriamente dita de um conceito de direito e tampouco o escalonaram. Parece-nos claro, a partir de uns poucos elementos, que tais concepções se desentrelaçam, provando não haver relação entre essas escolas.

A concepção dualista que mencionamos anteriormente destaca-se em Aristóteles, já que o pensador teve por mérito a distinção entre o *jus naturae* e o *jus positivum*. O pensamento aristotélico buscou desarraigar que poderia haver classificações hierárquicas entre elas. Sugeria que, no bojo de um direito natural, havia implícita uma universalidade e uma imutabilidade que desencadeariam valores gerais. Ele buscava explicar que, em qualquer situação díspar que pudesse existir, o sujeito agiria independentemente das condições, ao contrário do direito positivo, que teria sua validade condicionada ao local de inserção. A comunidade promoveria a eficácia de seu conteúdo, sendo aplicada de maneira particular e perquirindo sempre a mutabilidade.

---

5   ROCHA, *Fundamentos de filosofia do direito*, p. 15.

6   Cf. GARCIA, Juspositivismo do século XXI: a norma como valor.

Santo Tomás de Aquino nos deu também uma visão na qual busca de plano estabelecer que ambos os conceitos são antagônicos, porém com maior amplitude nos ensina que há uma relação de interdependência, na medida em que reconhece que o direito posto pelo legislador decorre de elementos do direito natural. Se para Aristóteles a base de ambas era a mesma sem nenhuma hierarquia, Santo Tomás admite que sobre a norma posta há um direito natural superior.

Nas lições acerca da constituição de um código escrito, muitas vezes pergunta-se de que forma surgiu e por quê. Numa de suas célebres lições, o eminente jurista Prof. Dalmo de Abreu Dallari nos ensina que uma das grandes causas do surgimento das constituições se dá em decorrência do *jus naturalismo*. Vejamos:

> Sob influência do jusnaturalismo, amplamente difundido pela obra dos contratualistas, afirma-se a superioridade do indivíduo, dotado de direitos naturais inalienáveis que deveriam receber a proteção do Estado.[7]

A proteção do Estado manifesta-se na forma de leis que os homens emanam, como num pacto. Seria afirmar a necessidade de racionalização do pensamento como forma de manter os direitos inalienáveis que dizem respeito à honra, à dignidade, à liberdade, enfim, a uma vida plena.

Essa constituição destacada por Dallari nasceu contra o poder da monarquia absoluta, foi um estatuto civil que buscava limitar o arbítrio, em plena era medieval. O rei de alguma forma se submeteria à lei posta pelos homens. Mas, embora a vida civil necessitasse dessa regulação, a Igreja muito antes já havia manifestado. Vários de seus documentos — cânones — haviam sido emitidos ao longo de muitos séculos. Por um lado, essa dispersão poderia se justificar pela instabilidade do período que se serviu de tais leis; sabemos que a Idade Média foi um tempo de batalhas e conflitos de várias ordens (econômica, política, social e nos assuntos da fé). Por outro, pelas contradições que muitas vezes eram geradas por esses documentos que na sua profusão apresentaram pontos de vistas antagônicos sobre fé e moral cristã. A compilação desses documentos todos foi conhecida como *Codex Juris Canonici*.

Nota-se que um Direito Civil era propugnado e um Direito Canônico era organizado. Essa conciliação explica a forma de atuação de atores importantes naquela era, que irradiam efeitos até esses nossos tempos contemporâneos: a unificação da legislação e o encontro desses direitos.

Poderíamos aqui remeter a Hugo Grócio (1583-1645)[8] com sua tese da separação entre o direito divino e o direito positivo. Segundo sua concepção, os direitos são

---

7   DALLARI, *Elementos de teoria geral do Estado*, p. 199.

8   Filósofo que teve como premissa a separação entre o direito divino, propondo que os homens tinham direitos a ele inerentes, independente da relação imposta pelo teocentrismo cristão.

inerentes ao homem e à sua condição. Mas ele não chegou a estabelecer a genealogia do direito que está nos homens. Afinal, se os homens nascem em igual condição uns com os outros, como teria surgido a questão moral que os separou de tal forma para que conseguissem tomar posse dessa condição e entendê-la?

4. Norma e valor

Podemos perceber na escala do pensamento que, dentre os filósofos das ciências humanas e juristas, a escala hierárquica permanece — à exceção de Aristóteles, citado aqui, que não reconhece uma relação de hierarquia entre direito natural e direito positivo. Esse reconhecimento se dá inclusive subjetivamente, uma vez que muitos deles não haviam ainda estabelecido uma relação do homem com o direito e nem a correlação entre o direito e o homem, e apenas reclamavam pela virtuosidade traduzida em uma justiça que regeria as relações.

É importante considerar no bojo dessa discussão que essa escalonação, embora estabelecida e proposta por filósofos medievais e outros, reapareceu fortemente de maneira sistematizada na contemporaneidade com autores como Hans Kelsen, em sua proposta acerca da hierarquia das normas. Umas vinculadas às outras, numa escala onde a norma maior dá a outras seu potencial legislativo — competência e validade. Nessa sistematização que propõe, o essencial será revelado na norma fundamental, que segundo o jurista é fonte de validade de todas as demais. Mas quem introduz a norma fundamental? Alguns, sob a perspectiva kantiana, diriam que os homens reunidos no consenso a estabeleceriam. No entanto, a pergunta permanece: Por que uma norma fundamental? Poderíamos pensar aqui numa metanorma?

Podemos entender essa metanorma como algo que está composto das garantias invioláveis que estão no humano: a vida, o valor, a dignidade, portanto, como portadora de valores que repercutem numa interlocução dialética, porém imanente, que transcende a ordem fática.

O jusfilósofo Prof. Miguel Reale nos ensina na teoria da tridimensionalidade que o direito deve ser estudado sob três perspectivas: norma, fato e valor. O direito como produto de uma realidade social deve ser considerado sob uma perspectiva histórico-cultural. Ele mesmo revela que o homem está envolto numa constante relação de normatividade, mas que não se pode deixar de considerar que nessa normatividade há questões que a embasam, como critérios sociais, econômicos, culturais e do ponto de vista axiológico (valorativo).

A crítica em sua teoria é de que o direito não pode se estabelecer numa esfera reducionista. O autor ainda nos ensina:

> Já foi dito — e a afirmação é válida em suas gerais dominantes — que a mentalidade do século XIX foi fundamentalmente analítica ou reducionista, sempre

Fundamentos axiológicos do direito

tentada a encontrar uma solução unilinear ou monocórdica para os problemas sociais e históricos, ao passo que em nossa época prevalece um sentido concreto de totalidade ou de integração na acepção plena destas palavras, superadas as pseudototalização realizadas em função de um elemento ou fator destacado do contexto da realidade.[9]

Reale sustenta que entre esse pensamento unilinear era necessário que houvesse elementos que pudessem considerar uma multiplicidade de aspectos. Até então havia ali uma mentalidade da ótica positivista que encarava, portanto, o direito como norma. Kelsen assim sustentava uma ciência do direito a partir de uma teoria normativa.

Ora, sabemos que o termo positivismo não é unívoco. Para Augusto Comte, ciência positiva é aquela que, segundo ele, reconhece e aceita os fatos e suas relações recíprocas como o único objeto possível de relação científica. É a colocação da realidade fática como único objeto merecedor de consideração por parte da ciência jurídica que constitui a razão de ser do positivismo jurídico. Tentativa pela qual fez com que Kelsen partisse para sua metodologia científica de um direito puro, livre de concepções de cunho sociológico, político ou econômico.

Parece-nos que essa metodologia proposta por Kelsen em termos avalorativos tem-se estendido enquanto crítica a outras correntes, como aquelas que se denominam neoconstitucionalismo e neopositivismo, por entenderem não ser possível trazer para sua realidade teorética um método que esteja desvinculado de uma natureza moral. Os princípios da própria constituição, segundo Suzzana Pozzolo,[10] remetem a uma questão valorativa como fonte de emanação desses princípios propostos a uma teoria constitucional.

Mais adiante, percebe-se que surgem questões ligadas à realidade social, tanto que autores da escola do realismo jurídico tinham no direito uma expressão dessa realidade. Essa teoria certamente nos remete àquele sociologismo advindo da escola natural que considera a sociedade como ente vivo.

Ficam claras duas posições que se chocam, mas se coadunam no sentido de formar e dar uma bidimensionalidade ao direito. Passa, então, a ser enxergado como direito/norma e fato/realidade. Mas Reale vai além, inserindo um elemento que considera norteador para a definição daquilo que constituiria definitivamente um conceito de direito:

> Entre a norma e o fato, surge assim o valor, como intermediário, como mediador do conflito, elemento de composição da realidade em suas dimensões fundamen-

---

9   REALE, *Teoria tridimensional do direito*, p. 10.

10   Cf. DUARTE, *Neoconstitucionalismo e positivismo jurídico*, passim.

81

tais. Interessa ressaltar a exigência de entender a realidade como unidade, sem a qual não se explicaria a tendência a integrar os dois elementos contrapostos, que se deixariam separados num dualismo irredutível, exigência que unicamente pode explicar, na verdade, o surgir da tridimensionalidade.[11]

É Reale que nos ensina, portanto, que há uma dimensão dialética que se estabelece nesta leitura do direito. Fato, valor e norma independem e convergem entre si, na constituição de um pensamento que transpassa esses elementos, contemporanizando uma visão metodológica e axiológica do estágio proposto por positivistas.

A crítica do aprisionamento metodológico de uma ciência do direito, proposta pelo positivismo jurídico, permanece em outros autores. Vejamos:

> Segundo a crítica neoconstitucionalista, o juspositivismo concede espaço estreito à teoria, aprisionando-a a um universo jurídico oitocentista já ultrapassado, cujo núcleo era constituído pela teoria da soberania e pela exigência científico-descritiva. Esta última, em particular, que impunha o imperativo da neutralidade valorativa, é o que o neoconstitucionalismo nega fundamentalmente como possibilidade.[12]

5. Conclusão

Das considerações apresentadas anteriormente, temos que uma separação entre direito e valor não pode obter qualquer tipo de sucesso em sua lógica de constituição. Diversos autores proclamaram na criação e especificação de uma ciência como sendo necessário em seu cunho epistemológico o viés da neutralidade a fim de estabelecer o objeto coerentemente.

De que forma vemos o direito? Por sua natureza, não podemos considerá-lo como um objeto que descrevemos na sua forma e conteúdo, assim como não podemos fazer com a realidade. Mas temos que fazer pela forma como imaginamos e o concebemos, idealizando, portanto, uma situação fática. Aí entramos numa diretriz que se torna essencial para a compreensão desse objeto — sua transcendência. Fruto da razão, só seria possível imaginá-lo e descrevê-lo por ser artifício tipificado em nossa razão, transformando-o no *in concretum*.

Não conhecemos a Deus, mas a ele imaginamos um ser supremo, digno da bondade e fonte da justiça. Assim o descrevemos e a ele recorremos. Essa premissa da justiça que está no íntimo do direito, de onde advém? De algo que está em nós? Distante de nós? Ela se justifica apenas por encontrarmos nele a fonte de autenticação e

---

11   REALE, *Teoria tridimensional do direito*, p. 18.

12   DUARTE, *Neoconstitucionalismo e positivismo jurídico*, p. 85.

de validade que buscamos. Mas isso não significa se contrapor ao que expôs Kelsen, quando este estabelece uma distância entre a ciência do direito e o elemento justiça. Afirma Eros Grau:

> Podemos descrever o direito (note-se bem que me refiro, aqui, a direito como objeto em nível de abstração) de várias formas e a partir de várias perspectivas; estou a dizer que o direito se manifesta, para nós, de várias formas e de várias perspectivas.[13]

Se, por um lado, a proposta de positivistas foi tão criticada por buscarem uma versão avalorativa em seu sentido material para que produza efeitos válidos, por outro lado, cabe também à teoria tridimensional de Reale uma leve crítica, na medida em que não responde necessariamente à constituição de um pensamento de forma tão sistemática.

No embasamento de sua teoria — fato, valor e norma —, a relação dialética se estabelece com interdependência, a partir de seus respectivos conteúdos normativos, fáticos e axiológicos. No entanto, essa interdependência não apresenta aquilo que necessariamente poderíamos entender como uma reflexão genealógica. De onde advêm tais constitutivos? Seria embaraçoso considerá-los, todos, ao mesmo tempo. Ainda que houvesse interdependência, uns careceriam dos outros para pressupor um conceito concreto. Há uma estreiteza nessa relação, pois o direito pode nascer com o conteúdo normativo carecendo dos outros aspectos que serão incorporados no momento em que se estabelece a relação desejada. Ou de conteúdo fático, invertendo, portanto, a correlação entre eles.

A proposição do direito nasce a partir daquilo que a filosofia nos ensina como lição primeira. Deve ser reflexo do belo, do perfeito, do justo, do virtuoso. Isso porque irá refletir sobre todas as coisas humanas alcançadas pela razão. Na tomada de decisões, o valor prevalecerá independentemente das relações que se estabelecem no tempo e no espaço. Como ensina Eros Grau, independerá da forma e perspectiva.

Ainda que mude o direito, os valores permanecerão, porque são princípios organizadores para reflexão do papel que o direito irá exercer.

Assim, alguns dos filósofos antigos estabeleceram valores como advindos do sagrado, na figura de um ente divino, superior, supremo que nos remete então todos aspectos teológicos de um Deus que cuidou de reger a natureza humana. Ou, ainda, expôs na natureza, numa ordem natural, direitos que sempre foram consagrados como inalienáveis e inerentes, mas que perquiriram a justiça e, assim, a virtuosidade, restando ao homem consagrá-la em seus pactos.

---

13 GRAU, *Direito posto e o direito pressuposto*, p. 18.

Destituindo-se da ideia de anomia e eunomia, o valor precederá à medida que demonstrar o seu papel de *dever-ser*, que se imporá pela razão, já que eles preexistem em qualquer ordem, natural ou racional. O valor se antecipa ao direito, e, por vezes, o direito se confunde e assume o caráter de valor, pois emana de um *dever ser* subjetivo que torna o homem capaz de compreendê-lo e aplicá-lo na sua prática cotidiana.

6. Referências bibliográficas

ALEXY, Robert. Xenofonte. GARZON VALDÉS, Ernesto (org.). *Conceito e validade do direito*. São Paulo: WMF/Martins Fontes, 2009.

DALLARI, Dalmo de Abreu. *Elementos de teoria geral do Estado*. 28. ed. São Paulo: Saraiva, 2009.

DUARTE, Écio Oto Ramos. *Neoconstitucionalismo e positivismo jurídico*; as faces da teoria do direito em tempos de interpretação moral da Constituição. São Paulo: Landy, 2006.

GARCIA, Maria. Juspositivismo do século XXI: a norma como valor. *Revista de Direito Constitucional*, ano 15, n. 60, jul-set/2007.

GRAU, Eros Roberto. *Direito posto e o direito pressuposto*. 7. ed. São Paulo: Malheiros, 2008.

GUTHRIE, Willian Keith Chambers. *Os sofistas*. São Paulo: Paulus, 1995.

REALE, Miguel. *Teoria tridimensional do direito*. 5. ed. São Paulo: Saraiva, 2005.

ROCHA, Jose Manuel de Sacadura. *Fundamentos de filosofia do direito*; da Antiguidade a nossos dias. São Paulo: Atlas, 2007.

CAPÍTULO V

Relações entre teologia e direito: a justiça como fonte e meta comum

João Décio Passos

A reflexão teológica sobre o direito tem diante de si um vasto leque de possibilidades metodológicas e teóricas. O recorte a ser adotado defronta-se com a relação de longa duração histórica, quando as duas abordagens se cruzam de muitas formas e de maneira dialética, ora em posições de exclusão, ora em paralelismos e ora ensaiando sínteses. Do ponto de vista hermenêutico, as possibilidades se estendem igualmente, desde a adoção de uma visão metafísica que ancora no *ser* e no *bom* o olhar sobre a realidade normativa como um todo, até a busca das fontes bíblicas do direito moderno, assumidamente secularizado.

De fato, a história dessa relação possui raízes que extrapolam a própria história da teologia estrito senso, conduzindo a investigação até as matrizes gregas, romanas e judaicas, sendo que, em cada qual, são, de fato, construídas compreensões e práticas normativas distintas, porém cruzadas em fases posteriores da história ocidental, particularmente no seio do Cristianismo. Quanto a esse, há que ressaltar que, em suas origens, a ausência de um ordenamento propriamente jurídico não constitui somente um dado histórico-social inerente à sua condição de seita dissidente do Judaísmo, mas, ao que tudo indica, uma opção consciente que entende a norma como vivência concreta do amor, realizada no jogo da liberdade dos seguidores do Mestre, no âmbito da comunidade de fé. Ademais, a própria comunidade cristã constitui um *modus vivendi* social capaz de agregar diversidades normativas que se relativizam perante o absoluto do amor ao próximo, em qualquer contexto político em que esteja inserido.

Evidentemente, do encontro com o direito romano e com o pensamento político grego, o Cristianismo forjará construções teóricas e metodológicas com forte armadura filosófica, articulando, por exemplo, direito natural e direito divino. Portanto, do baú da tradição judaico-cristã e da história posterior do Cristianismo, é possível retirar elementos absolutamente díspares para uma teologia do direito, por meio dos quais se torna possível fundamentar a ordem jurídica como teologicamente legítima e necessária, assim como negá-la como traição à vivência autêntica da fé. Não são menos díspares as possibilidades metodológicas daí decorrentes e que permitem construir objetos e enfoques teológicos, tais como teologia bíblica do direito, teologia do direito natural, teologia da libertação do direito, teologia eclesial do direito, dentre outras.

Perante esse amplo espectro, a delimitação da reflexão se impõe como exigência metodológica. Nas reflexões que seguem não será abordado nenhum paradigma específico como os supracitados, mas apresentados tão somente alguns parâmetros gerais para uma teologia do direito, tendo como objetivo expor os pontos de contato possíveis para a abordagem que busque articular os dois universos com seus respectivos significados. A ideia de que a teologia é sempre discernimento sobre a realidade historicamente posta norteará a reflexão. O direito constitui, portanto, um objeto de reflexão teológica, e não uma fonte de reflexão, como muitas vezes pode ser apresentado em termos bíblicos ou mesmo nos padrões clássicos da escolástica. Os ordenamentos normativos instituídos na forma da lei positiva constituem grandezas históricas criticáveis em nome de uma ética centrada na justiça: a lei injusta é condenável e a lei justa deve ser a meta dos projetos políticos. A teologia tem como valor fundante de seu discurso a fé na justiça salvífica de Deus que se revela na história como possibilidade de comunhão para todos os seres humanos.

1. A relevância do objeto

Abordar teologicamente o direito pode, portanto, ter um significado clássico e um significado atual. O primeiro significado aponta para os paradigmas construídos na longa duração da história do Cristianismo. O direito se apresenta como um momento decisivo dos ordenamentos normativos das sociedades em geral e, de modo particular, nas sociedades ocidentais, expondo os nexos entre os valores religiosos, a objetivação e consolidação dos costumes (a moral) e os ordenamentos propriamente jurídicos (codificações legais). A dinâmica retroalimentadora desses ordenamentos normativos narra a história da humanidade desde as suas origens mais arcaicas, quando a vida social emerge como dimensão do *Sapiens* que, por razões de sobrevivência, preferiu, certamente, a norma à anomia, ainda que estruturada nas dimensões reduzidas dos laços relacionais diretos do parentesco ou da vizinhança.

Na longa sequência do desenvolvimento civilizatório, as ordens normativas ganham em complexidade e profundidade, ao buscarem dimensões amplas o suficiente para reger as relações entre os povos, de forma a estabelecer referenciais valorativos e normativos universais. Nesse quadro, a relação entre as concepções religiosas e antropológicas demarcam novos patamares normativos, no momento de constituição das sociedades urbanas. Agora já não bastava repetir as narrativas primordiais capazes de vincular as várias partes do cosmo e recuperar a sua ordem fundadora, mediante ações rituais. A divindade transcendente e a autonomia do ser humano para procurar a partir de si mesmo o caminho da verdade, por vias racionais ou religiosas, são dois lados de uma mesma moeda e representam a afirmação decisiva de uma ordem moral compreendida e assumida como fruto da decisão humana. A lei divina e a lei natural são representações normativas que chamam o ser humano para a ação consciente e livre e abrem os flancos para a reflexão sobre a moral, a ética propriamente dita e, quase sempre, um confronto com as normas legais estabelecidas. A chamada era axial[1] caracteriza-se, dentre outros aspectos, por essa revolução moral: a norma vivida e pensada em termos filosóficos e religiosos cria os contratos entre o ser humano e Deus, cobra a coerência das partes na interiorização dos valores celebrados e possibilita o exercício da autonomia dos sujeitos, em busca da vida mais coerente com as normas daí decorrentes. É nesse momento que encontramos as fontes primordiais das tradições judaico-cristã e greco-latina, das quais o Cristianismo pôde retirar as principais referências normativas no decorrer de sua história. A relação entre teologia e direito remete para essas matrizes, donde se podem encontrar as antropologias semita e grega, fontes primordiais que fornecem os fundamentos da vida normativa objetivada na moral e no direito.

A religião, a moral e o direito encontram sua circularidade nas sociedades antigas, circularidade que tem seu eixo de apoio na unidade política que concentra nas mãos do soberano as funções religiosas e legislativas. É nesse contexto que o estudo dos conceitos de *lei divina* adquire sua relevância, na busca da arqueologia dos ordenamentos normativos construídos no Ocidente, sob a ação direta ou indireta do Cristianismo, herdeiro tardio da revolução axial.[2] Vale observar, contudo, que não se trata de localizar a nascente antropológica comum onde a noção de lei divina possa apresentar-se como fundamento primeiro de todos os ordenamentos posteriores. A própria noção de lei divina está sob o foco da revisão e da crítica das consciências mais audazes que emergem como emblemas nessa era, como Buda, que rompe com as regras instituídas do Hinduísmo; como os profetas do Antigo Testamento, que fazem críticas à própria Lei; e como Sócrates, que é condenado precisamente por transgredir os costumes instituídos. De qualquer modo, direito e teologia têm um significado comum importante na história da interpretação da condição moral do ser humano e nas construções normativas daí decorrentes, quando a razão não se

---

1   Conceito formulado por Karl Jaspers amplamente exposto na obra de Karen Armstrong, *A grande transformação*.

2   Cf. BRAGUE, *A lei de Deus*, passim.

contenta com o costume socialmente instituído e busca os meios de fundamentar o bom, o justo e o legal.

O estudo da teologia do direito pode ser também atual por apropriar-se de uma dimensão fundamental da vida moderna: a norma legal que tem prevalecido como a única universalmente legítima, capaz de regular os comportamentos, ainda que sob a forma de uma coerção incapaz de atrair as vontades para a convicção. A hegemonia do direito no âmbito dos ordenamentos normativos como foro quase exclusivo que se expande para todos os aspectos e esferas da vida humana aponta para a problemática correlacionada da crise moral, sendo essa uma espécie de retração perante uma ordem jurídica positiva autorreferenciada.[3] Os vínculos historicamente rompidos entre moralidade e legalidade constituem uma das urgências da reflexão teológica, na busca de saídas para a problemática, como veremos mais adiante. Hoje são bastante visíveis os efeitos das rupturas operadas pela modernidade entre a *coisa íntima* e a *coisa pública*, sendo que o religioso retraído sempre mais para o espaço privado e para o interior das Igrejas perde sua força moral, não só no âmbito dos discursos públicos legítimos mas também no âmbito das subjetividades que se tornam cada vez mais individualidades integradas nos processos de consumo que regem a sociedade atual. A busca incessante de satisfação pela via do consumo que promete felicidade aprisiona as individualidades em ciclo vicioso de satisfação (consumo)-insatisfação (consumo) fora do qual já não há valor que resista como alvo a ser alcançado. Nessa esfera dinâmica, nenhum ordenamento moral ou jurídico parece ter função, a não ser o do direito individual, quando não o direito do consumidor. Na centralidade absoluta do indivíduo consumidor assentam-se todos os demais valores, inclusive os religiosos. Aquém e além desse indivíduo, os ordenamentos morais vão sendo reduzidos à tradição e, nos dias atuais, à "moda do ético", por meio da qual a norma adquire sua expressão máxima como "urgência" para a vida humana: palavra mágica que vem criticar as esferas públicas, mas cuja ineficácia se mostra imediatamente no modelo econômico que permanece amoral, assim como na corrupção insistente e cada vez mais rotinizada da coisa pública.

A teologia pode contribuir com a reflexão referente a valores e normas que permitam uma convivência social para além do império do desejo integrado na dinâmica do consumo e do império do econômico sobre todas as demais dimensões da vida. A destinação social da coisa pública, cuja finalidade é garantir e promover a dignidade inalienável de cada pessoa humana, sintetiza a visão social cristã já presente nos padres da Igreja, sistematizada na volumosa galeria de documentos oficiais do Magistério e por muitos refletida na teologia contemporânea. A partir do outro, assumido como parâmetro que transcende as individualidades e tece a objetividade social, emerge um valor fundante irredutível a qualquer objetivação de natureza

---

3   Cf. PRODI, *Uma história da justiça*, pp. 503-531.

científica, mas assumido como sentido profundo do existir do ser humano. A organização legal da sociedade se dá sobre essa base valorativa e a teologia pode contribuir com sua explicitação e fundamentação.[4]

2. A base antropológica comum

O valor constitui, portanto, a base antropológica comum da teologia e do direito. É próprio do ser humano interpretar a realidade como fato — explicado pela razão pelas vias das ciências que vão sendo construídas ao longo da história — e como valor — por aquilo que considera que a realidade *deve ser*, configurado como finalidade aderida pela vontade e que se torna convicção. A história da cultura humana se fez sobre essas duas formas de ver a realidade e que, por vezes, se opõem e se isolam uma da outra, mas também buscam formas de articulação. O olhar humano sobre a realidade não se processa só com o intelecto que pergunta pelo que *são as coisas* em sua natureza e dinâmica, mas também pelo seu significado: elas existem para alguma finalidade. Não se trata de posturas estanques que, de modo deliberado, operam de modo separado, mas do mesmo sujeito que vê a realidade como *logos* e como *pathos*. As mesmas coisas que são objetivadas pelas regras lógicas da inteligência que busca conhecê-las, antes de objetivadas nos afetam; se mostram como valores que nos atraem como grandezas carregadas não só de verdade (ou falsidade), mas também de bondade (ou maldade) e de beleza (ou fealdade). Ainda que certas correntes hegemônicas das ciências tenham se apresentado como posturas neutras perante as coisas, na verdade, é sob pressupostos e finalidades valorativos que os sujeitos que as inventam e executam se encontram afetados e envolvidos. Se a neutralidade fosse possível, a ciência não existiria, sabendo que a primeira interrogação sobre qualquer coisa se dá no dinamismo da paixão pelo conhecer e se ordena para finalidades que, por sua vez, se mostram como boas para aquele que investiga.

Contudo, as ciências, para que possam ser instituídas, necessitam do método universal, ou seja, da regra passível de compreensão e aplicação por outro sujeito, independendo de seus valores. É quando a ciência exige a objetivação metodológica; o estabelecimento de um conjunto de regras autossuficientes e eficazes para explicar e produzir o efeito desejado sobre seu objeto. Essa postura foi denominada ateísmo metodológico, princípio de exclusão da transcendência ou objetividade científica. De qualquer modo, essa necessidade metodológica se mostra como discurso autorreferenciado, sem considerar os contextos em que se situam e os sujeitos que a executam, espaços onde os valores atuam de modo deliberado ou não.

A teologia, a ética e o direito constituem abordagens diferenciadas perante a realidade, na medida em que integram em seus discursos e, portanto, em seus métodos

---

4   Cf. CONCÍLIO VATICANO II, *Gaudium et Spes*, nn. 29-32.

os valores, ou seja, buscam articular o que a *realidade é* com o que a realidade *deve ser*. São ciências compromissadas com a distância inerente ao dado imanente entre o *ser* e o *dever ser*. Para as três abordagens, essa distância, ainda que faça parte da constituição ontológica do real e, por conseguinte, da estrutura antropológica do ser humano que pensa, quer e crê, deve buscar os meios de síntese da forma mais coerente possível. O fato, o valor e a norma são dimensões que fundamentam o direito como explica o eminente jurista Miguel Reale.[5] A busca do bem universal é que estabelece o parâmetro para a ética, tanto na filosofia quanto na teologia. A teologia, por sua vez, se mostra como abordagem pretensiosa: busca no *ser* o *dever ser*, precisamente porque afirma pela fé que o *dever ser* de todas as coisas foi revelado por Deus na história e se mostra como possível e necessário à construção do bem para a humanidade e para toda a criação.

Com efeito, os valores não constituem algo fora da realidade, espécie de alienação das condições reais da história, mas uma dimensão do mesmo real construído pelo ser humano que ao *pensar quer* e ao *querer pensa*. Pela mesma razão que busca os meios de entender a realidade, isolando pedaços e dimensões para ter dela ciência, são colocados os valores que afirmam as finalidades das coisas, ainda que escondidas sob a carcaça dos interesses mais individualistas. A explicitação da dimensão dos valores traz à luz os desejos humanos e os submete ao juízo da razão pública, capaz de perguntar pelo fim de todas as coisas, em torno do qual podem confluir as vontades e as ações do ser humano. Nesse fim se encontram em códigos distintos (religiosos ou racionais) a verdade, a bondade e a beleza; como valores transcendentes e, obviamente, não demonstrados cientificamente. Desses decorrem imediatamente outros valores: o amor, fruto da verdade, da bondade e da beleza; a justiça, filha da verdade e da bondade. A esse fim ordena-se a razão, mesmo que o negue ou esconda, quando se lança na tarefa de explicar o mundo. A teologia, a ética e o direito visam com os objetos de suas reflexões trazer à luz o nexo entre os fins e os meios, o valor e o conhecimento; são conhecimentos valorativos da realidade, ciências dos valores adotados como bons, justos e verdadeiros. O direito se ocupa dos fins instituídos nas legalidades, a ética na norma socialmente instituída como regra de vida objetivada nas tradições e nos costumes, a teologia na afirmação dos fins últimos e dos valores absolutos. A partir do fim da história já irrompido em Jesus Cristo, o Cristianismo lê a história em suas configurações concretas e busca os meios adequados de encaminhá-la à justiça do Reino de Deus. Nesse horizonte, a teologia do direito se apresenta fundamentalmente como teologia da justiça, afirmando a tensão entre a ordem histórica instituída e a ordem da justiça divina que vem como graça e como juízo à rotina humana e indicando o outro como lugar da aparição de Deus e como parâmetro da prática do bem. A dignidade humana tem sido, de fato, o

---

5   Cf. REALE, *Teoria tridimensional do direito*, passim.

Relações entre teologia e direito: a justiça como fonte e meta comum

valor comum que agrega as concepções cristãs e aquelas seculares em torno de suas construções normativas na forma da moral, do direito ou da ética.

3. A justiça como reserva escatológica

O conceito de justiça situa-se no âmbito dos estudos jurídicos com grande diversidade semântica. Dentre os seus muitos significados,[6] pode-se deduzir tanto a atitude conformada à lei, como a finalidade da própria norma moralmente vivida e legalmente instituída. É na fundamentação do direito que inclui o valor como um dado constitutivo que podemos situar a noção de justiça como aquela condição objetiva que permite ligar o *eu* e o *outro* em uma relação de convivência que permita a cada pessoa realizar-se como tal na liberdade e na sociabilidade, sem sacrifícios de nenhuma das dimensões. Destarte, a justiça posiciona-se como *valor-fim* do direito que transcende a ordem do ser, determinada pelo domínio da razão objetiva; como valor transcendente, a justiça é valor que sustenta todos os demais valores e identifica-se com a própria natureza humana, compreendida como *ser* e *dever ser*, como determinação e liberdade, como contingente e inacabado.[7]

De sua parte, a teologia posiciona-se precisamente entre o *ser* e o *dever ser*, e busca as formas de articulá-los de modo coerente. Não é outra coisa o esforço que a constitui metodologicamente: a relação crítica e criativa entre a fé e a razão. Da razão advêm não só o método lógico mas também as definições sobre a natureza das coisas, hoje fornecida pelas variadas ciências, no passado pela filosofia. Da fé procedem os conhecimentos últimos da realidade, nominadamente, os conhecimentos sobre a origem e o fim de todas as coisas que, por meio de sua revelação na história, Deus nos deu a conhecer. Para a teologia, não se trata simplesmente de afirmar a verdade revelada como um dado imposto pela autoridade da fé, como poderá fazer a catequese, mas, precisamente, de operar pelas vias metodologicamente coerentes a articulação entre as verdades da fé e as verdades da ciência. A compreensão das coisas a *partir de Deus* constituirá um modo de ver e interpretar a realidade, quando a sua imediaticidade empírica adquire um significado profundo como grandeza relacionada a Deus: coisa criada, entregue ao ser humano, destinada a um fim. O *ser* de todas as coisas fica, desse modo, conectado ao seu *dever ser*, cujo significado último se encontra na sua origem e destino transcendentes, valor supremo e bem final aos quais tudo deve ser direcionado, por meio de todos os ordenamentos que historicamente vão sendo construídos pelo ser humano em cada tempo e lugar.

Se o valor tomado em si mesmo como grandeza antropológica constitui o primeiro ponto de encontro entre o direito e a teologia, a justiça se apresenta como o

---

6   Cf. DINIZ, *Dicionário jurídico III*, verbete "justiça".

7   Cf. REALE, *Fundamentos do direito*, pp. 303-307.

segundo e mais concreto modo, quando o valor adquire nome, mesmo que não tenha endereço fixo em conjunturas e estruturas históricas. A justiça ocupa um lugar central na fé cristã, como decorrência do próprio plano salvífico de Deus que chama a todos, indistintamente, para a comunhão consigo. Portanto, as exigências da justiça social decorrem da própria justiça de Deus, que gratuitamente cria e penetra a história humana solidariamente, fazendo-se criatura e oferecendo sua salvação. Da gratuidade de Deus decorre a gratuidade humana que deve incluir solidariamente na comunidade de iguais todos os excluídos da dignidade humana.[8] A gratuidade de Deus é a força trans-histórica que vem até o tempo histórico como graça que, acolhida pela liberdade humana, pode transformá-la a partir de seu futuro revelado como salvação. O que a história *pode ser* torna-se *ser* e *dever ser* na vida concreta das pessoas. A teologia parte da explicitação do *dever ser* da história humana e busca os meios de mostrar sua realidade, sua legitimidade e sua importância para o destino de cada ser humano, da sociedade e de toda a criação.

Com efeito, a tensão inerente à fé judaico-cristã, entre o presente e o futuro, o *ser* e o *dever ser*, encontra na justiça realizada a reserva escatológica que só pode ser antecipada na forma da vida moralmente correta e, em termos políticos, na ordem legal. Legalidade e justiça compõem os polos da construção ética da história, em nome da qual a fé se apresenta como aposta e crítica utópica de toda estrutura, bem como princípio de discernimento. A escatologia realizada do Cristianismo não se perdeu na euforia do carisma das primeiras comunidades; ao contrário, guardou para os tempos vindouros a realização plena da criação que ainda geme em dores de parto, como bem expressa o Apóstolo Paulo, crítico contundente da ordem legal em nome da esperança na consumação da história (cf. Rm 8,22; 1Cor 15,28).

Com efeito, a justiça constitui o fim de toda construção legal, o objeto e a finalidade do direito, com suas ciências e suas práticas. Por conseguinte, as cobranças teológicas para o direito serão no sentido da realização da justiça, embora recuse, em nome da própria transcendência escatológica do projeto de Deus, a coincidência entre essa e as ordens legais instituídas. A categoria Reino de Deus abarca de modo direto essa tensão, ao apresentar o *já* e o *ainda não* do plano de Deus para o ser humano. A práxis de Jesus se dá em torno dessa noção político-escatológica. O Reino de Deus é uma realidade imediata que manifesta a misericórdia e a justiça de Deus para com os desvalidos e socialmente excluídos, mas que não se esgota na história, precisamente porque é de Deus. A soberania de Deus na história se dá não pela via do poder político, como afirmavam os grupos revolucionários do tempo de Jesus, e nem pela via do cumprimento da lei, como acreditavam os teólogos rabinos, mas como presença salvífica de Deus na história na linha dos profetas; o Reino é boa notícia para os excluídos (os doentes são curados, os surdos ouvem, os cegos enxergam

---

8   Cf. HAERING, *Livres e fiéis em Cristo*, v. 3, p. 258.

— cf. Lc 4,17-21; Mt 12,28) e juízo para os opulentos (cf. Lc 6,20-26). As visões apocalípticas afirmavam a instauração do Reino após a destruição total desse mundo, portanto como uma escatologia que abarcaria completamente a ordem histórica. O Reino de Jesus nega as injustiças históricas, e não a história em si mesma, e guarda sua consumação para os tempos futuros, tempo da justiça plena de Deus que julgará eticamente as ações humanas (cf. Mt 25,31-46).[9]

Contudo, o Cristianismo construiu diferentes interpretações e práticas sobre as relações entre a justiça e a legalidade. Já nas suas origens, as visões escatológicas (escatologia realizada ou não em Jesus Cristo?) dividem as interpretações e as práticas históricas. De fato, os movimentos milenaristas fazem coincidir de modo sintético e pleno a justiça de Deus e a legalidade humana, ainda que confinado em configurações sociais restritas; para esses o plano de Deus emergirá com toda a sua plenitude na ordem histórica, superando definitivamente a ordem do mundo. A postura messiânica, por sua vez, consiste no anúncio da possibilidade da justiça na terra, ainda que sabedor das defasagens insuperáveis entre as duas dimensões. Já as expressões espiritualistas do Cristianismo antigo e moderno separam de tal modo a ordem religiosa da ordem histórica que se torna impossível pensar em concretizações da justiça, sendo ela reservada aos tempos pós-históricos. Por ora, a vida moral e o próprio sofrimento constituem meios de redenção individual.

A visão teológica da história afirma as ordens primordial e final como boas e, no intervalo entre elas, a possibilidade de construção histórica por parte do ser humano. Nessas ordens transcendentes, o bem impera e delas a história nasce não como decadência ou como fatalismo, mas como tempo das escolhas e das construções humanas, tempo em que a construção do bem é o caminho coerente e possível para a criatura livre e responsável. A experiência histórica de Israel, tensionada entre a memória do passado e a esperança do futuro, plasmou uma consciência coletiva em que passado, presente e futuro se apresentam como temporalidades distintas e autônomas. A história é fruto das decisões humanas que, na aliança com o Deus Libertador e Criador, pode construí-la efetivamente, sem as prisões das determinações cósmicas que transferem para as forças supra-históricas o desenrolar dos fatos que compõem a temporalidade presente. A criação boa, conforme o relato da narrativa sacerdotal da criação (cf. Gn 1,1–2,4) abre o tempo das construções históricas como depósito de sentido original que afirma a possibilidade de chegar à ordem histórica igualmente boa e justa (cf. Dt 30,15-18). O anúncio profético do tempo da justiça realizada na era messiânica recupera em chave político-escatológica o sentido transcendente de todas as construções históricas, na qual o ser humano, criatura contingente, dramaticamente livre e responsável, é desafiado a viver de modo ético, evitando o mal e construindo o bem. Perante essa esperança, os ordenamentos históricos se

---

9   Cf. VIDAL, *Ética teológica*, pp. 61-78 (AGUIRRE, Reino de Deus e compromisso ético).

apresentam sempre como relativos, as leis se posicionam como construção provisória de uma era que está por vir e que se esconde na temporalidade de Deus como promessa de nova ordem centrada na justiça (cf. Is 11,1-9; 32,15-20).

A tensão entre o realizado e o porvir de Deus constitui o credo fundamental do cristão. Jesus Cristo se revela precisamente como o advento de Deus na história, por meio de quem o Reino de Deus já se realizou e lançou a história na busca incessante de sua conclusão. Os Evangelhos sinóticos apresentam Jesus como o inaugurador do Reino de Deus que já chegou, mas que será consumado em Deus mesmo. O apóstolo Paulo é o grande crítico das ordenações legais, inclusive daquelas internas à comunidade cristã, em nome do que há de vir como plenitude. Em nome do futuro que há de vir, o cristão atua na história como cidadão do céu, com olhos fitos no futuro (cf. 1Cor 7,29-31; Fl 3,20).

Por conseguinte, a teologia posiciona-se como crítica permanente do direito, sabendo que toda ordem instituída deve encaminhar-se para a justiça plena. A justificação da legalidade instituída, mesmo que em nome do poder de Deus realizado na história, constitui risco de confinamento da justiça divina e mesmo de idolatria. Não se trata de rejeição da ordem moral e jurídica que serão construções sempre relativas por estarem localizadas inevitavelmente no tempo e no espaço, mas de afirmação da utopia do Reino como meta inatingível que arrasta a história para o absoluto da justiça: a igualdade radical dos filhos de Deus. A consumação escatológica da justiça afirma o tempo em que toda lágrima será enxugada, toda dor eliminada, porque a antiga ordem terá sido superada (cf. Ap 21,4-5). A ética evangélica afirma esse absoluto como ponto de partida e de chegada da história e dispõe como princípio a negação absoluta da injustiça praticada aos filhos de Deus manifesta no grito do pobre e do desvalido. A justiça de Deus se faz de modo prático, passa pela sensibilidade com a condição do outro, coisa que toda ordem moral ou legal precisamente por resultar de poderes instituídos jamais darão conta de incluir em suas regras. As morais e as leis, ainda que se legitimem pela eticidade, constituem sempre formas consolidadas de garantir aquilo que inclui os valores das maiorias estabelecidas: os direitos humanos da Revolução Francesa conviveram com o escravismo nas Américas, os atuais direitos humanos convivem com os mecanismos de exclusão social, os códigos ecológicos convivem com a destruição do planeta por parte das empresas, as leis de comércio convivem com os jogos do mercado financeiro decididos nas bolsas de valores etc. Toda ordem instituída se objetiva não só sob o domínio de certos setores socialmente dominantes que têm o poder nas mãos, mas também sob a lei do consenso que resulta do pacto da maioria politicamente ativa no topo da instituição do Estado. A democracia formal e representativa resulta desse modelo e demonstra sua incapacidade de instaurar a justiça para os povos. Por outro lado, a institucionalidade se faz sobre outra temporalidade que não acompanha as temporalidades reais da história onde e quando se morre por causa da fome, da guerra e da doença, sem que as leis sejam aplicadas e exerçam efetivamente a justiça.[10]

A justiça é urgente e conclama para posicionamentos e ações imediatas no fluir da vida; ações que recriem as relações a partir da igualdade radical dos filhos de Deus. É do tempo de Deus que a justiça pode irromper na história em meio a toda fragilidade moral e legal e, muitas vezes, até mesmo como imoral ou ilegal. A justiça é uma reserva escatológica que irrompe na história pela mediação humana que acolhe em seu querer e agir livres a graça do Deus que vem ao encontro de seus filhos, particularmente daqueles que clamam por vida. A ordem moral e a legal instituídas se justificam teologicamente à medida que concretizam, mesmo que parcialmente, em suas codificações e processos a justiça. E toda ordem que se edifique sobre a injustiça não se justifica e merece ser demolida em nome de Deus. A justiça realizada na história é sensibilidade para com a dor do outro e exige ruptura com todas as formas de fechamento político-legal e individual. Perante o futuro aberto, o ser humano pode ser livre e exercer sua subjetividade como coautor da criação, sem nenhuma predeterminação escatológica, social ou legal. O futuro da história oferecido por Deus irrompe nas ações de comunhão efetiva que afirmam a igualdade radical dos filhos do mesmo Pai e na superação das posturas que possam negar e desfigurar essa igualdade.

4. Os projetos éticos como construções urgentes

A tradução da justiça do Reino de Deus em ordenamentos históricos construiu modelos no decorrer da história, e instaurou configurações na verdade nem sempre justas. Mesmo em nome do Reinado de Deus na terra, a justiça sofreu reduções quando foi identificada com poderes e com leis que garantiam a ordem social e política. Em nome da justiça divina, poderes opressores foram justificados, segmentações e segregações foram sedimentadas. As teocracias operam sempre essa identificação entre o justo e o legal, esgotando no poder instituído toda vontade de Deus e prescindido da vontade livre das pessoas para escolher e praticar o bem. Os fundamentalismos, por sua vez, podem dualizar a história de tal modo que a legalidade interna do grupo religioso se mostre como verdade oposta à legalidade do mundo; a primeira expressa a verdade de Deus, a segunda a falsidade. O resultado é o paralelismo irreconciliável entre as ordens eclesial e civil. Em nome da verdade podem também afirmar-se em projetos de tradução direta da lei religiosa em lei civil, impondo à sociedade uma única moral e uma única lei religiosa. O Reino de Deus implantado

---

10   Cf. DUSSEL, *Ética comunitária*, pp. 73-92.

politicamente concretiza a ideia de poder sagrado em luta com os poderes profanos, ou seja, contra o que não se inclui naquela totalidade político-religiosa. O resultado é a negação do mundo, a rejeição das diferenças como antirreino e a guerra santa.

Em nossos dias, a sociedade hiperconsumista[11] cria modos de vida e padrões valorativos em que o ético perde sua função como apelo à convivência universal dos sujeitos autônomos e relacionados. Em relação a esse papel social da ética estão de acordo os idealizadores da modernidade e os cristãos. O individualismo consumista centrado no desejo de satisfação dispensa como desnecessário o que não contribui com a satisfação do *eu insatisfeito-satisfeito* e em lugar do ético adota-se o estético como padrão de valor absoluto: a sensação imediata e ilimitada em quantidade e qualidade encontra na produção incessante de bens materiais e simbólicos *caducáveis-renováveis-caducáveis* sua fonte concreta e dinâmica de alimentação, fora da qual não há felicidade. Não há reserva de felicidade a ser buscada para além desse processo de consumo-satisfação. A própria religião tem assumido cada vez mais essa dinâmica estetizadora em detrimento de sua essência ética que afirma o outro como parâmetro da satisfação e da realização do eu e vice-versa. A indiferença ao outro é a injustiça por excelência e sobre a qual impinge o juízo do próprio Deus.

A justiça posicionada como reserva escatológica não se isola como eternidade oposta à história, mas como ponto de contato com a história, na medida em que se mostra precisamente como projeto de Deus para a humanidade e não como atributo transcendente da essência divina, numa espécie de Sumo Bem platônico. É na história que a justiça de Deus se realiza e, portanto, é na ordem social e política que busca encarnar-se em projetos concretos. Nesse sentido, trata-se de uma tradução de um significado último-imediato que busca as formas de realização em cada conjuntura pela mediação dos sujeitos históricos e dos ordenamentos normativos que vão sendo construídos. É somente na escatologia realizada que bastará a justiça, uma vez plenamente realizada. Na história, a justiça buscará as formas de sua realização mediante as consciências (sujeito moral) que a interioriza como bem e as configurações normativas (as instituições) que as codifica como lei e como sistema jurídico.

A ética é a ciência do bom; resulta do esforço da razão em encontrar os fundamentos do *éthos* comum, habitação capaz de abrigar a todos sob o mesmo valor e regra. A ética se mostra, assim, como servidora da justiça universal, meio de estabelecer os parâmetros da moralidade e da legalidade, para além de todos os interesses localizados. A urgência da ética decorre da urgência da justiça de Deus que clama pela boca, pela pele e pela dor dos desvalidos da história desamparados pela legalidade instituída; decorre também da urgência de construção da justiça universal que

---

11   Cf. LIPOVETSKY, *A felicidade paradoxal*, passim.

clama pelos direitos iguais para todos os seres humanos e pelos direitos de todos os seres vivos que compõem o sistema planetário.

A teologia pode contribuir com o direito na busca de sua meta, que é a justiça.[12] Aliás, não parece ser outra também a meta do próprio Cristianismo. É sob o signo da justiça que se decidirá o destino escatológico dos que creem em Jesus Cristo. A teologia, enquanto reflexão que adota a fé como pressuposto, faz a crítica da ordem legal, buscando discernir em sua objetividade formulada e em seu exercício concreto a presença da justiça. A ordem legal será sempre histórica e provisória, na medida em que confrontadas com a justiça de Deus. O conteúdo da justiça pode ser resumido na vida plena de todos e para todos, quando toda carne sacia-se em suas necessidades básicas e vitais, quando a convivência humana se dá no amor, quando, enfim, o ser humano se une a Deus em comunhão plena.

A ética cristã adota a justiça como valor fundante da construção da vida humana na terra e, mediante a ação dos seres humanos, busca as formas de traduzir-se institucionalmente em costumes e legalidades. As fontes do direito permanecerão sempre históricas, invenções humanas que visam organizar a sociedade e garantir a convivência. A teologia promove a vitalidade da dialética entre a ordem histórica e a escatológica, entre o *ser* e o *dever ser*, buscando criticar a ordem instituída e apresentar sempre de novo as finalidades últimas da vida e da convivência humana. Faz desse modo o trânsito e a complementaridade daquelas dimensões que não podem isolar-se como verdades autorreferenciadas e definitivas, no idealismo supra-histórico que afirma os valores transcendentes e no historicismo fechado em si mesmo que afirma a positividade da norma. A história está carregada de valores porque decorre da Criação Boa e caminha para o destino feliz prometido aos justos; é o tempo das decisões das pessoas humanas, cocriadoras, portanto livres e responsáveis pelo futuro da vida no planeta. A teologia tem a função de explicitar a tensão permanente entre o ser e o dever ser, o escatológico e o histórico, e afirmar as distinções e relações dessas ordens, onde a justiça emerge como valor maior e a lei como sua concretização.

5. A justiça: valor, virtude e meta

A dialética entre justiça e direito se inscreve na tensão entre carisma e instituição, que é inerente às burocracias religiosas e que, de certo modo, tem alimentado a caminhada do Cristianismo no decorrer de sua história. Afirma também a distinção salutar entre as esferas jurídico-civil e a esfera da fé no Deus justo que pede justiça. A justiça, entendida como reserva escatológica, afirma precisamente a dialética entre os fatos, os valores e as normas e nega as reduções transcendentalistas e imanentistas

---

12   REALE, *Fundamentos do direito*, p. 306.

como suficientes para explicar e sustentar a globalidade da vivência humana, em termos éticos e legais. Nessa visão, a teologia pode ocupar um lugar natural na reflexão sobre os fundamentos do direito, não somente expondo uma de suas fontes, a tradição judaico-cristã, mas também fazendo a crítica de suas teorias e configurações a partir do *dever ser* advindo dessa mesma fonte de fé. A teologia negará, portanto, toda ordem dogmaticamente instituída, na esfera tanto do poder público quanto do poder eclesial. A história é uma grandeza aberta construída pela criatura humana, cujo significado último reside na sua autopreservação e autorrenovação, na direção da plenitude da vida. A tradução imediata desse significado que pode ser identificado com a própria justiça se dá na afirmação da vida de cada ser humano como referente moral absoluto e inadiável. O valor absoluto que permite criticar toda ordem instituída é sempre transcendente, encontra-se para além de todas as configurações objetivas e de todos os desejos subjetivos, na forma de sacralidade referencial que posso crer, desejar e conhecer como bem para todos.[13]

Embora a lei objetive a justiça, ao transformar o espírito da justiça em norma ou letra, pode colocá-la a serviço do poder instituído, como uma parte do conjunto das proposições que visam fundamentar o poder, ou como fixação que paralisa a ação justa, efetivada na resposta imediata aos apelos vindos dos que dela necessitam. A temporalidade da justiça é *kairológica*, a da lei é cronológica. Nesse sentido, a justiça não somente pressiona a lei a renovar-se mas também executa aquilo que sua condição fixa torna lenta e, muitas vezes, ineficaz, assim como se contrapõe à injustiça institucionalizada e a injustiça rotinizada. A ética dos profetas denuncia com severidade as leis que não respondem aos apelos da vida (cf. Is 10,1), inclusive as leis consideradas divinas (cf. Jr 8,8ss). A lei de Deus é legítima se concretizar a justiça para com os necessitados. As bem-aventuranças do Evangelho exaltam os renegados da justiça como felicidade realizada nas promessas de Deus (cf. Mt 5,1-12). O julgamento final segue o mesmo parâmetro: "Vinde benditos de meu Pai, pois tive fome e me deste de comer, estive doente e me visitaste..." (Mt 25,31ss). A lei, além de codificada em um corpo fixo, se impõe pela força da coerção sobre a sociedade e sobre as próprias consciências. A justiça desafia a liberdade a exercer sua opção perante os apelos da história na misericórdia para com o outro e na gratuidade da ação. Para a fé, a justiça constitui a fonte e o cume do direito, quando se opta pelo bem ou pelo mal, antes de escolher entre o certo e o errado, e praticar o legal ou o ilegal.

A teologia do direito carrega indissociavelmente um conteúdo escatológico e um conteúdo histórico; é crítica da ordem legal e afirmação da ordem justa e da construção da legalidade justa. A história é uma grandeza a ser construída eticamente pelos homens, para além das cristalizações legais teocráticas, como história de todos, porque a realização da justiça não tem delimitações políticas e individuais garantidas,

---

13   Cf. FORTE, *Um pelo outro*, passim.

mas se faz na prática concreta em que a igualdade entre as pessoas é o valor e a regra maior. A construção ética da história é, por outro lado, permanente: trilha o Reino de Deus que atrai para a plenitude a realizar-se e julga o presente.

A teologia do direito afirma-se como reflexão ética que exige a superação do individualismo moderno, que tudo reduz à estética do sujeito, assim como a superação do formalismo jurídico que reduz toda normatividade à legalidade. A ética afirma o valor e a norma comum para além de toda localização, ainda que localizações morais. A teologia dirá que as leis fundadas na justiça podem achar sua raiz na heteronomia radical, ou seja, em um valor aderido pela fé: verdade a ser praticada na história. O valor decorrente da fé opera fundamentalmente como crítica utópica das construções históricas e não como busca de legitimações de suas codificações e estruturações. O desafio hermenêutico é fazer a crítica sem sugerir um fundamento jurídico sagrado para as leis atuais, o que resulta em sacralizações perigosas ou anacronismos históricos. A leitura teológica das codificações legais solicita a mediação ética e política adequada para as construções adequadas; faz-se no discernimento entre os valores da fé a as construções históricas. A justiça, valor e virtude, ordem natural ou divina, ideal e prática, aponta para a equidade radical de todos os seres humanos como norma primeira da vida.

6. Referências bibliográficas

ARMSTRONG, Karen. *A grande transformação*; o mundo na época de Buda, Confúcio e Jeremias. São Paulo: Companhia das Letras, 2008.

BRAGUE, Remi. *A lei de Deus*; história filosófica de uma aliança. São Paulo: Loyola, 2009.

CONCÍLIO VATICANO II. Constituição Pastoral *Gaudium et Spes*. In: *Compêndio do Vaticano II*. Petrópolis: Vozes, 1986.

DINIZ, Maria H. *Dicionário jurídico III*. São Paulo: Saraiva, 2005.

DUSSEL, Enrique. *Ética comunitária*. Petrópolis: Vozes, 1994.

FORTE, Bruno. *Um pelo outro*; por uma ética da transcendência. São Paulo: Paulinas, 2006.

HAERING, Bernhard. *Livres e fiéis em Cristo*; teologia moral para sacerdote s e leigos. São Paulo: Paulinas, 1984. v. 3.

LIPOVETSKY, Gilles. *A felicidade paradoxal*; ensaio sobre a sociedade de hiperconsumo. São Paulo: Companhia das Letras, 2007.

PRODI, Paolo. *Uma história da justiça*. São Paulo: Martins Fontes, 2005.

REALE, Miguel. *Teoria tridimensional do direito*. São Paulo: Saraiva, 1968.

_____. *Fundamentos do direito*. São Paulo: Editora Revista dos Tribunais, 1978.

VIDAL, Marciano (org.). *Ética teológica*; conceitos fundamentais. Petrópolis: Vozes, 1999.

PARTE II

Fundamentos bíblico-teológicos do direito

CAPÍTULO VI

O patrocínio divino:
ensaio sobre normas e leis

Maria Ângela Vilhena

Com frequência, no decorrer da história, foram construídas compreensões relativas às normas e leis que regem a vida e os comportamentos sociais como sendo vinculadas a seres considerados existentes para além do âmbito simplesmente humano. São embasadas em conteúdos mítico-religiosos com conotações políticas compondo sistemas de realidades nos quais Deus, deuses, natureza, governantes e governados exercem funções distintas, embora conjugadas em tensões e relações hierárquicas. Compreensões como estas, cujas origens remontam a tempos remotos, ainda que esmaecidas, não desapareceram na época atual, marcada pela racionalidade que, nos Estados ocidentais modernos, propõe a laicidade das normas e leis, demarca espaços entre as instituições religiosas e civis, opera distinções entre os poderes legislativo, executivo e judiciário. Conhecer significados plurais atribuídos às leis e às suas origens é importante para melhor compreender a complexidade que caracteriza maneiras contemporâneas de pensar, ser e agir, que em suas dinâmicas e nuanças, entre conservações e rupturas, são herdeiras de vasto acervo de noções, crenças e práticas, nas quais o divino era, e é tido, como o patrônomo das leis.

A questão de fundo que aqui se procura enfrentar é perscrutar razões pelas quais atribui-se ao sobre-humano a regência da vida social. Interessa também conhecer as características com que foram revestidas as divindades e como elas se relacionam com os fenômenos da natureza e com os humanos. Finalmente, como mitos e crenças foram utilizados para legitimar a instauração de novas ordens sociais e sustentar a promulgação de coletâneas de leis, bem como os poderes político-religiosos que as estabeleciam.

As distâncias temporais, espaciais e culturais interpostas entre compreensões e funções que de maneira geral, no Ocidente contemporâneo, são conferidas às origens, ao zelo e à aplicação das normas e leis e aquelas que são objeto deste estudo, recomendam cautela e sobriedade no tratamento dado, a fim de não operar ou suscitar transposições indevidas ou opiniões apressadas. Como o material de consulta utilizado são fontes escritas, serão tratadas apenas sociedades letradas que conheciam tanto a vida organizada em centros urbanos, como em grupos em processos de sedentarização e urbanização. Nesta direção, importa considerar dificuldades nada desprezíveis no que toca à questão linguística. Os textos-base, ou fontes primárias sobre as quais os autores consultados elaboraram suas proposições e análises, exigiram deles não um simples trabalho de tradução, mas de transliteração, haja vista que os conjuntos de leis do chamado direito babilônico pré-hammurabiano ou Leis do Reino de Ešnunna e o Código de Hammurabi estão grafados em escrita cuneiforme, e o texto corânico em alfabeto árabe. Por outro lado, não menor é a dificuldade de tradução, uma vez que nem sempre há correspondência entre certos termos ou expressões idiomáticas entre nossa cultura e língua portuguesa e aquelas próprias de outras formações socioculturais. Com efeito, o vocabulário de um povo ou nação é construído e se transforma nas relações com o meio ambiente, com a produção da vida material, com as formas de propriedade, assim como pelas maneiras pelas quais a sociedade se organiza engendrando padrões de comportamento, costumes, valores. As compreensões que nas culturas são elaboradas sobre o mundo, sobre as forças da natureza, sobre as divindades, expressas em termos e sentidos próprios, estão em íntima relação com todas essas transformações. Eis aí alguns dos motivos pelos quais a transliteração e a tradução de textos são tarefas difíceis, pois muito se perde, se transforma e inova quanto a certos termos e seus significados.

Entre as peculiaridades que implicam afastamentos ou convergências em torno de pontos comuns às culturas arcaicas e tradicionais, cabe destacar percepções relativas à precariedade da vida humana ameaçada por fenômenos naturais como frio e calor intensos, secas, chuvas torrenciais, abalos sísmicos, desertificações, inundações, pragas que destroem lavouras e rebanhos, resultando em períodos nos quais a abundância é alternada com escassez. A que ou a quem atribuir essas mudanças climáticas? A que ou a quem atribuir as doenças e as pestes que dizimam populações? A que ou a quem atribuir guerras, invasões, escambos? Como podem as pessoas e os grupos se precaver contra as calamidades? Para tal, é preciso conhecer as origens e causas dos males. Em culturas onde predominam compreensões sacrais sobre o mundo, fenômenos de grande magnitude exigem que suas origens ou causas sejam de igual grandeza, ou seja, extrapolem o simplesmente natural, se escandindo em direção ao sobrenatural, sempre maior, mais forte e poderoso. Dessa sorte, opera-se a divinização das forças da natureza da qual depende a vida, ou a atribuição de sua regência a seres sobrenaturais. Todavia, sendo as perguntas similares, evidentemente muitas respostas formuladas variaram através dos tempos, mormente quando dos avanços das ciências modernas na relação com aqueles que a elas têm acesso e as aceitam.

O patrocínio divino: ensaio sobre normas e leis

Em condições de fragilidade dos laços sociais, são paulatinamente criados de maneira consciente ou não sistemas simbólicos de pertença e identificação social, quadros de referência que propiciem aos indivíduos situar a si mesmos e aos outros em representações em que as maneiras pelas quais conduzem suas vidas conclamem e atuem forças maiores, entidades sobrenaturais ou divinas. Estas mesmas forças que presidem e ordenam os fenômenos naturais serão com frequência aquelas que ordenarão e legitimarão a constituição das formas de poder, as normas ou leis que delas emanam. Sob este dossel, no bojo de cosmovisões altamente sacralizadas, se abrigam concepções que atribuem ao divino a regência dos fenômenos da natureza, bem como da vida pessoal e coletiva. Dessa forma, o processo de preservação da vida se fez acompanhar pela necessidade de entender e procurar controlar os fenômenos que a ameaçam. Pela construção social do conhecimento mítico, surgem deuses poderosos que não apenas controlam a natureza mas também organizam através de prescrições, interdições e sanções os comportamentos e as relações sociais. O termo "acompanha" não é aqui usado aleatoriamente, isto é, ele quer expressar correlação e complementaridade, e não implicações de causalidades, ou determinismos entre as diferentes construções apontadas como se uma delas precedesse obrigatoriamente a outra, ou tivesse nela a única matriz. Portanto, aqui não se trata de explicar ou apontar uma origem para fenômenos históricos tais como religião e leis. Questões como essas são muito mais complexas e nuançadas. Não contemplar a complexidade e as múltiplas formas de articulação entre religião e formulações jurídicas, conforme se apresentam em diferentes culturas e temporalidades, é incorrer em simplificações reducionistas.

Bem cedo na história da humanidade, em certos grupos ou povos e seus governantes, aflorou a consciência das enormes dificuldades em administrar as relações que caracterizam a vida social, pois esta, por se apresentar sempre plena de conflitos e disputas, está constantemente sob o risco de ruptura de vínculos, alianças e contratos, o que inviabiliza a unidade e permanência da sociedade. Em contextos como estes, a conjunção entre autoridade espiritual e a autoridade temporal implicam elementos mítico-cosmológicos que remetem ao princípio metafísico das origens e à organização da vida social que prolonga o cumprimento da vontade de Deus, dos deuses, da vontade do soberano ou chefe religioso, e do corpo social que deseja algum fundamento não apenas para dirimir mas também para evitar conflitos em busca de segurança. Com efeito, a função de elaborar leis, impô-las e segui-las é repetir a criação, produzir um microcosmo organizado a molde do macrocosmo, ou seja, em consonância com a perenidade do divino. No processo, é importante para que as pessoas envolvidas acreditem com maior ou menor grau de adesão, que a ordem institucional é de natureza divina, manifestação de uma vontade sobrenatural existente desde o começo dos tempos ou pelo menos desde os começos do grupo ou nação à qual pertencem. Portanto, é necessário ocultar sua construção humana

105

para infundir-lhe o *status* ontológico de validade suprema, situado em um quadro de referência sagrado e cósmico. Ritos cívico-religiosos, periodicamente celebrados pelo corpo sacerdotal a serviço da instituição sacro-política, tratarão de difundir e lembrar a todos a origem divina das leis, contribuindo dessa forma para a ocultação de sua procedência humana.

Por outro lado, a unificação de povos, a fundação ou comando de grandes impérios não pode ser atribuída unicamente a um indivíduo comum, mesmo que dotado de habilidades especiais, posto que, ao se constituírem como unidades políticas, subjugam pequenos reinos anteriores, tribos dispersas, enfeixam grupos culturais diversos, sociedades nas quais a população está dividida em camadas que auferem de modo assimétrico dos bens materiais e imateriais. Prover o sustento da burocracia palaciana, o domínio sobre corpos sacerdotais, adivinhos e feiticeiros, o mando sobre o exército constituído por mercenários, salteadores, aventureiros de toda sorte e escravos, sistemas de tributação e corveias demanda estratégias pautadas em enormes investimentos simbólicos capazes de conjugar em uma única economia dimensões político-religiosas. Nas sociedades tradicionais, este poder, que excede à autoridade natural, só tem sentido e legitimidade pública se análogo a um outro poder, ao de um deus ou panteões tradicionalmente conhecidos. Por isso, o líder, governante ou rei se apresenta como uma espécie de ser mítico divino, ou seu representante revestido de mandato e unção, capaz de impor sua vontade, leis e normas a grupos tão diferentes, conferindo-lhes unidade político-religiosa. Com efeito, em sociedades tradicionais, o rei ou o chefe exercem não apenas a autoridade política suprema mas também são apresentados e tidos como aqueles que concentram energia sobrenatural, operando dessa maneira a junção entre atividades políticas e religiosas, ou seja, desempenhando funções divinas, cívicas e sacerdotais. Como sua vontade, sua fala e suas ordens procedem da vontade, da palavra e de ordens transcendentes advindas, pois, de autoridades superiores das quais é emissário e servidor, refutá-las constitui em atentado ao sobrenatural. Daí, ser o governante capaz, em nome da divindade, de estabelecer leis perenes de natureza sagrada, e em nome do divino abençoar a quem cumprir as prescrições ou maldizer e determinar penalidades a quem as descumpre ou tenta aboli-las. O poder humano de governo e a aplicação de penas se tornam assim fenômenos sacramentais, ou seja, sinais visíveis ou canais pelos quais as forças divinas atuam na sociedade para motivar, orientar e organizar a vida social.

Dessa sorte, o poder político, em si invisível, imaterial e abstrato, tal como o são as forças sobrenaturais, ganha visibilidade e substância na pessoa do líder político-religioso. Esta construção simbólica do poder e das leis que dele procedem permite perceber a proximidade ancestral entre o mito, a religião, a política e as leis, com risco crônico de confusão entre estas dimensões da vida societária, encontrada, não raramente, nas origens de teocracias com laivos absolutistas.

O patrocínio divino das leis será aqui examinado em apenas duas de suas apresentações no Oriente Próximo. O chamado Código de Hammurabi e o Código corânico. Não será tratado o Código mosaico, uma vez que sobre ele este livro traz artigo específico. Egito, Grécia, Roma, China, Japão, entre outros, não desconheceram processos de divinização de soberanos e patrocínios divinos de suas leis. Todavia, neste artigo não haverá espaço para deles tratar.

1. Normas e leis no Antigo Oriente Próximo: o enaltecimento do rei

Quando pensamos nas mais antigas leis, que de maneiras singulares cobriam as esferas da atividade política, econômica, social e religiosa, submetendo assim os comportamentos ao domínio de regras, a fim de organizar a vida pública e facilitar acordos entre sujeitos, resolvendo conflitos, reprimindo abusos, criando canais de cooperação, quase que de imediato nos vem à memória o Código de Hammurabi[1] (1792-1750 a.C.), que estabeleceu a cidade de Babilônia (*Bâb-ilim* = "Porta de Deus") como centro de seu vasto império. Todavia, esta relação direta encobre conjuntos de leis muito mais antigas que tiveram lugar na Mesopotâmia. Escavações arqueológicas demonstram a existência de grandes códigos mesopotâmicos anteriores ao período hammurabiano. Já no terceiro milênio a.C. os reis da Mesopotâmia frisavam que a justiça e o direito para os pobres, os órfãos e as viúvas eram dever sagrado, imposto pelo deus–sol Shamash, que ouvia seus gritos de socorro. A mais antiga coletânea de leis até agora encontrada é o de Ur-Nama, rei sumério (2111-2094), fundador da terceira dinastia de Ur. Como interessa a este artigo perscrutar sistemas de leis e normas nos quais dimensões políticas e econômicas estão colocadas sob a regência de divindades, a coletânea de leis de Ur-Nama é de especial importância, uma vez que no Crescente Fértil inaugura uma série de soberanos que se fazem divinizar em vida, como mostra o costume posterior de fazer preceder seus nomes com o sinal *dingir* determinativo dos deuses.[2] Este costume prevaleceu em Ešnunna até cerca de 1770 a.C., quando Ibalpiel II assume os títulos de "rei forte", "rei de Ešnunna", coincidindo desta forma em parte com o governo de Hammurabi, que no trigésimo ano de seu reinado subjuga e domina Ešnunna. Em língua suméria, o Código de Lipit-Ištar de Isin (1875-1865 a.C.) apresenta uma estrutura literária composta por um prólogo, um corpo de leis e um epílogo, análoga ao Código de Hammurabi, cujo texto conservado inscrito em uma estela de diorito negro com 2,25m de altura, nos

---

1   Conforme Jean-Louis Ska ("O direito de Israel no Antigo Testamento", em MIES, *Bíblia e direito*, p. 23, nota 15), os especialistas hesitam entre duas grafias e duas interpretações sobre o nome deste rei. Alguns optam por Hammourapi "(o deus) Hammu cura", e outros por Hammurabi "(O deus) Hammu é grande".

2   Cf. BOUZON, *Uma coleção de direito babilônico pré-hammurabiano*, p. 19, nota 32.

chega parcialmente incompleto, pois que foram preservados 282 parágrafos, tendo-se perdido 35 a 40 artigos legais. Na parte superior da estela, em baixo-relevo está esculpida a imagem do rei que está em pé e em atitude reverente perante o deus-sol Shamash, que sentado em seu trono lhe entrega as insígnias de poder real e o incumbe, conforme o prólogo, de estabelecer a justiça no império. O édito de Amir-Saduca, décimo rei da dinastia de Hammurabi (1646-1626), é o único exemplar concreto de uma proclamação solene das leis que os reis dessa época faziam de intervalos regulares, a cada sete anos. Esse édito trata da remissão das dívidas e da devolução das terras aos proprietários que as haviam cedido aos seus credores como pagamento. Trata-se de uma medida eficaz para controlar a miséria e a irrupção de revoltas de camponeses sem terra.

Quanto à estela de Hammurabi, como a tantos outros monumentos similares como marcos ou padrões erigidos por conquistadores, soberanos ou governantes nativos, cabe observar o alcance de sua intenção e repercussão simbólica instauradora de um novo mundo. Assim como toda a criação parte de um "ponto" que é seu centro, para desenvolver-se organicamente permanecendo unida a ele como elemento fontal, assim também a estela, e seus similares, é o eixo vertical que une o soberano à divindade solar entalhados em seu ápice, sendo que as leis decorrentes deste encontro entre o humano e o divino transbordam horizontalmente pela sociedade prefigurando a unidade, o centro de orientação, a perenidade, a ordem. É possível identificar na Mesopotâmia e em outras sociedades arcaicas ou tradicionais a conjunção de fatores diversos na organização da vida coletiva, tais como a concentração do poder em um só dirigente acompanhada de símbolos, mitos e ritos de fundação e investidura, bem como de bênção e maldição, consagração do espaço e do tempo.

Em marcos como a estela, onde a sacralidade das leis que se materializam na rocha, e em outros contextos em templos ou textos sagrados, se convertem em princípio que cimenta as relações da comunidade e permite participação na vida divina pela sua observância. *Imago mundi* não só física, social, mas também espiritual, pois que a leitura ou repetição ritual das leis pelo soberano-sacerdote ou pelas lideranças político-religiosas se converte em ato cívico e ato de devoção ao Deus, aos deuses e ao governante, que em ação litúrgica as proclama, por direito divino e porque goza dos beneplácitos sobrenaturais.

Nessa direção, o Código de Hammurabi é paradigmático tanto em seu prólogo como em seu epílogo, textos nos quais a teologia faz a apologia do rei. Com a finalidade de demonstrar a conjunção antes apontada, transcrevo de E. Bouzon[3] a introdução ao prólogo, coloco entre parênteses referências que permitem identificar as divindades nele citadas relacionadas com as forças da natureza, o caráter dos deu-

---

3   Cf. BOUZON, *O Código de Hammurabi*, pp. 19-20.

O patrocínio divino: ensaio sobre normas e leis

ses, a justificação do poder real, a busca de pacificação entre povos e a instalação da justiça pela lei divina.

> *Quando o sublime Anum* (refere-se a "céu" ou "deus", é divindade suprema do panteão sumério, conhecido e aceito por povos semitas como acádicos, babilônicos e assírios), *rei dos Anunnahi* (termo capaz de designar todos os deuses ou apenas os deuses da terra) *e Enlil* (senhor dos ventos, quando furioso capaz de instaurar o caos e a destruição, quando aplacado traz a aragem refrescante; é tido como senhor do destino, cuja ordem é imutável) *o senhor do céu e da terra, aquele que determina o destino do país, assinalaram a Marduk* (deus nacional de Babel), *filho primogênito de Ea* (deus da sabedoria — cujos decretos prevalecem —, da magia e das águas doces, considerado pai de Marduk*), a dignidade de Enlil sobre todos os homens, quando eles o glorificaram entre os Igigi* (grandes deuses do céu que se reuniam periodicamente em assembleias ou conselhos onde suas questões e disputas pessoais eram resolvidas e decididas aquelas referentes à regência da natureza e da vida dos humanos; desse conselho participava também Adad, senhor da abundância, o irrigador do céu e da terra; Nergal, o forte entre os deuses que conduz à vitória) *quando eles pronunciaram o nome sublime de Babel* (quando os deuses pronunciavam o nome de alguma coisa ou algum ser, eles os criavam; assim, Babel é constituída cidade sagrada, pois que criada pelos deuses) *e a fizeram poderosa no universo* (mito criacional e fundacional) *quando estabeleceram para ele (Marduk) em seu meio de uma realeza eterna, cujos fundamentos são firmes como o céu e a terra, naquele dia Anun e Enlil pronunciaram o meu nome para alegrar os homens* (Hammurabi se apresenta como aquele cuja existência se deve ao desejo e à iniciativa dos deuses), *Hammurabi, o príncipe piedoso, temente a deus, para fazer surgir a justiça na terra, para eliminar o mau e o perverso, para que o forte não oprima o fraco, para como o sol* (referência ao deus solar Shamash, o grande juiz do céu e da terra, de quem, conforme gravação na estela, recebe as insígnias reais) *levantar-se sobre os cabeças pretas* (homens em geral; mais especialmente o povo sumério) *e iluminar o país.*

Em outros trechos do prólogo como também no epílogo, em contexto de autoglorificação, Hammurabi se apresenta como emissário divino e rei-pastor cujas obras agradam aos deuses, o conquistador capaz de unificar os povos, como aquele que purificou o culto do deus E-abzu (templo de absu ou templo do abismo) E.Abzu, o que constrói, cuida e preserva templos onde habitam os deuses, o que amontoou riquezas e executou com exatidão os grandes ritos para Anum e Ianana (deusa da fertilidade), que alegra o coração de Istar (deusa da fertilidade), que tranquiliza Adad (deus guerreiro, deus das tempestades), que estabeleceu oferendas puras para Ninazu (deus da medicina), o rei inteligente que suprimiu o povo com água em abundância, que estabeleceu cidades e fortificações, que fez aparecer a verdade. Nesse sentido, cabe a hipótese segundo a qual prólogos e epílogos em peculiar estilo literário de

109

exaltação, diferente daquele das coletâneas de leis, são também monumentos à glória dos soberanos, cujo objetivo é provar perante o povo seus méritos junto aos deuses que personificam as forças da natureza que têm comando de vida e morte, inspiram respeito, medo, devoção, dependência, fornecendo ao rei e aos homens o apoio suplementar de seus poderes.

Se no prólogo se invoca a proteção dos deuses, no epílogo todos estes deuses são conclamados à ação nefasta para aqueles que desobedecerem, alterarem as palavras da lei, desprezarem as maldições lançadas pelo rei, anularem o direito por ele promulgado, apagarem seu nome da estela. Dessa forma, grassarão a fome, a doença, a seca, as inundações, a dispersão das cidades, as lágrimas, o desespero, as confusões e as revoltas que embeberão a terra de sangue e a cobrirão de cadáveres.

O prólogo do Código de Hammurabi termina com os seguintes dizeres:

> Quando o deus Marduk encarregou-me de fazer justiça aos povos, de ensinar o bom caminho ao país, eu estabeleci a verdade e o direito na linguagem do país, eu promovi o bem-estar do povo. Naquele dia…

No epílogo, Hammurabi deixa claro que as leis exaradas em seu código tinham como objetivo um governo calcado na construção da paz. Repete que elas se destinam para evitar que o forte não oprima o fraco, para fazer justiça ao órfão e à viúva, para proclamar o direito no país. Para assegurar este direito, os parágrafos 1 a 5 são compostos por leis que punem possíveis delitos praticados por juízes ou testemunhas durante processos judiciais. Seguem-se leis que regulam o direito patrimonial, o direito da família, da mulher, da criança, e outras que condenam abusos sexuais, lesões corporais, que regulamentam as heranças, direitos e obrigações de profissões especiais como médicos, barqueiros, pedreiros; insere leis que regulam atividades agropastoris e mercantis, preços e salários, bem como a posse de escravos.

Compreender as antigas leis não equivale a negar o que há nelas de chocante, brutal, inaceitável, principalmente se as olharmos a partir da sensibilidade hodierna de grande parte das pessoas, grupos ou povos. Digo grande parte, não a totalidade, uma vez que é possível encontrar ainda hoje aqueles que de alguma forma compartilham opiniões que não distam muito da aplicação de certas sansões ou de penalidades, conforme previstas pelo Código que agora examinamos. Entre elas estão as amputações, torturas, açoitamentos, apedrejamentos, pena de morte, empalamentos, perda de todos os bens, humilhações públicas, expulsão da vida coletiva, conforme o Código. Para muitos de nós, causam espécie e repugnância os princípios do talião: filho por filho, olho por olho, dente por dente, osso quebrado por osso quebrado, como consta nos parágrafos 195-214 da coletânea de leis em apreço, ou conforme o lugar social do agressor e agredido substituídos por compensações financeiras para lesões corporais. Importa ressaltar que, quando da elaboração destas leis, estava em

O patrocínio divino: ensaio sobre normas e leis

questão a repressão de chacinas comunais, atos de vingança recíproca, bem como o propósito de Hammurabi de unificar o direito em seu reino, introduzir uma reforma legal na qual antigas tradições tribais eram ainda conservadas, outras completadas e outras ainda tornadas mais rigorosas pelas penalidades impostas. Esta coletânea de leis representa um dos momentos-chave nos quais o poder real chama a si a responsabilidade pelo controle da violência, através de instrumentos reguladores unificados e públicos, como o são as leis gravadas na estela.

Nesse sentido, cabem algumas observações quanto à eficácia das leis gravadas na estela no grande império babilônico. A primeira delas levanta a seguinte questão: como podiam ser conhecidas por todos, em todo o vasto império, em uma época em que os meios de comunicação e difusão eram precários? É fato que, ainda hoje em nossa sociedade, a maioria da população não conhece as leis que regem ou deveriam reger as relações interpessoais, os direitos e os deveres dos cidadãos, das instituições e do próprio Estado. No epílogo do Código de Hammurabi, declara-se:

> Que o oprimido implicado em litígio venha perante minha estátua de rei da justiça e leia atentamente minha estela escrita e ouça minhas palavras preciosas. Que minha estela resolva sua questão, ele veja seu direito, o seu coração se dilate.

É de se perguntar: haveria outras estelas como esta, distribuídas por todo o império? O oprimido deveria ir até a capital para ler o conjunto de leis? Como o Código é incompleto, como eram dirimidas as causas que ele não contemplava? Os juízes poderiam lançar mão do direito consuetudinário, da própria experiência ou de outras fontes do direito para resolver litígios? Quem controlava os julgamentos de juízes poderosos, que como sabemos eram dirigentes políticos, senhores de terra, potentados distribuídos pelo imenso território do império babilônico? Qual a força dos mitos e das crenças religiosas na resolução de questões que implicavam disputas entre homens ricos e livres, livres mas pobres, escravos, mulheres, viúvas e crianças?

Seja qual tenha sido o alcance real do Código de Hammurabi, ele foi a seu tempo um testemunho eloquente de uma reforma legal na direção da regulamentação do direito. Foi um avanço no sentido de reprimir a violência recíproca, uma tentativa de estabelecer um princípio geral centralizado organizador da vida social nos limites e possibilidades dadas por fatores peculiares à formação de um império que integrava tribos guerreiras, grupos nômades em processo de urbanização, homens livres e escravos, ricos e pobres.

2. Normas e leis originárias do Oriente Próximo: o enaltecimento do Deus Único, Clemente, Misericordioso, Legislador, Juiz, e seu Profeta Muhammad

Aqui nos acercaremos de maneira sucinta, dada a enorme complexidade da questão, do entendimento da Lei Divina, como é crida, e deve por razões de fé ser praticada por cerca de 1,2 bilhões de muçulmanos, que perfazem aproximadamente um quinto da população mundial. Interessa, mais do que apresentar e analisar detalhes desta lei, buscar uma aproximação da teologia que a fundamenta. Por essa razão, esta abordagem baseia-se, sobretudo, em textos provenientes desta tradição milenar, o Corão, ou Alcorão Sagrado, e a Sunna, focada a partir de interpretações formuladas por juristas e teólogos islâmicos. Esta providência se faz necessária tendo em vista as dificuldades que o Ocidente tem em compreender o Islã em seus próprios termos. Propositalmente, aqui se abstém de citar versículos esparsos pelas 114 suratas que compõem o Corão. Pinçar um ou outro versículo, abstraí-lo e tratá-lo fora de seu contexto é chocar de frente com a mais elementar regra de exegese. A tradição islâmica atribui seu livro sagrado à revelação que Deus, por intermédio do Anjo Gabriel, operou durante 23 anos no Profeta Muhammad. Em sua revelação ao Profeta, Deus explicita claramente sua vontade, seus desígnios, sua lei. Desse modo, a lei resta incompreensível se separada da teologia islâmica da revelação, que por sua vez abarca desde a teologia da criação até a antropologia teológica, a escatologia, o profetismo entendido como comunicação constante de Allah em todos os tempos da história humana, proclamada por emissários provenientes de todos os povos, alcançando seu ponto máximo e finalização com a revelação ao Profeta Muhammad.

Para apreciar o sistema islâmico de leis, é preciso contextualizá-lo no interior da própria concepção islâmica de vida, que não admite conflito ou ruptura entre a vida espiritual e a vida mundana, entre o sagrado e o profano, entre os cuidados que se relacionam ao corpo e os que se relacionam à alma, entre o indivíduo e a sociedade. São postulados básicos da autocompreensão islâmica que Allah, o Deus único, é o Criador, o Soberano do universo, que criou o homem e o colocou durante certo tempo para viver em uma parte de seu vasto reino, a terra. Ao criar o ser humano, Deus o dotou com as faculdades de pensamento e razão, foi investido de liberdade, lhe conferiu a capacidade de distinguir o certo do errado, o bem do mal. Sendo Allah o Senhor do universo e de todas as criaturas, cabe ao homem submeter-se somente a ele, por quem será julgado e destinado ao êxito neste mundo e à bem-aventurança eterna ou à desgraça já agora e no inferno, na medida em que em todas as circunstâncias da sua vida foi, ou não, seguidor dos Mandamentos divinos. O conhecimento da Lei de Deus foi dado imediatamente na criação do ser humano nas pessoas de Adão e Eva como luz e guia para que pudessem alcançar um destino glorioso. Nessa concepção, Adão foi o primeiro profeta, porque foi o primeiro homem e o primeiro que recebeu o conhecimento de Deus e o transmitiu à posteridade. O código de vida dado a Adão era Islã, ou seja, a atitude completa de submissão a Allah, o Criador. Como criador de tudo o que existe, Deus é o criador da lei e do direito. Portanto, a submissão não é à lei e ao direito em si mesmos, mas a Deus, seu autor e fundamento. Sendo assim, Deus é o único e verdadeiro legislador, fonte insubstituível do direito capaz de gerar uma vida harmoniosa.

Todavia, conforme a compreensão islâmica, as gerações posteriores a Adão se afastaram pouco a pouco do caminho reto, aceitaram mensagens errôneas, resvalaram para o politeísmo, se entregaram aos vícios, desprezaram os princípios dados por Deus sobre ética social e moralidade coletiva, privando a vida humana de paz e tranquilidade. Vale lembrar que a palavra *islam*, que significa submissão existencial de todo o ser humano a Allah, está relacionada a *salam*, que por sua vez significa "paz", cujo antônimo é violência. Dessa forma, a lei dada por Deus, presença epifânica permanente, é compreendida como dádiva. Anunciada pelos milhares de profetas, traz a mesma mensagem: quer ser caminho para a paz. Este caminho foi apresentado por inúmeros profetas, inúmeras vezes no decorrer da história, em meio à desobediência, à arrogância, à violência daqueles que não aceitaram suas diretivas. Finalmente Allah levantou o profeta Muhammad, o designou, e ele aceitou completar a missão dos profetas anteriores. Dessa forma, coube ao Profeta apresentar novamente a Lei Divina em sua forma mais pura como Guia Divino, organizar aqueles que a aceitaram em uma comunidade de crentes chamada *ummah*, encarregada de chamar a humanidade à retidão, estabelecendo a supremacia da Palavra de Deus na terra. Esta guia, a Lei Divina, denominada *shari'ah*, está no Corão. A *shari'ah* não é uma ideia nova de Deus para os homens, não é uma mudança nos planos divinos, é a proposta e os mandamentos de Deus para a humanidade desde seus primórdios. A *ummah* constitui a grande família simbólica, unidade que deve ser estabelecida sob o princípio da solidariedade, da justiça e da igualdade fundamental, na qual uns são responsáveis pelos outros em todas as dimensões da vida humana, em contraposição a uma situação bastante específica de injustiças e desigualdades, de esfacelamento dos antigos laços tribais. Nas raízes desse esgarçamento do tecido social se encontrava a competição sem limites trazida pelo comércio que opunha ricos comerciantes, habitantes de centros urbanos em expansão e camponeses empobrecidos e beduínos. Por isso, no cerne da tradição islâmica o Profeta é lembrado tanto por suas palavras coletadas em memoriais comumente denominados *ditos do Profeta,* como por seus feitos, dos quais resulta um programa prático não apenas concernente ao estilo de vida individual, mas comunitário e social pautado pela lei divina. Esta última é, portanto, um programa de vida individual e coletivo, conforme a concepção não disjuntiva do Islã, é dirigido ao ser humano em sua totalidade: coração, intenções, sentidos, mente, ação, corpo e alma, vida privada, vida pública. Sua normatividade não deixa nenhum comportamento, nenhum ato da vida cotidiana à indeterminação, posto que na mirada islâmica sobre a sacralidade da vida, criada por Deus, incluem-se todas as suas manifestações. Sendo a lei islâmica tão abrangente, existem nelas regras e regulamentos relativos ao conjunto de crenças e práticas religiosas, aos hábitos e costumes, às regras morais, às transações econômicas, ao direito de propriedade e herança, à constituição de famílias, à posição da mulher na sociedade, ao pagamento de tributos, ao Estado e ao sistema de governo, às atribuições e responsabilidades dos governantes, à prática jurídica, posteriormente formulada como ciência jurídica.

Desde o século segundo da *Hijra*, começaram a surgir os primeiros códigos jurídicos, bem como obras islâmicas que tratam da filosofia, das origens do direito, dos métodos de legislação, interpretação e aplicação das leis, dando origem a diversas escolas teológicas de direito muçulmano, nem sempre convergentes em suas interpretações, embora consideradas todas elas autênticas e verdadeiras. Conforme Alimam Abdul A'La Maududi,[4] existem atualmente quatro grandes escolas jurídicas: Escola Hanifita, com aproximadamente 340 milhões de seguidores, concentrados no Afeganistão, Bangladesch, China, Indonésia, Iugoslávia, Transjordânia, Turquia, União Indiana, territórios da antiga União Soviética; Escola Maliquita, com 55 milhões de adeptos principalmente encontrados na África Oriental, Argélia, Bahrein, Kwaeit, Líbia, Marrocos, Sudão e Tunísia; Escola Xafeita, presente na África Oriental, Arábia Saudita, Egito, Iêmem, Indonésia, Iraque, Líbano, Palestina e Síria, com cerca de 100 milhões de seguidores; Escola Hambalita, com 3 milhões de seguidores em algumas zonas da Arábia Saudita, Líbano e Síria. Maududi explica, em seu texto, que as diferenças entre as escolas provêm do fato natural de que, quando pessoas diferentes se lançam a interpretar um dado acontecimento, elas explicam-nos de acordo com seus próprios conhecimentos. Em comum, as escolas impõem quatro espécies de direitos e obrigações: Em primeiro lugar estão os direitos de Deus, os quais todo o homem é obrigado a cumprir conforme expresso no Alcorão e na Sunna; em segundo lugar os próprios direitos e da justiça para si próprio, exercido na busca do bem-estar e do equilíbrio, por isso, o indivíduo tem o direito de ser protegido e defendido pelo Estado sempre que seus direitos forem violados; em terceiro lugar os direitos das outras pessoas sobre ele próprio, não usurpando os bens e a dignidade dos demais, de tal maneira que o bem-estar de cada um e de todos seja conseguido; finalmente, o direito de todas as criaturas vivas: animais e vegetais, o que inclui o não desperdício de elementos da natureza.

Os primeiros códigos jurídicos aparecem divididos em três partes principais: culto ou prática religiosa, relações contratuais de todos os tipos e penalidades. A

---

4   Cf. MAUDUDI, *Para compreender o Islamismo*, pp. 139-140.

doutrina do Estado, ou lei constitucional, formava parte do culto uma vez que o chefe do Estado era também o chefe do culto religioso. A constituição escrita do primeiro Estado islâmico é atribuída ao Profeta Muhammad, quando da fundação da cidade-Estado em Madina, em 622 da era comum, combinando dessa forma o papel de profeta, propagador da fé, chefe de Estado e juiz. Dessa forma, os poderes executivos e judiciários se viram combinados com aqueles de mensageiro de Deus e portador dos regulamentos de Deus para todos os povos. As divergências entre algumas escolas de jurisprudência muçulmanas ocorrem quanto à determinação do cumprimento das leis ao problematizarem: em que pontos elas derivam de Muhammad em sua autoridade como profeta que comunica os regulamentos divinos, ou em sua capacidade como chefe de Estado, ou ainda como juiz?

Como a revelação divina não é entendida apenas para ser recitada ou rezada, mas implica leis a serem cumpridas, condutas a serem regulamentadas por código penal de abrangência tanto interna quanto internacional, esses regulamentos tornam necessário o estabelecimento do Estado, cuja obrigação é dispensar a justiça divina entre o povo, usando a força da autoridade que, por sua natureza, tem sobre os indivíduos. Conforme esse entendimento, cabe aos chefes de Estado consultar em primeiro lugar o código divino, as tradições e ditos do Profeta; a seguir a comunidade dos crentes os eleva, por espontânea vontade sempre de acordo com os valores islâmicos, a tal posição. Nesta direção, cabe ao Estado islâmico providenciar meios e mecanismos para a eleição direta dos governantes. Em vista do direito da comunidade à consulta mútua, obrigatória ao chefe de Estado, ele poderá ser destituído, caso não consulte os sábios, os estudiosos, os religiosos, ou o povo em geral a depender das várias competências e da natureza das questões em pauta. Em casos de controvérsias, se não for encontrada uma regra clara no Corão, princípio e fundamento de todas as leis, e nas Tradições, deve ser aplicada a regra que no Corão e na Sunna corresponder mais de perto à questão. Para isso, consulta-se a Junta de Arbitramento Islâmica, sendo então a obediência compulsória. Do princípio da consulta assim realizado com o concurso dos estudiosos da lei, chega-se com validade a identificar criteriosamente o que nela é eterno, portanto obrigatório, e o que pode, por sua natureza secundária ou específica a determinadas situações sociais ou culturais, ser sujeito a interpretações e ab-rogações. Em todos os casos, aplica-se o que prescreve a lei islâmica: sendo a comunidade a fonte do poder, tem ela autoridade limitada pelo poder ilimitado de Deus.

3. É chegada a hora de terminar este ensaio. Que outros lhe deem continuidade

Epifania do sagrado, saber objetivado que explica, justifica e por vezes contesta o *nómos*, a lei divina, revestida de inerrância, abrangência e perenidade, tem sido um dos mais eficientes instrumentos adicionais de criação e legitimação das instituições e do controle social, seja na direção da conservação ou da transformação da sociedade, na medida em que relaciona com a realidade suprema as realidades historicamente construídas. Em sua exterioridade ou dimensão objetiva, prescreve, julga, aplica penalidades que atingem os corpos físicos, os bens patrimoniais, a respeitabilidade pública do cidadão. Em sua dimensão subjetiva, atua tanto pela interiorização da esperança de que atos meritórios sejam divinamente recompensados nesta e na outra dimensão da existência, como pelo medo diante das sanções divinas que vão desde o cumprimento de maldições referentes a acontecimentos nesta vida, até os indizíveis sofrimentos que correspondem à danação após a morte.

A criação social da lei divina, que reconduz à unidade cósmica primordial, gerou enorme impacto nas formas pelas quais as sociedades se organizam, bem como nas instituições jurídicas, de sorte que se trata de um assunto que não apenas tem ligações com a teologia mas também é crucial para o entendimento do trabalho que a religião realiza na vida social e sobre os modos como ela faz isso.

4. Referências bibliográficas

ALCORÃO SAGRADO. *Significado dos versículos do Alcorão Sagrado com comentários.* Trad. Prof. Samir El HAYEK. São Paulo: Marsam Editora Jornalística Ltda., 2001.

BOUZON, E. *O Código de Hammurabi.* Petrópolis: Vozes, 1976.

_____. *Uma coleção de direito babilônico pré-hammurabiano*; leis do reino de Ešnunna. Petrópolis: Vozes, 2001.

HAMIDULLAH, Mohammad. *Introdução ao Islam.* São Bernardo do Campo: Editora Alvorada, s/d.

MAUDUDI, Sayyid Abdul A'la. *Islam un modo de vida.* International Islamic Federation of Student Organization. 1413 A.H. — 1992 A.D.

MAUDUDI, Alimam Abdul A'la. *Para compreender o Islamismo.* São Bernardo do Campo: Centro de Divulgação do Islam para a América Latina, 1409 H/1989 d.C.

MAUDUDI, Alimam Abdul A'la. *O Islam*; código de vida para os muçulmanos. São Bernardo do Campo: Centro de Divulgação do Islam para a América Latina, 1409 H/1989 d.C.

MIES, Françoise (org.). *Bíblia e direito*; o espírito das leis. São Paulo: Loyola, 2006.

ZAIDAN, Abdul Karim *O indivíduo e o Estado no Islam*. São Bernardo do Campo: Centro de Divulgação do Islam para a América Latina, 1410 H/1990 d.C.

CAPÍTULO VII

Orientações para a vida: os Dez Mandamentos e o direito no antigo Israel

Rafael Rodrigues da Silva

As leis e preceitos na Bíblia Hebraica têm longa história e estão presentes nos textos narrativos, sapienciais e nos códigos de leis (Código da Aliança, Código Deuteronômico, Código Sacerdotal e Código de Santidade). Para Claus Westermann, os textos da Bíblia Hebraica diferem claramente preceitos e leis pela forma, pelo modo de transmissão e pela estrutura.[1] Nessa direção, os mandamentos têm uma forma simples e direta, pois apontam o fato e a consequência legal ("quem fizer tal coisa terá que arcar com tal consequência");[2] já os preceitos são compostos por orientações de vida e querem indicar caminhos a seguir. Encontramos estes preceitos nos textos narrativos e nos textos sapienciais (cf. Provérbios).[3]

Nessa perspectiva, os Mandamentos são categóricos, incondicionais e genéricos; pois não descrevem circunstâncias imediatas a uma dada situação. Daí o seu caráter conciso para facilitar a memorização e a aplicação nos vários âmbitos da vida. Constituem um conjunto de instruções e orientações para a vida. Carlos Mesters aponta uma importante chave de leitura para entender os mandamentos como *ferramenta para a comunidade*: as leis são elaboradas para combater os problemas sociais que afligiam a comunidade que procurava ser fiel a um projeto que se caracterizava em defesa da vida:

---

1   Cf. WESTERMANN, *Fundamentos da teologia do Antigo Testamento*, pp. 196-198.

2   "O Decálogo constitui o representante principal das séries de proibições que se dirigem de forma direta ao indivíduo: 'Não farás' (cf. Lv 18,7ss; também Ex 22,17.20s.27; 23,1ss)" (SCHMIDT, *Introdução ao Antigo Testamento*, p. 114).

3   Cf. SCHWANTES, *Sentenças e provérbios*.

Orientações para a vida: os Dez Mandamentos e o direito no antigo Israel

Uma lei é como um ponteiro na estrada. Indica o caminho a seguir. É uma grande ajuda na caminhada, uma ferramenta no trabalho. Pela lei dos Dez Mandamentos, Deus indicou o caminho certo para: (1) o povo nunca mais voltar a viver na escravidão; (2) o povo conservar a liberdade que conquistou saindo do Egito; (3) o povo viver na justiça e na fraternidade; (4) o povo ser um povo organizado, sinal de Deus no mundo; (5) o povo organizado em comunidade ser uma resposta ao clamor de todo o povo; (6) o povo ser um anúncio e uma amostra daquilo que Deus quer para todos; (7) o povo chegar à prática perfeita do amor a Deus e ao próximo.[4]

Vale salientar que a tradição bíblica, ao inserir os Mandamentos e os códigos de leis entre as narrativas do deserto (Ex 15,22-18,27 [caminhada no deserto]; Ex 19,1-24,18 [Código da Aliança]; Ex 25,1-Nm 10,10 [Código do Sinai] e Nm 10,11-36,13 [caminhada no deserto]), indica a criação das leis nos ambientes da origem do Israel pré-estatal. No entanto, parece que encontramos aqui uma provocação dos autores e compiladores da Torá acerca da concepção da lei e do direito. Ou seja, este grande conjunto de leis surge e é instituído sem o Estado. Primeiramente, a Torá é transmitida por Deus ao povo no monte Sinai; segundo, no Decálogo, Deus fala diretamente ao povo e, nas demais leis, Moisés aparece como intermediário. Por certo, os autores estão seguindo uma antiga tradição em Israel e no Antigo Oriente: o direito e a lei vêm de Deus e não do rei. Nessa direção, a ficção bíblica tem ares teológicos. Por exemplo, a grande mistura entre leis morais, éticas, religiosas, econômicas e sociais num só documento aponta para as intenções teológicas de seus organizadores; pois, em se tratando de leis, o povo de Israel conhecia muito bem as tradições do Antigo Oriente e a separação entre leis profanas e leis religiosas. Por isso, a predominância do Primeiro Mandamento (*Não terás outros deuses...*) em todas as coleções de leis da Torá é uma referência teológica para os outros conteúdos legislativos (questões sociais, leis econômicas, leis acerca de escravos e estrangeiros etc.).[5]

A leitura dos Dez Mandamentos no Livro do Êxodo é demarcada pela compreensão do lugar histórico-social do Código da Aliança (cf. Ex 20,22-23,33),[6] a mais antiga coletânea de leis da Bíblia Hebraica que reúne diversos materiais contendo determinações jurídicas, exigências éticas, prescrições religiosas e cúlticas. Assim, uma leitura atenta das duas versões dos Mandamentos na Torá (Pentateuco), a saber, em Ex 20,2-17 e Dt 5,6-21, logo nos conduzirá para uma conjuntura distante dos fatos que aconteceram ao redor do grupo liderado por Moisés, Miriam e Aarão. Certamente que o êxodo é o pano de fundo e a grande motivação das leis e do direito no

---

4   MESTERS, *Os Mandamentos da Lei de Deus*, pp. 1-2.

5   Cf. CRÜSEMANN, Direito — Estado — Profecia. Questões básicas de uma interpretação sócio-histórica das leis veterotestamentárias, pp. 289-291.

6   Não é a nossa intenção neste ensaio comentar o Código da Aliança. Indicamos os comentários de: MESTERS, *Bíblia* e CRÜSEMANN, *A Torá*.

antigo Israel. Assim, teremos que necessariamente tomar o contexto histórico-social como ponto de partida.

Vejamos primeiramente os dois textos em paralelo:

Êxodo 20,2-17	Deuteronômio 5,6-21
[2] Eu sou Iahweh, teu Deus, que te tirei da terra do Egito, da casa da servidão.	[6] Eu sou Iahweh, teu Deus, que te tirei da terra do Egito, da casa da servidão.
[3] Não terás para ti deuses outros diante de mim.	[7] Não terás para ti deuses outros diante de mim.
[4] Não farás para ti imagem de escultura, nem alguma semelhança do que há em cima nos céus, nem embaixo na terra, nem nas águas debaixo da terra.	[8] Não farás para ti imagem de escultura, nem semelhança alguma do que há em cima no céu, nem embaixo na terra, nem nas águas debaixo da terra;
[5] Não te encurvarás a elas nem as servirás; porque eu, Iahweh, teu Deus, sou Deus zeloso, que visito a maldade dos pais nos filhos até à terceira e quarta geração daqueles que me aborrecem	[9] não te encurvarás a elas, nem as servirás; porque eu, Iahweh, teu Deus, sou Deus zeloso, que visito a maldade dos pais sobre os filhos, até à terceira e quarta geração daqueles que me aborrecem,
[6] e faço solidariedade em milhares aos que me amam e guardam os meus mandamentos.	[10] e faço solidariedade em milhares aos que me amam e guardam os meus mandamentos.
[7] Não tomarás o nome de Iahweh, teu Deus, para fraude; porque Iahweh não terá por inocente o que tomar o seu nome para fraude.	[11] Não tomarás o nome de Iahweh, teu Deus, para fraude, porque Iahweh não terá por inocente ao que tomar o seu nome para fraude.
[8] Lembra-te do dia do sábado, para o santificar.	[12] Guarda o dia de sábado, para o santificar, como te ordenou Iahweh, teu Deus.
[9] Seis dias trabalharás e farás toda a tua obra,	[13] Seis dias trabalharás e farás toda a tua obra.
[10] mas o sétimo dia é o sábado de Iahweh, teu Deus; não farás nenhuma obra, nem tu, nem o teu filho, nem a tua filha, nem o teu servo, nem a tua serva, nem o teu animal, nem o teu estrangeiro que está dentro das tuas portas.	[14] Mas o sétimo dia é o sábado de Iahweh, teu Deus; não farás nenhuma obra nele, nem tu, nem teu filho, nem tua filha, nem o teu servo, nem a tua serva, nem o teu boi, nem o teu jumento, nem animal algum teu, nem o estrangeiro que está dentro de tuas portas; para que o teu servo e a tua serva descansem como tu;

Orientações para a vida: os Dez Mandamentos e o direito no antigo Israel

[11] Porque em seis dias fez Iahweh os céus e a terra, o mar e tudo que neles há e ao sétimo dia descansou; portanto, abençoou Iahweh o dia do sábado e o santificou.	[15] porque te lembrarás que foste servo na terra do Egito e que Iahweh, teu Deus, te tirou dali com mão forte e braço estendido; pelo que Iahweh, teu Deus, te ordenou que guardasses o dia de sábado.
[12] Honra a teu pai e a tua mãe, para que se prolonguem os teus dias na terra que Iahweh, teu Deus, te dá.	[16] Honra a teu pai e a tua mãe, como o Iahweh, teu Deus, te ordenou, para que se prolonguem os teus dias e para que te vá bem na terra que te dá Iahweh, teu Deus.
[13] Não matarás.	[17] Não matarás.
[14] Não adulterarás.	[18] E não adulterarás.
[15] Não furtarás.	[19] E não furtarás.
[16] Não dirás contra o teu próximo testemunho falso.	[20] E não dirás contra o teu próximo testemunho fraude.
[17] Não cobiçarás a casa do teu próximo; não cobiçarás a mulher do teu próximo, nem o seu servo, nem a sua serva, nem o seu boi, nem o seu jumento, nem coisa alguma do teu próximo.	[21] E não cobiçarás a mulher do teu próximo; e não desejarás a casa do teu próximo, nem o seu campo, nem o seu servo, nem a sua serva, nem o seu boi, nem o seu jumento, nem coisa alguma do teu próximo.

Numa primeira leitura dos textos somos tentados a dizer que se trata de um mesmo texto com pequenas variações. No entanto, estas variações são indícios de uma origem recente dos Dez Mandamentos e dificilmente podemos dizer que estas versões têm na sua origem um "decálogo primitivo", mas nos leva a crer em coleções independentes que são demarcadas pelo conjunto de palavras proibitivas, as quais são introduzidas pelo termo de negação.[7] Assim, podemos encontrar nestes textos a formação de unidades autônomas:

> As duas formas (Ex e Dt) do Decálogo não são totalmente iguais. A motivação do mandamento referente ao sábado é mais elaborada em Dt do que em Ex, e o mesmo se dá com o mandamento de honrar os pais. Na proibição do falso juramento as duas recensões têm termos diferentes para "falso". Na proibição da cobiça, Dt coloca a mulher antes da casa, ao contrário de Ex. Os LXX parecem harmonizar as duas formas. O mandamento do sábado também tem uma diferença no próprio mandamento: Dt diz: "guarda" (*shamon*) e Ex diz: "Lembra-te" (*zakor*).[8]

---

7   Nesta perspectiva que se tentou em diferentes tradições organizar os mandamentos a partir de "dez palavras" (Dt 4,12; 10,4), como por exemplo: Fílon, Flávio Josefo, a Igreja da Antiguidade, Santo Agostinho, a Igreja Romana, Lutero e outros. Daí tomar o primeiro e o segundo mandamento como um só e a divisão do último mandamento em dois mandamentos: cobiçar a mulher do próximo e cobiçar a propriedade do próximo. Cf. BENTZEN, *Introdução ao Antigo Testamento*, v. 2, pp. 60-61.

8   Ibid., p. 61.

Jorge Pixley apresenta três pontos diferenciais na comparação entre os dois textos:

> (1) A cláusula motivadora do mandamento do sábado no Êxodo alude ao descanso divino ao terminar a criação, ao passo que no Deuteronômio recorda-se a escravidão no Egito (quando não existia descanso) [...]. (2) O mandamento relativo à cobiça mostra alterações no Deuteronômio para destacar a cobiça da mulher do próximo. Fala-se de cobiça somente com referência à mulher do próximo. Para o resto de sua casa, usa-se outro verbo, "desejar". A versão deste mandamento no Deuteronômio é modificação da versão do Êxodo. (3) O Deuteronômio adapta a linguagem do mandamento que proíbe tomar em vão o nome de Iahweh. Como no caso anterior, a forma do Decálogo no Êxodo é mais primitiva do que a outra.[9]

Carol Meyers, no seu comentário sobre o Livro do Êxodo, aponta a possibilidade de que o texto foi organizado em duas grandes unidades: a primeira com cinco mandamentos reunidos a partir da referência "Iahweh, teu Deus" e, a segunda unidade, formada pelos mandamentos que tem um caráter social e não fazem menção a Deus. Essa passagem se dá justamente no quinto mandamento ("Não matarás").[10] No entanto, Jorge Pixley diz que o texto dos Dez Mandamentos comparado com outras coletâneas de leis põe em evidência a sua heterogeneidade. Duas de suas leis são positivas (guardar o sábado e honrar pai e mãe) e as outras oito leis são proibições. Destas, três são brevíssimas (constando de duas ou três palavras) e outras quatro normas apresentam as suas motivações e explicações. Esta heterogeneidade demarca a dificuldade de chegar à hipótese de uma unidade original do Decálogo.[11]

Portanto, o processo de formação dos Dez Mandamentos deve ter sido longo e dificilmente poderemos atribuir que este conjunto de leis foi dirigido aos juízes que julgavam e decidiam os casos em disputa junto às portas das cidades. É provável que tenha sido feita uma primeira formulação no norte (Israel), uma outra compilação no sul (Judá) ao redor da reforma josiânica, uma organização na conjuntura do exílio e a redação final no pós-exílio. Parece que o texto de Oseias 4,1-2[12] conhecia uma pequena listagem de leis, e os textos de Jr 7,8-9 e Lv 19,2-19 apontam para uma forma combinada das duas versões dos Mandamentos. O que é descrito em Os 4,2

> na forma de infinitivos absolutos, como delitos frequentes, certamente era do conhecimento dos ouvintes. Eles conheciam isso como proibições divinas. E três desses delitos também são mencionados, com os mesmos verbos, no Decálogo: matar, roubar, adulterar. Também no decálogo estes verbos estão lado a lado [...].

---

9   PIXLEY, *Êxodo*, p. 158.

10 Cf. MEYERS. *Exodus*, p. 164.

11 Cf. PIXLEY, *Êxodo*, p. 158.

12 "Ouvi a palavra de Iahweh, israelitas, pois Iahweh vai abrir um processo contra os habitantes do país, porque não há fidelidade nem solidariedade, nem conhecimento de Deus na terra. O que prevalece na terra é o amaldiçoar, enganar, matar, furtar e adulterar; e o sangue derramado se junta a sangue derramado".

> Como se trata dos três mandamentos breves do Decálogo, sem indicação de objeto, é provável que Oseias esteja citando aqui uma das séries mais antigas, da qual também o Decálogo se serve como fonte.[13]

Assim, não é nada fácil sustentar a datação dos Dez Mandamentos para os ambientes da caminhada do povo no deserto e na época da tomada da terra. Os estudos mais recentes sobre o direito veterotestamentário e o Decálogo apontam para uma forma tardia.[14] Em que época, então, surgiu o Decálogo? Separadamente, cada mandamento pode estar assentado em tempos antigos; mas, no conjunto, devem ser vistos como formulação exílica e pós-exílica (um exemplo encontramos nas palavras motivadoras do mandamento do sábado em Ex 20,11 e Dt 5,15).

O prólogo ("Eu sou Iahweh, teu Deus, que te tirei da terra do Egito, da casa da servidão" — Ex 20,2 e Dt 5,6) é a "porta de entrada da Lei de Deus"[15] ou a "chave que nos abre o sentido dos Dez Mandamentos". Assim, o prólogo é o prego que sustenta o quadro pendurado na parede da vida.

> Sem o prego, o quadro cai no chão e quebra. Sem esta afirmação de Deus, os Dez Mandamentos caem no vazio e perdem o seu sentido. Esta frase inicial é como título, a chave. Nela, Deus declara a autoridade e o motivo da nova lei.[16]

O prólogo também pode ser visto como a grande costura dentro da estrutura deste conjunto de leis.[17] Euclides Martins Balancin apresenta os Dez Mandamentos numa estrutura concêntrica (quiasmo).[18] Vejamos a sua proposta de estrutura dos mandamentos:

Fórmula introdutória: "Eu sou Iahweh teu Deus, que te fez sair do Egito, da casa da escravidão"

Cabeçalho: 1. "Não terás outros deuses diante de mim"

Esquema concêntrico:

    2. "Não fará para ti imagem..."

    3. "Não pronunciarás o nome de Iahweh teu Deus em vão"

    4. "Lembra-te do dia do sábado"

    5. "Honra a teu pai e à tua mãe"

---

13   CRÜSEMANN, *Preservação da liberdade*, pp. 21-22.

14   Cf. ibid., pp. 15-24.

15   MESTERS, *Os Mandamentos da Lei de Deus*, pp. 2-3.

16   Id., *Bíblia*, p. 20.

17   Cf. GRUEN; TORRES; SOARES; SOUSA; MALHEIROS, Ex 20,1-17 — Análise semântico-estrutural, pp. 24-37.

18   Cf. BALANCIN, Decálogo: educação para a libertação e para a vida, pp. 2-3.

6. "Não matarás"

7. "Não cometerás adultério"

8. "Não roubarás"

9. "Não apresentarás um falso testemunho contra o teu próximo"

10. "Não cobiçarás a casa de teu próximo"

Certamente, esse conjunto de leis agrupadas em número de dez preceitos denuncia o mau funcionamento da sociedade tributária seja diante das múltiplas situações de morte impostas aos camponeses empobrecidos, seja diante do roubo institucionalizado e da violação dos direitos tribais dos mais fracos e do rompimento da solidariedade.[19] Portanto, devemos tomar os Dez Mandamentos como pertencentes aos ambientes da crítica profética do século IX ao VII a.C. e como representantes de

> uma reação à profunda crise religiosa, teológica, política e social não somente do século IX mas também do século VIII. Faz parte dessa crise, por exemplo, o surgimento de fortes contradições sociais em Israel. Também o surgimento dos grandes profetas de juízo é expressão dela.[20]

Cabe, ainda, perguntar: a quem se destina este conjunto de leis? Numa rápida leitura descobrimos que se dirige a pessoas que adoram outros deuses, fabricam imagens desses deuses, usam a religião e os tribunais para seus interesses e ali praticam ações fraudulentas, não guardam o dia do descanso, tem pai e mãe, cobiçam mulheres, cometem adultério, tem terras, gado, escravos e escravas. Podemos dizer que essas leis estão direcionadas a homens adultos que conheciam muito bem os seus deveres na sociedade e formavam uma importante camada social no Israel monárquico: as classes abastadas que viviam dos tributos recolhidos dos agricultores e do trabalho forçado (corveia). Esta classe social era conhecida como "povo da terra" (`am-hä'ä°rec), da qual temos informações no Segundo Livro dos Reis que contava com grande força político-militar (cf. 2Rs 21,24; 23,30). Grupo fortemente denunciado pelos profetas do VIII e VII século (de Amós a Jeremias).

Para Frank Crüsemann,

> tanto os ricos, latifundiários e senhores de escravos por dívida, denunciados por profetas como Amós, Isaías e Miqueias, quanto os pequenos agricultores endividados, que nestes textos aparecem como pobres e humildes, como espoliados e oprimidos, pertencem, pelo menos em parte, ao mesmo grupo social de livres proprietários a quem se dirige o Decálogo.[21]

---

19   Cf. SILVA, Leis de vida e leis de morte. Os dez mandamentos e seu contexto social, p. 45.

20   CRÜSEMANN, *Preservação da liberdade*, p. 24.

21   Ibid., p. 27. "É importante constatar que o Decálogo se destina ao 'estamento' dos proprietários livres em Israel. Na época do Decálogo, essa camada ainda é o verdadeiro cerne do povo de Deus e portador da fé em Javé" (p. 29).

Orientações para a vida: os Dez Mandamentos e o direito no antigo Israel

A profecia de Amós critica fortemente as maquinações dos ricos e poderosos que pervertem o direito dos pobres na porta (`anî / `ánäwîm), pisam na cabeça dos pobres (*dal / dallîm*) e vendem os pobres (*'ebyôn*) por um par de sandálias (Am 2,6-7).[22] Nessa perspectiva, podemos dizer que os conflitos sociais do século VIII são determinantes para pensar nos destinatários dos Dez Mandamentos. Vejamos alguns mandamentos e a sua crítica social.[23]

1º Mandamento: *"Não terás / serás deuses outros em minha face"*.

Esta formulação em primeira mão pode nos levar para a leitura do mandamento em uma dimensão monoteísta no que se refere ao relacionamento do povo com outras divindades: Somente Iahweh é Deus. No entanto, o mandamento nos abre possibilidades para a constatação e aceitação da existência de outros deuses, pois o antigo Israel representa uma sociedade marcada pelo politeísmo. Os vários deuses convivem pacificamente no Israel tribal ou pré-estatal. A junção de vários segmentos de hebreus resultou numa confluência de várias tradições religiosas e de seus deuses (Iahweh do Sinai, El de Canaã, o Deus dos pais dos grupos de pastores seminômades, Baal, Asherá, Anat e outras divindades). Essa pluralidade de deuses não é o problema a ser combatido pelo mandamento.[24] Daí a fundamental atenção que devemos dar ao verbo *haya*[h]: "tornar-se", "acontecer", "ocorrer", "ser", "haver", "ter". Esse verbo na tradição do Êxodo é uma referência ao nome do Deus que envia Moisés e Aarão na missão de liderar os hebreus para a fuga do Egito, como podemos ler em Ex 3,14: "Eu serei que serei" ('ehyè 'ásher 'ehyè).

Nessa direção a formulação do mandamento em ambientes monárquicos e em meio aos interesses tributários representa uma crítica ao poder divinizado dos reis e suas imagens. No Estado tributário, a religião desempenha papel importante. Aliás, a religião estava acima de tudo[25] e, nesse sentido, o rei tem privilégios como ungido

---

22 Veja o comentário de M. Schwantes na sua tese sobre o direito dos pobres: "Eles ainda têm o direito de participar plenamente da reunião dos cidadãos plenos no portão (5,12b...). Deles ainda se pode tirar algo (4,1; 5,11). Porém, também estão endividados e à mercê dos proprietários (2,7aa; 8,4). São empurrados para o caminho da escravidão (8,6a). Mais ainda: já são escravos por dívida (2,6b). Os termos [...] abarcam a situação dos israelitas entre a cidadania plena e a escravidão. O pobre é, por um lado, um empobrecido, mas continua sendo um cidadão pleno, proprietário. Por outro lado, ele está completamente endividado e é, assim, um escravo por dívida. Ao defini-lo como 'pequeno agricultor empobrecido', procuro captar essa sua posição intermediária e sua situação social transitória" (*Das Recht der Armen*, apud CRÜSEMANN, *Preservação da liberdade*, p. 28). Sobre pobreza na Bíblia ver: *Nuovo dizionario di teologia biblica*. Verbete: Povertà (no prelo).

23 C. Mesters apresenta um roteiro de sete perguntas para o estudo dos Mandamentos. Cf. MESTERS, *Bíblia*, p. 24. Cf. também MESTERS, Os Dez Mandamentos (Ex 20,1-17). Ferramenta da comunidade, p. 59.

24 "Aqui não se está preocupado em saber se existem outros deuses ou não. Supõe-se esta existência" (OLIVEIRA, O Decálogo. Palavras de uma aliança, p. 13).

25 Cf. COMPARATO, *Ética*. Os capítulos 1 e 2 da primeira parte desta obra abordam a vida ética no mundo antigo e os fatores de mudança no mundo moderno. Um dos traços marcantes da ética na Antiguidade está na religião. "A Sagrada Aliança (*Berit*) do Sinai apresenta todas as características de uma convenção constitucional. Por

por Deus (pela religião); bem como os seus atos são legitimados através do culto e dos seus ministros (sacerdotes e profetas oficiais). O rei controla o templo, os sacerdotes e até Deus. Assim, as relações econômicas, sociais e políticas são controladas pela religião. Daí a forte crítica dos profetas à idolatria, enquanto uso da religião para garantir o aumento de produção e consequentemente o pagamento de tributos. Os profetas

> denunciam com palavras duras esta situação. E agem com muita coragem. Apontam o mau funcionamento das instituições e a ruptura da aliança com Iahweh. Nomeiam um a um os responsáveis pela miséria do povo, sendo os reis, os príncipes, os profetas, os sacerdotes, os juízes, os latifundiários os principais. Pedem a intervenção de Iahweh para pôr termo a tais desgraças e proclamam que uma nação assim dividida encontrará um dia seu fim.[26]

A exigência de não ter/ser outros deuses reside na grande luta dos camponeses para se livrar da opressão dos reis, tanto os das cidades-Estado de Canaã quanto os de Israel e Judá que fizeram o povo "voltar ao Egito".

Acompanha este mandamento a proibição de fazer imagens e adorá-las. Parece que esta proibição esteja relacionada com as maldições de Dt 27,15-16 (texto escrito nos ambientes da reforma deuteronomista) e certamente se enquadram na ridicularização dos cultos às imagens descritas na profecia do Dêutero-Isaías (cf. Is 40,18-20; 41,6-7; 44,9-20; 46,1-4).[27] No entanto, É preciso levar em conta as representações de Iahweh através da arca, do bezerro, da serpente de bronze e outros símbolos presentes na tradição bíblica. Assim, temos de enxergar nesta proibição de fazer imagens de Iahweh e de outros deuses como uma forte crítica (ao menos no âmbito da profecia) ao controle religioso feito pelos santuários e seus agentes.

2º Mandamento: *"Não dirás o nome de Iahweh, teu Deus, para fraude"*.

Aqui é apresentado o uso do nome de Deus no que diz respeito ao relacionamento estabelecido entre as pessoas. Pode-se conjeturar a aproximação deste mandamento com o Salmo 16 ou se pensar numa simples condenação ao "falso juramento". Porém, o mandamento nos remete para os ambientes da jurisprudência. Os tribunais de justiça em Israel funcionavam nas portas das cidades. Nelas, os anciãos (em grande parte composto por chefes das famílias clânicas e notáveis do lugar) ocupavam papel de suma importância (cf. Gn 23,10.18; Jó 29,7; Pr 24,7; 31,23). "É a estes tribu-

---

intermédio de Moisés, Iahweh propõe ao povo judeu a aceitação do Decálogo e das demais normas complementares, que regem não apenas o culto divino, mas toda a vida humana, em sua dimensão social e até mesmo individual. Uma vez aceita a proposta, o acordo de vontades é concluído sob a forma ritual" (p. 70).

26 SILVA, Leis de vida e leis de morte. Os dez mandamentos e seu contexto social, p. 44.

27 Cf. CROATTO, La exclusión de los "otros dioses" y sus imágenes en el Decálogo, pp. 129-139.

nais que aludem os profetas quando eles exigem respeito pela justiça 'na porta' (Am 5,10.12.15; Zc 8,16)".[28] Temos exemplos desses tribunais na história de Rute (cf. 4,1-12) e na narrativa da morte de Nabote em 1Rs 21,1-16.[29] Nesse relato aparece o testemunho fraudulento e o uso do nome de Deus, tendo em vista a fraude praticada por duas testemunhas falsas que irão acusar Nabote de ter amaldiçoado a Deus e ao rei.

> É aos membros destes tribunais populares que são dirigidas as recomendações de Ex 23,1-3.6-8; cf. Lv 19,15.35: eles não devem dar falso testemunho nem seguir a maioria contra o direito nem aceitar suborno; eles devem absolver o inocente e condenar o culpado. Também nos tribunais mesopotâmicos os anciãos tinham uma função; mais seguramente entre os hititas, eles administravam a justiça sob a presidência de um oficial do rei.[30]

Porém, é plausível que nos tribunais antigos, na falta de testemunhas (juramento assertório), o juramento era pronunciado em nome de Deus. Daí o uso do termo *shäw*: "fraude", "falsidade", "tratar maldosamente", "sem valor", "inútil", "imprestável", "nada", "vão", "engano", "má intenção". "Trata-se da proibição de qualquer tentativa de levar à boca o nome de Iahweh para fins maléficos, danosos, mentirosos e falsos. Sob o recurso ao nome de Deus e em nome dele não deve acontecer nenhuma forma de injustiça."[31]

Assim, a

> invocação do nome dos deuses encobria o roubo, a injustiça, as mordomias, as mentiras... Esta era uma prática muito divulgada e absolutamente normal. Qualquer um, para qualquer coisa que fazia, invocava sempre o nome do seu Deus. Dessa maneira, Deus virou pau para toda obra, palhaço para servir a qualquer interesse, para abençoar qualquer empreendimento. Não se perguntava se Deus estava de acordo. Na mente deles, Deus apenas existia para servir aos seus interesses.[32]

3º Mandamento: *"Guarda / Lembra o dia do sábado"*.

Este mandamento aparece nas duas versões com acréscimos e explicações que destacam a importância institucional do sábado no período exílico e pós-exílico.

---

28   DE VAUX, *Instituição de Israel no Antigo Testamento*, p. 187.

29   Vale a pena ler com atenção esta narrativa e perceber os Mandamentos que são desrespeitados.

30   DE VAUX, *Instituição de Israel no Antigo Testamento*, p. 187.

31   CRÜSEMANN. *Preservação da liberdade*, p. 45. "É proibida toda forma de recorrer a Deus e envolvê-lo para *shä°w*, i.é, para fins danosos e fraudulentos. Tudo o que não corresponde à liberdade comunicativa é interdito" (p. 46).

32   MESTERS, Os Mandamentos da Lei de Deus. Ferramenta da comunidade, pp. 10-11.

Trata-se do dia do descanso. Em Ex 23,10-12, encontramos um dado importante quanto a este mandamento:

> Também seis anos semearás tua terra, e recolherás os seus frutos. Mas ao sétimo a soltarás e deixarás descansar, para que possam comer os pobres do teu povo, e do sobejo comam os animais do campo. Assim farás com a tua vinha e com o teu olival. Seis dias farás os teus negócios; mas, ao sétimo dia, descansarás; para que descansem o teu boi e o teu jumento; e para que tome alento o filho da tua escrava e o estrangeiro.[33]

"Parar", "terminar" e "descansar" aqui têm um cunho socioeconômico, tanto para a terra agricultável quanto para o trabalhador e os animais. De um lado, a garantia da fertilidade da terra e, do outro, a vitalidade para o trabalho. Outro texto com conotação idêntica é Ex 34,21.

Tanto os que formam a "casa" devem participar desse "fazer nada", quanto o sábado deve ser visto como o regulador da semeadura e da colheita. Garantias de produção e vida para o povo na terra.

4º Mandamento: *"Honra teu pai e tua mãe"*.

Este mandamento em tom positivo, exigindo uma ação determinada, abre a série dos mandamentos sociais. Além disso, este mandamento tem grande relevância no conjunto de orientações éticas na Bíblia (cf. Ex 21,15-17; Dt 27,16; Lv 19,3; 20,9; Pr 1,8; 19,26; 20,20; 23,22; 28,24; 30,11.17; Eclo 3,1-16; Ez 22,7; Mq 7,6 e Ml 1,6). Uma leitura acerca dos comportamentos sociais e familiares no antigo Israel e das mudanças que foram acontecendo na sociedade, de modo especial no tratamento com os mais idosos, deixa transparecer uma ética e/ou o que se deseja diante da geração de idade mais avançada.[34] Nesse sentido, o mandamento visa amparar os pais em sua ancianidade, garantindo moradia, alimentação e vestuário. É a garantia de uma vida digna para os pais que não conseguem mais trabalhar a terra.

"Honrar pai e mãe" aqui não se refere à relação de crianças com os seus pais, mas à relação de pessoas adultas com seus pais idosos. Assim, as pessoas idosas, doentes e fracas dependiam do amparo das pessoas mais jovens.[35] Para Carlos Mesters, este mandamento demonstra que a autoridade não está nos reis e sim nas famílias:

---

33 "O verbo aqui empregado (*shmt*) significa, bem profanamente, 'largar, deixar a seu próprio cuidado'. E, de modo semelhante, como em *shbt* ('parar') indica-se somente a ação, mas não o significado. Há indícios de que a fundamentação social, i.é., a alimentação dos pobres, constitua uma camada literária posterior, da mesma época do Código da Aliança [...]. A terra da qual se vive deve ser largada, deve ser entregue a seus próprios cuidados, deve estar entregue apenas a Deus, num ritmo regular de sete dias e sete anos" (CRÜSEMANN, *Preservação da liberdade*, p. 49).

34 Cf. GERSTENBERGER, A ética do Antigo Testamento. Chances e riscos para hoje, pp. 107-118.

35 Cf. CRÜSEMANN, *Preservação da liberdade*, p. 51.

Os pais eram pai e mãe e também os patriarcas da grande família, os coordenadores da comunidade. Várias famílias formavam um clã. O chefe do clã se chamava ancião [...]. Ora, o quarto mandamento não manda honrar os anciãos, nem os príncipes, nem os reis, mas só os pais! O poder está descentralizado (cf. Ex 18,13-22), fundamentado na menor unidade da convivência social, que é a grande família, a comunidade.[36]

5º Mandamento: *"Não matarás"*.

Mandamento central que serve de pressuposto para o conjunto dos mandamentos. Compreende a defesa da vida e de sua família. Por isso, este mandamento está circundado por dois mandamentos que tratam das relações familiares e clânicas (quarto e sexto mandamento). Dentro da Bíblia são várias leis que têm como princípio este mandamento: leis contra homicídio em Ex 21,12-14; Nm 35,16-21.31; Dt 19,1ss; Lv 24,17; leis contra sequestro de pessoa para reduzi-la à escravidão em Ex 21,16 e Dt 24,7; leis contra ferimento ou a maldição dos pais em Ex 21,15; Dt 21,18-21; ferimento em mulher grávida em Ex 21,22-25 e Dt 25,11s; violação do matrimônio em Lv 20,10-12 e Dt 22,22-24; os crimes sexuais em Lv 20,11-17; Dt 22,25-27.[37] O verbo *rsh* ("matar") designa o homicídio ilegal e a morte de um inocente, ou seja, o significado deste verbo (com as suas utilizações na Bíblia Hebraica) implica "matar violentamente uma pessoa".[38] Um exemplo da utilização deste verbo nesse sentido temos na narrativa de Nabote em 1Rs 21, na qual o rei Acabe é condenado pelo profeta Elias como criminoso: "Porventura não mataste e tomaste a herança?" (v. 19).

6º Mandamento: *"Não adulterarás"*.

Num primeiro momento somos levados a pensar este mandamento no âmbito de uma sociedade estruturada a partir da sociedade patriarcal e poligínica, na qual o homem podia ter outras esposas, concubinas e até mesmo ter relações sexuais com escravas e prostituas. No entanto, este mandamento quer garantir a igualdade e a liberdade a partir do relacionamento de amor entre homem e mulher. Sem conotações morais e sexuais, visa garantir a vida do próximo e de sua família dentro do clã. Em que consiste esta garantia de vida? Justamente a violação dos direitos de propriedade

---

36   MESTERS, *Bíblia*, p. 28.

37   Uma leitura acerca do quinto mandamento e das leis contra a violência encontra-se em: SOARES, *Não matarás (Ex 20,13)*.

38   "Não se usa este verbo quando se trata de animal. Não é usado quando se trata de pena de morte. Também não é usado para a morte em guerra, nem para a morte de um estrangeiro em luta. O verbo tem um significado limitado. Refere-se à morte por rixas particulares no âmbito do próprio povo de Israel" (OLIVEIRA, O Decálogo. Palavras de uma aliança, p. 18).

e o empobrecimento conectam o mandamento do adultério com o de não cobiçar a mulher e a propriedade do próximo.

7º Mandamento: *"Não furtarás"*.

Este mandamento visa combater o rapto, o saque e, como tal, está intimamente interligado com os mandamentos finais que proíbem a "cobiça". Nos códigos de leis dentro da Torá encontramos várias proibições relacionadas ao sétimo mandamento, pois a prática de roubo, saque e rapto era patente na sociedade de Israel[39] em plena expansão econômica sob o governo de Jeroboão II e aos olhos interesseiros dos assírios.

O que significa roubar? Quais as formas de roubo subjacentes a este mandamento? Podemos pensar no roubo praticado pelas elites de Israel através do excessivo tributo cobrado dos camponeses. Ou, ainda, na violação dos direitos do trabalhador. Nesse sentido é que devemos ler este mandamento na sua ligação com o mandamento de guardar/lembrar o sábado, pois ambos tentam salvaguardar os direitos do trabalhador/produtor em Israel: ter em suas mãos os frutos de seu trabalho e viver tranquilo e feliz.

8º Mandamento: *"Não pronunciarás testemunho fraudulento"*.

Um dos grandes problemas nas sociedades antigas relacionadas ao direito e à jurisprudência exercida na porta da cidade (tribunal) está no papel e ação da "testemunha". Os homens livres na porta da cidade devem denunciar os delitos; porém, muitos agiam através de suborno, presentes e honrarias. Estas ações transformavam as testemunhas em grandes agentes da fraude, da mentira, da falsidade e da maldade. Em alguns textos, como por exemplo, no caso da vinha de Nabote (cf. 1Rs 21), testemunhas assim são chamadas de "filhos de belial".

> Numerosas palavras proféticas permitem reconhecer que o processo jurídico manipulado por meio de suborno e perjúrio — i.é, falsos acusadores e falsas testemunhas — era um dos meios mais frequentes usados para fazer cair o próximo e sua família.[40]

9º e 10º Mandamentos: *"Não cobiçarás"*.

Aqui temos a proibição de não cobiçar nada que pertence ao próximo: toda a sua base material produtiva e reprodutiva. As proibições de adorar outros deuses e de fazer imagens têm sua correspondência com a duplicidade do não cobiçar, ao

---

39 Para Frank Crüsemann, a prática do rapto e sequestro de pessoas na época da escravidão era uma ação não muito rara e certamente rentável (cf. CRÜSEMANN, *Preservação da liberdade*, p. 62).

40 Ibid., p. 63.

garantir a base de vida do próximo: sua casa e sua mulher. Noutras palavras, está em jogo a tomada / saque das heranças (propriedades das famílias e clãs) em Israel. A grande formulação destes mandamentos encontramos nos ais proféticos que condenam o roubo de terras e heranças: "Eles cobiçam campos e os arrebatam; casas, e as tomam. Assim fazem violência ao homem e à sua casa, a uma pessoa e sua herança" (Mq 2,2).[41]

Uma palavra final

A leitura dos mandamentos dentro de seu contexto histórico-social certamente nos abre outras janelas e percepções acerca dos problemas que cada mandamento quer combater. Essa perspectiva não descarta a dimensão religiosa e sagrada da lei na tradição bíblica; no entanto, fortalece os elementos que conduzem para a formulação de leis sociais, políticas, econômicas e religiosas que visam ao enfrentamento de situações que não promovem a vida.

É verdade que muitos setores religiosos arraigados em suas convicções tendem a não ter agrado numa leitura histórico-social. Podemos até compreender as motivações e fundamentações. Porém, a própria Bíblia nos abre caminhos para uma abordagem de seus textos; pois toda ela é hermenêutica e, como tal, interpreta as tradições à luz de seus ambientes sociais, culturais, econômicos, geográficos e religiosos. Aí podemos encontrar grande eco nas provocações que vem da sabedoria, pois ali os filhos devem se ocupar dos ensinamentos e doutrina do pai, mas jamais podem rejeitar a Torá da mãe. Provérbios 1–9 são textos belíssimos que fornecem um entendimento da Torá enquanto orientações de vida que jamais devem ser esquecidas e que os filhos têm o dever de guardá-las no coração, pois dali brotam as fontes da vida, porque são vida para quem as encontra e saúde para todo o corpo (cf. Pr 4). Por isso, é fundamental ler os mandamentos como orientações para a vida.

Referências bibliográficas

BALANCIN, Euclides Martins. Decálogo: educação para a libertação e para a vida. *Vida Pastoral*, ano XXIII, n. 103, mar./abr. 1982.

BENTZEN, A. *Introdução ao Antigo Testamento*. Volume II: Os livros do Antigo Testamento. São Paulo: Aste, 1968.

COMPARATO, Fábio Konder. *Ética, direito, moral e religião no mundo moderno*. São Paulo: Companhia das Letras, 2006.

CROATTO, José Severino. La exclusión de los "otros dioses" y sus imágenes en el

---

41   Vale a pena em outro momento aprofundarmos as leis de casamento e propriedade no antigo Israel. Para tanto, são sugestivas as indicações de Frank Crüsemann e Erhard S. Gerstenberger.

Decálogo. *Revista Bíblica*, v. 48, n. 3, 1986, pp. 129-139.

CRÜSEMANN, Frank. *A Torá*. Petrópolis: Vozes, 2002.

_____. Direito — Estado — profecia. Questões básicas de uma interpretação sócio-histórica das leis veterotestamentárias. *Estudos teológicos*, ano 29, n. 3, São Leopoldo: Escola Superior de Teologia, 1989.

_____. *Preservação da liberdade*; o Decálogo numa perspectiva histórico-social. São Leopoldo: Sinodal/Centro de Estudos Bíblicos, 1995.

DE VAUX, Roland. *Instituição de Israel no Antigo Testamento*. São Paulo: Teológica/Paulus, 2003.

GERSTENBERGER, Erhard S. A ética do Antigo Testamento. Chances e riscos para hoje. *Estudos Teológicos*, ano 36, n. 2, São Leopoldo: Escola Superior de Teologia, 1996, pp. 107-118.

GRUEN, Wolfgang; TORRES, Edmilson B.; SOARES, Paulo Sérgio; SOUSA, Eliseu Hilário de; MALHEIROS, Íris de Moura. Ex 20,1-17 — Análise semântico-estrutural. *Estudos Bíblicos*, n. 9, Petrópolis: Vozes, 1986, pp. 24-37.

MESTERS, Carlos. *Bíblia*; Livro da Aliança — Êxodo 19–24. A constituição de um povo. Roteiro de uma grande celebração. São Paulo: Paulinas, 1986.

_____. Os Dez Mandamentos (Ex 20,1-17). Ferramenta da comunidade. *Estudos Bíblicos*, n. 9, Petrópolis: Vozes, 1986.

_____. *Os Mandamentos da Lei de Deus*; ferramenta da comunidade. Belo Horizonte: Cebi, 1983.

MEYERS, Carol. *Exodus*; The New Cambridge Bible Commentary. New York: Cambridge University Press, 2005.

OLIVEIRA, Benjamim Carreira de. O Decálogo. Palavras de uma aliança. *Estudos Bíblicos*, n. 9, Petrópolis: Vozes, 1986.

PIXLEY, Jorge. *Êxodo*; grande comentário bíblico. São Paulo: Paulus, 1987.

SCHMIDT, Werner H. *Introdução ao Antigo Testamento*. 2. ed. São Leopoldo: Sinodal, 2002.

SCHWANTES, Milton. *Sentenças e provérbios*; sugestões para a interpretação da Sabedoria. São Leopoldo: Oikos, 2009.

SILVA, Airton José da. Leis de vida e leis de morte. Os dez mandamentos e seu contexto social. *Estudos Bíblicos*, n. 9, Petrópolis: Vozes, 1986.

SOARES, Sebastião Armando Gameleira. *Não matarás (Ex 20,13)*; em defesa da vida. São Leopoldo: Cebi, 1991.

WESTERMANN, Claus. *Fundamentos da teologia do Antigo Testamento*. São Paulo: Academia Cristã, 2005.

CAPÍTULO VIII

A lei superior da convivência amorosa (Mc 12,28-34)

Matthias Grenzer

1. Introdução

Jesus de Nazaré pertencia ao povo judeu. Ou seja: "Sua autocompreensão religiosa, sua ancoragem social [...] e sua restrição geográfica" são ligadas à sociedade judaica nas terras de Israel, nas primeiras décadas do século I.[1]

Ao imaginar o cotidiano do povo judeu na época de Jesus, surge como elemento característico uma vida influenciada pela *Lei*. E isso vale para todos os grupos de judeus, inclusive Jesus. Por mais que existam interesses práticos e compreensões diferentes, é em torno da *Lei* que giram, em geral, as discussões.[2]

A *Lei* é, em primeiro lugar, a *Torá* fixada por escrito nos cinco livros: Gênesis, Êxodo, Levítico, Números e Deuteronômio. Ao termo hebraico *Torá* — que significa, literalmente, *ensino* ou *instrução* –, são equivalentes as expressões *Pentateuco* — palavra grega que indica os *cinco rolos/livros* da Torá — e *Lei* (do Sinai) ou *Torá/Lei* de Moisés.[3] Em vista do conjunto da *Torá*, importa sublinhar o seguinte aspecto:

> História e lei são, de forma indissolúvel, interligadas e constituem, juntamente, a primeira parte da Bíblia, a Torá de Moisés, o Pentateuco. Sem história não há lei, não há Torá, pois os mandamentos do Senhor na Torá encontram-se justificados pela história, ou seja, pelas ações salvíficas de Iahweh, especialmente, pela salvação de Israel pelo Senhor da escravidão no Egito e pela dádiva da terra.[4]

---

1   Cf. STEGEMANN; STEGEMANN, *Urchristliche Sozialgeschichte*, p. 99.

2   Cf. BROER, Jesus und die Tora, p. 222.

3   Veja as explicações de SKA, *Introdução à leitura do Pentateuco*, pp. 15-17.

4   MOENIKES, *Der sozial-egalitäre Impetus der Bibel Jesu und das Liebesgebot als Quintessenz der Tora*, p. 120.

Nesse sentido, basta lembrar o fato de a metade dos textos no Pentateuco serem narrativas que contam a história da salvação. A outra metade, por sua vez, é formada por tradições jurídicas, ou seja, leis.

O texto da *Torá* chegou à sua redação final até o final do século V a.C.[5] Contudo, o processo de elaboração das tradições contidas no *Pentateuco* ocupou muitos séculos, sendo que o mundo narrado, ou seja, o contexto histórico pressuposto nas narrativas dos patriarcas e do êxodo, pertence aos séculos XIX a XII a.C.

No mais, observa-se, na parte das tradições jurídicas, a elaboração de vários conjuntos de leis durante os séculos X a V a.C., no sentido de que o *Pentateuco*, em sua forma final, ainda apresenta complexos processos legislativos, dos quais fizeram parte diversas reformas jurídicas.

Além disso, a *Torá* agregou a si mesma, com o tempo, os *Profetas* e os demais *Escritos*, que formam a segunda e terceira parte na Bíblia Hebraica. Já em torno de 190 a.C., atesta-se a divisão das Sagradas Escrituras do povo judeu em três partes (cf. Eclo 38,34–39,1). Contudo, *Profetas* e *Escritos* revelam-se como que centrados na *Torá*. Querem "manter em aberto o potencial de sentido" presente no *Pentateuco*, o qual ocupa o preeminente primeiro lugar.[6]

Com a *Torá* escrita, nasceu ainda na história do povo judeu a chamada *Torá* oral. Trata-se daquelas tradições que se propõem a interpretar a *Torá* escrita. Em sua época, Jesus participou de forma significativa desse processo. Afinal, "quem queria organizar toda a sua vida de acordo com a vontade de Deus precisava ir, em muitas questões, além da vontade de Deus expressa na Escritura", por causa da necessária adaptação do conteúdo das antigas leis às novas circunstâncias.[7] No decorrer da história, a *Torá* oral também foi fixada por escrito.

Observando tais processos, nascem as seguintes questões: até que ponto Jesus se manteve fiel à *Lei* antiga? Ou será que adotou uma postura marcada pela oposição às tradições mosaicas, ensinadas pelos sacerdotes e escribas? Enfim, como Jesus compreendeu, de forma mais exata, o conjunto das tradições jurídicas contidas na *Torá*, comumente visto como patrimônio religioso-cultural de maior importância entre seu povo?

---

5   Cf. ZENGER et alii, *Einleitung in das Alte Testament*, p. 128.

6   A mesma lógica vale também para a Bíblia cristã, a qual segue, na parte do Antigo Testamento, as antigas traduções da Bíblia Hebraica para o grego e o latim, com a opção delas por uma subdivisão em quatro partes: *Pentateuco, Livros Históricos, Livros Sapienciais* e *Profetas*. O *Pentateuco* continua a ocupar a primeira posição. Tal realidade mantém-se quando o olhar recai sobre a Bíblia Cristã como um todo, ou seja, o conjunto formado por Antigo e Novo Testamento. Enfim, todos os escritos bíblicos após o *Pentateuco* desenvolvem sua reflexão à luz deste último. Ou seja: a *Torá* possui uma "pré-posição constante" (ZENGER, Der Pentateuch als Tora und Kanon, pp. 5-6).

7   BROER, Jesus und die Tora, p. 221.

Em vista dessas perguntas, proponho-me a interpretar, neste estudo, a narrativa presente em Mc 12,28-34. Nela, Jesus é convidado a destacar, dentro da *Lei* de Israel, *o primeiro mandamento de todos*. Surge, a meu ver, uma resposta capaz de revelar o sentido de toda a *Lei* e, com isso, de toda a religião do Antigo Israel, assim como uma visão clara da fé do próprio Jesus.[8]

2. A pergunta do escriba

A cena em Mc 12,28-34 inicia-se com a notícia da *chegada de um escriba*. Logo a postura dele é descrita, a fim de introduzir a pergunta dirigida a Jesus por ele. Com a apresentação da nova personagem e do novo assunto, o evangelista marca, de forma clara, o começo de uma nova unidade literária.

28a *Aproximou-se um dos escribas*

28b *que escutou como eles discutiam.*

28c *Viu que lhes respondia bem*

28d *e perguntou-lhe:*

28e *"Qual é o primeiro mandamento de todos?".*

Já com a primeira frase, o narrador remete ao contexto literário-histórico. Ao dizer que o *escriba escutou como eles discutiam* (v. 28b) e *viu que* Jesus *lhes respondia bem* (v. 28c), é pressuposto que o leitor tenha acompanhado as histórias anteriormente contadas. Mais ainda: na releitura do Evangelho, também o que é narrado em seguida quer influenciar a compreensão desta cena. Portanto, torna-se decisivo colocar-se a par do contexto literário e, com isso, da cronologia proposta, para entender a controvérsia entre *Jesus* e o *escriba*.

a) A semana da morte de Jesus

Conforme o Evangelho de Marcos, Jesus chega a *Jerusalém*, pela primeira vez, em sua última semana de vida. É aí, nesse momento, que o *ensino* de Jesus leva-o à morte. Por isso, os sete dias dessa semana, mais o dia seguinte, recebem grande destaque na obra literária do segundo Evangelho (cf. Mc 11,1–16,8). Veja o seguinte esquema:

Primeiro dia = domingo (Mc 11,1-11)

Jesus *aproxima-se*, com seus *discípulos, de Jerusalém* (Mc 11,1) e *entra* na cidade como rei messiânico, *sentado num jumento*. Após ter *olhado tudo*, inclusive o *Templo*, Jesus *sai* da cidade, com os *Doze, para Betânia, no fim da tarde* (Mc 11,11).

---

8   O *itálico* é reservado, de forma exclusiva, às citações bíblicas.

Segundo dia = segunda-feira (Mc 11,12-19)

Novamente, Jesus chega acompanhado a *Jerusalém*, vindo de *Betânia*, e *entra no Templo* (Mc 11,15). Dessa vez *expulsa os vendedores e compradores do Templo*. Mais ainda: *derruba as mesas dos cambistas e as cadeiras dos vendedores de pombas*, querendo devolver o *Templo* a seu destino original: *casa de oração para todos os povos*.

O povo sente-se maravilhado com o ensino de Jesus. *Os chefes dos sacerdotes e escribas*, porém, *procuram um modo de fazê-lo perecer*. Contudo, ao *entardecer*, Jesus e seus discípulos *vão*, outra vez, *embora da cidade* (Mc 11,19).

Terceiro dia = terça-feira (Mc 11,20-13,37)

De manhã (Mc 11,20), Jesus, com *Pedro* e os outros, volta a *Jerusalém. Circulando no Templo* (Mc 11,27), ele é abordado pelos *chefes dos sacerdotes, escribas e anciãos*, a fim de explicar-se a respeito de seu suposto *poder*. Contudo, a resposta de Jesus acaba na descrição das lideranças como *vinhateiros homicidas*.

Por enquanto, o *medo* que os líderes têm *da multidão* impede a prisão de Jesus. Todavia, eles enviam representantes de diversos grupos para provocar uma resposta política e religiosamente inoportuna de Jesus e, por consequência, poder acusá-lo. Dessa forma, *uns fariseus e partidários de Herodes* perguntam a Jesus sobre *o pagamento dos impostos a César. Alguns saduceus* questionam-no sobre *a ressurreição dos mortos*. E, por fim, *um escriba* interroga Jesus a respeito de sua compreensão da Lei, querendo saber qual seria *o primeiro mandamento entre todos*. Em todos os casos, Jesus *responde* de forma sábia. Mais ainda: propõe-se a recusar a reflexão dos *escribas* quanto ao *messias* e a advertir a *multidão* do comportamento negativo deles.

Enfim, a presença de Jesus no *Templo* encerra-se quando ele destaca, entre todas as pessoas ligadas ao santuário, *uma viúva pobre*. Observando a *oferta* dela, Jesus a descreve como exemplo de entrega total a Deus.

No final do terceiro dia de sua presença em *Jerusalém*, Jesus *vai embora do Templo*, sendo que sua saída é marcada pelo anúncio da destruição do lugar (Mc 13,1-2). Além do mais, no *Monte das Oliveiras, sentado diante do Templo* que se encontra sobre o monte Sião, no outro lado do vale, Jesus avisa quatro de seus apóstolos sobre os acontecimentos finais.

Quarto dia = quarta-feira = dois dias antes da Páscoa e dos Ázimos (Mc 14,1-11)

Os chefes dos sacerdotes e escribas planejam *matar* Jesus antes da *festa*, para evitar *um tumulto* entre *o povo*. Jesus, por sua vez, é *ungido* e, com isso, preparado para seu enterro por *uma mulher* em *Betânia*. Em contrapartida, é traído por *Judas* perante os *chefes dos sacerdotes*. Nesse dia, Jesus não aparece em Jerusalém.

Quinto dia = quinta-feira = o primeiro dia dos Ázimos, quando se imolava a Páscoa (Mc 14,12-72)

É o dia da *preparação da ceia pascal*. À tarde, imola-se *o cordeiro* no Templo e, *à noite* (Mc 14,17), celebra-se a ceia pascal. Começa a festa da *Páscoa* e dos pães *ázimos*, a qual é comemorada durante oito dias. Contudo, para os judeus na Palestina, quando se iniciava a festa depois do pôr-do-sol, já começava um novo dia, que seria o sexto nesta contagem. O evangelista Marcos, porém, não segue esta ideia. Para ele, o quinto dia ultrapassa o momento do pôr-do-sol. É o quinto *dia* em que, no final da tarde, começa *o primeiro dia dos Ázimos* e em que, antes disso, foi *imolada a Páscoa*.

Decerto, Jesus celebra sua última *ceia* nesse dia. Depois *sai* rumo ao *jardim de Getsêmani*, no *Monte das Oliveiras*. Ali é preso. Na mesma noite, é acusado diante do *sumo sacerdote*, estando presentes *todos os chefes dos sacerdotes, os anciãos e os escribas*. Sobretudo, a resposta afirmativa de Jesus à pergunta sobre ele ser o *Cristo* e *o Filho do* (Deus) *Bendito* é avaliada como *blasfêmia*, digna da pena de *morte*.

Sexto dia = sexta-feira = Páscoa (Mc 15,1-42)

Logo de manhã (Mc 15,1), Jesus é levado a *Pilatos*. Dessa vez, a acusação gira em torno da questão de *Jesus* ser o *rei dos judeus. Pilatos entrega* Jesus à morte na cruz. A crucificação acontece na *terceira hora*, ou seja, às nove horas da manhã. A partir da *sexta hora*, que é meio-dia, estabelece-se a *escuridão*, a qual demora até a *nona hora*, ou seja, às três horas da tarde, momento em que Jesus morre.

Logo depois, *no fim da tarde*, isto é, antes do pôr-do-sol — hora vista como início do novo dia em Jerusalém –, Jesus é *colocado no túmulo*, pois era a fase da *preparação antes do sábado*. Afinal, no *sábado*, dia de descanso, não é permitido o trabalho de um sepultamento (Mc 15,42).

Sábado

O corpo de Jesus descansa no túmulo. O *sábado* fica sem ação no Evangelho.

Domingo = Primeiro dia da semana (Mc 16,1-8)

Após o sábado, logo de madrugada, no primeiro dia da semana (Mc 16,1-2), as mulheres recebem, no *túmulo*, a mensagem da *ressurreição* de Jesus. Com isso, inicia-se uma nova semana e um novo tempo.[9]

Ao observar a cronologia dessa última semana da vida de Jesus, percebe-se que o momento e o lugar conferem à pergunta feita pelo *escriba* (Mc 12,28) uma dramati-

---

9   Sobre a contagem dos dias da última semana de Jesus, confira SCHENKE, *Das Markusevangelium*, pp. 255-257; 261-262; 301; 307; 316-317.

cidade maior. Afinal, Jesus assumiu, com seu ensino, uma postura crítica em relação ao comportamento das lideranças ligadas à instituição do *Templo*.[10] Com isso, surgiram inimizades e hostilidades. Mais ainda: o conflito ficou marcado por acusações severas. Sendo assim, a vida de Jesus passou a correr risco.

b) Os escribas

Chegou o momento de olhar para os *escribas*. Afinal, é um deles que, em Mc 12,28-34, pergunta a Jesus sobre o *primeiro mandamento*. Por sua vez, o que representa um *escriba* na época de Jesus e como os *escribas* são apresentados no Evangelho de Marcos?

O ofício dos *escribas* acompanha a história do Antigo Oriente desde o terceiro milênio a.C. Todavia, não se trata de um grupo unificado. Pelo contrário, os *escribas* "desempenhavam muitas funções e tinham diferentes papéis e posições sociais ao longo do tempo e em lugares diversos".[11]

A palavra *escriba* é ligada à ideia da *escrita* ou da *letra*. Nesse sentido, o *escriba* é alguém capaz de ler e escrever, às vezes em diversas línguas. Portanto, trabalha com a elaboração dos mais diversos documentos escritos — cartas, tratados, contratos, certidões, registros administrativos, textos jurídicos, livros etc. — e pode oferecer seus serviços como funcionário público ou profissional independente. Ao pensar na época de Jesus, observa-se que "o sistema administrativo dos romanos amplificou o uso e o valor dado aos documentos escritos pelas pessoas comuns, o que, por sua vez, aumentou a posição social e o prestígio dos escribas em seu ambiente imediato".[12]

De acordo com o lugar de trabalho, a tarefa exercida e, por consequência, a responsabilidade assumida, um *escriba* tinha mais ou menos influência. Dessa forma, pode-se dizer que

> o termo idiomático português mais próximo equivalente é "secretário", que se refere a funções desde um digitador até o mais alto nível de assistente administrativo, a um oficial altamente responsável de uma organização ou corporação e, finalmente, a um oficial de gabinete, no mais alto nível governamental.[13]

---

10   A respeito da personagem *multidão* no Evangelho de Marcos, veja minhas explicações em GRENZER, *Multiplicação dos pães (Mc 6,30-44)*, pp. 16-18.

11   SALDARINI, *Fariseus, escribas e saduceus na sociedade palestinense*, p. 251.

12   SCHAMS, Jewish Scribes in the Second-Temple Period, p. 321.

13   SALDARINI, *Fariseus, escribas e saduceus na sociedade palestinense*, p. 252.

A lei superior da convivência amorosa (Mc 12,28-34)

Com isso, imagina-se também que "certos escribas em altas posições oficiais tinham uma reputação de sábios mestres e intelectuais, sendo eles familiarizados com livros, leis e, frequentemente, também com as ciências".[14]

No Evangelho de Marcos, os *escribas* aparecem vinte e uma vezes, que é três vezes sete (cf. Mc 1,22; 2,6.16; 3,22; 7,1.5; 8,31; 9,11.14; 10,33; 11,18.27; 12,28.32.35.38; 14,1.43.53; 15,1.31). O número sete serve, na literatura bíblica, como elemento estilístico, capaz de realçar determinada personagem ou um conceito importante.[15]

No entanto, Marcos não apresenta os diversos tipos de *escribas* que existiam na época de Jesus. Pelo contrário: seu interesse recai sobre determinado grupo e sob um aspecto específico. Ou seja: aparecem apenas os *escribas* formados no estudo das Sagradas Escrituras e nas demais tradições do povo judaico, os quais, por causa de seu conhecimento, se tornaram influentes nos diferentes grupos religiosos e na sociedade como um todo. Além disso, "a característica relevante, unificadora deles é a oposição a Jesus".[16] Veja agora alguns pormenores apresentados de forma sistemática, seguindo o texto do Evangelho de Marcos.

Os *escribas* são, em primeiro lugar, pessoas que *ensinam*, assim como Jesus. Mas *Jesus* é visto como quem *ensina com poder, e não como os escribas* (Mc 1,22). Não obstante, também os *escribas* defendem suas ideias religiosas, sobretudo a respeito do enviado por Deus. Dizem que, antes do *Filho do Homem, é preciso Elias vir primeiro* (Mc 9,11) e que *o messias é o filho de Davi* (Mc 12,35). Mais ainda: suas ideias tornam-se motivo de *discussão com os discípulos* de Jesus (Mc 9,14; veja também Mc 2,16-17).

No mais, os *escribas* ganham expressão ao criticar, de forma direta, o ensino e o comportamento de Jesus. Dizem que ele, ao *perdoar os pecados* de um paralítico, *blasfema*, pois somente Deus poderia perdoar os pecados (Mc 2,6-7). Além disso, Jesus não deveria *comer com pecadores e cobradores de impostos* (Mc 2,16). Quando *expulsa os demônios*, acusam-no de *fazê-lo por Beelzebu, o príncipe dos demônios* (Mc 3,22). Os *escribas* estão também atentos quando Jesus, pelo que parece, permite a seus *discípulos comerem o pão com mãos impuras*, infringindo, dessa forma, *a tradição dos anciãos/antigos* (Mc 7,1-2.5). Mais tarde, ao *ouvirem* sobre a atuação de Jesus em *Jerusalém*, em especial a *expulsão dos vendedores e compradores do Templo* (Mc 11,15.18), os *escribas* perguntam-lhe sobre seu suposto *poder*, isto é, sua *autoridade* (Mc 11,27-28). Em outras palavras: para os *escribas*, Jesus está sem poder. Por isso, *caçoam dele*, dizendo ao crucificado: *A outros salvou, a si mesmo não consegue*

---

14   SCHAMS, *Jewish Scribes in the Second-Temple Period*, p. 310.

15   A personagem *multidão* aparece trinta e cinco vezes no Evangelho de Marcos, que é cinco vezes sete.

16   SALDARINI, *Fariseus, escribas e saduceus na sociedade palestinense*, p. 275.

139

salvar. O Cristo, o rei de Israel: que desça agora da cruz para que vejamos e acredite-mos! (Mc 15,31-32).

Em contrapartida, existem também severas críticas feitas por Jesus aos *escribas*. Veja, por exemplo, o caso de *honrar pai e mãe.* Jesus acusa os escribas *de abando-narem o mandamento de Deus.* Pois, ao *transmitirem* que o amor aos pais pode ser substituído pelo pagamento do *Corban, isto é, de uma oferta sagrada, apegam-se* apenas *à tradição dos homens, invalidando,* dessa forma, *a Palavra de Deus,* ou seja, aquilo que *Moisés disse* (Mc 7,6-13). Mais ainda: dentro de seu *ensino,* Jesus alerta a *multidão,* de forma expressa, sobre o comportamento dos *escribas:* aparentemente, *gostam de circular de roupa comprida, de serem cumprimentados nas praças, de ocu-par os primeiros lugares nas sinagogas e os lugares de honra nas festas;* por outro lado, *engolem as casas das viúvas e fazem longas orações* (Mc 12,38-40).

Como consequência das críticas duras e proféticas, há o conflito violento. Jesus previu isso. Basta contemplar seus anúncios da paixão: os *escribas iriam rejeitá-lo* (Mc 8,31), *condená-lo e entregá-lo aos gentios,* a fim de ser morto (Mc 10,32-34). De fato, ao Jesus chegar a Jerusalém, os *escribas procuram um modo de matá-lo* (Mc 11,18; 14,1). Mais ainda: enviam *uma multidão,* com *Judas,* para *prendê-lo* (Mc 14,43). Depois, estão presentes quando Jesus é acusado na frente do *sumo sacerdote* (Mc 14,53). Por fim, ajudam a *julgá-lo réu de morte* (Mc 14,64), *a amarrá-lo e levá-lo a Pilatos* (Mc 15,1).

Contudo, os *escribas* não atuam sozinhos como opositores de Jesus. Enquanto contribuem na morte dele em *Jerusalém,* estão com os *chefes dos sacerdotes* (Mc 10,33; 11,18; 14,1; 15,31) ou com os *chefes dos sacerdotes* e os *anciãos* (Mc 8,31; 11,27; 14,43.53; 15,1). Antes disso, os *escribas* aparecem também com os *fariseus* (Mc 2,16; 7,1.5). Em outros casos, por sua vez, atuam sozinhos (Mc 2,6; 3,22) ou são tratados de forma isolada (Mc 12,38).

Resultado: no Evangelho de Marcos, em praticamente todas as cenas com par-ticipação dos *escribas,* estes se opõem a Jesus, seja ao ensino dele, seja às atitudes praticadas por ele. Nesse contexto, a controvérsia narrada em Mc 12,28-34, de certa forma, surpreende o leitor. Pois nela parece nascer um relacionamento positivo entre *um dos escribas* (v. 28a) e *Jesus.* Todavia, é importante lembrar que, nesse momento, o grupo dos *escribas* já está *procurando* uma possibilidade de *matar Jesus* (Mc 11,18).

Não obstante, *um dos escribas vê que Jesus responde bem* (v. 28c), pois o *escutou discutir* com os outros (v. 28b). Não é necessário que o *escriba* seja da mesma opinião de Jesus, mas, ao menos, avalia suas *respostas* como marcantes e inteligentes (Mc 11,27-33; 12,1-12.13-17.18-27). De fato, as respostas de Jesus revelam uma sabedoria que, entre outras coisas, é resultado de uma maior familiarização com as tradições das Sagradas Escrituras de Israel e, seguindo tal ensino profético, de uma inabalável solidariedade com o povo sofrido. Ou seja: Jesus é *verdadeiro* e *não se preocupa com ninguém. Não considera os homens pela aparência, mas ensina, de verdade, o caminho de Deus* (Mc 12,14).

Por isso, o *escriba* pode confrontar Jesus com uma *pergunta* (v. 28d) de grande abrangência: *Qual é o primeiro mandamento de todos?* (v. 28e). Não se trata da ideia de Jesus resumir os *mandamentos* contidos na Torá ou de definir, com suas palavras, a soma ou o princípio da Lei.[17] Muito mais, deve escolher um determinado *mandamento* do conjunto de *todos*, aquele que para ele *é o primeiro*.

3. A resposta de Jesus

Jesus aceita o desafio proposto pelo *escriba*. *Responde* (v. 29a), mas também surpreende, pois não apresenta apenas um único *mandamento*.

29a *Respondeu Jesus:*

29b *"O primeiro é:*

29c *Escuta, ó Israel,*

29d *o Senhor, nosso Deus, é o único Senhor.*

30a *Amarás o Senhor, teu Deus,*

    com todo o teu coração,

    com toda a tua alma,

    com todo o teu pensamento

    e com toda a tua força.

31a *O segundo é este:*

31b *Amarás teu próximo como a ti mesmo.*

31c *Não existe outro mandamento maior do que estes".*

O discurso é bem estruturado. De forma direta, Jesus lembra dois *mandamentos* da Torá: um *primeiro* (v. 29b) e um *segundo* (v. 31a). No final, une os dois *mandamentos* através de um comentário: *Não existe outro mandamento maior do que estes* (v. 31c). Em outras palavras: *estes* dois *mandamentos*, comparados a todos os outros, têm a mesma qualidade. São insuperáveis. Isso, por sua vez, significa também que, comparados entre si, existe um "antes" e "depois", mas não um "maior" e "menor". Afinal, o *primeiro* e *segundo mandamentos* gozam da mesma insuperabilidade.

Entrementes, fica visível que a contagem, a junção dos dois *mandamentos* e a comparação deles aos *outros mandamentos* ajudam na memorização desta tradição. Isso, de certo, é um dos objetivos do evangelista: seu texto quer ser catequético, no

---

17   Cf. PESCH, *Das Markusevangelium*, p. 238.

sentido de o leitor poder lembrar-se, com facilidade, daquilo que Jesus se propôs a ensinar.

E o conteúdo? Jesus apresenta como *primeiro mandamento* as palavras de Dt 6,4-5. Estas começam com uma confissão de fé: *Escuta, ó Israel, o Senhor, nosso Deus, é o único Senhor* (v. 29c.d).

O evangelista Marcos, no século I d.C., escreve em grego. O Livro do Deutero-nômio, porém, foi escrito em hebraico. Uma tradução bem literal da versão hebraica de Dt 6,4, composta, provavelmente, no século VIII/VII a.C., é: *Escuta, ó Israel, o Senhor, nosso Deus, o Senhor é único.* Ao imaginar que esta afirmação tenha nascido em um contexto politeísta — veja Dt 6,14: *Não seguireis outros deuses, qualquer um dos deuses dos povos que estão ao vosso redor* —, a palavra *único*, originalmente, não se refere a uma ideia monoteísta sobre o *Senhor*. Ou seja: naquela época, a palavra *único* ainda não pretendia dizer que, além do *Senhor*, não existissem *outros deuses*. Além do mais, "*único* é um termo da linguagem do amor (cf. Ct 6,8-9). Nesse senti-do, Dt 6,4-5 proclama, dentro de uma relação amorosa, a reivindicação de exclusivi-dade por parte do *Senhor*".[18] Em outras palavras: para Israel, o *Senhor* quer ser *único* ou *um só*. Israel deve dizer: *o Senhor, nosso Deus*. E isso como fruto daquele *amor* com o qual *o Senhor amou* seu povo primeiramente (cf. Dt 4,37; 7,7-8; 10,15).

No entanto, o evangelista Marcos cita Dt 6,4 de acordo com a frase na tradução grega da Bíblia Hebraica. Afinal, o Pentateuco já tinha sido traduzido no século III a.C. Logo se percebe que o tetragrama, o qual representa, em hebraico, o nome do *Deus* de *Israel* (o *Senhor*), é substituído, no texto grego, pelo apelativo *senhor*. Além disso, a tradução grega da frase em Dt 6,4 insiste na ideia monoteísta: *Escuta, ó Israel, o Senhor, nosso Deus, é o único Senhor.* O próprio Livro do Deuteronômio — so-bretudo, em suas camadas mais jovens — chega a promover a ideia de que, além do *Senhor*, Deus de Israel, não existem outros deuses (cf. Dt 4,35: *o Senhor, ele é Deus. Não há outro além dele*; cf. também Dt 4,39). Enfim, as duas compreensões de Dt 6,4 se completam. Primeiro, Israel foi convidado a viver sua história com o *Senhor* como um relacionamento *amoroso* que exige exclusividade. Depois, porém, pôde compre-ender que *além do Senhor, único para Israel, não existem outros deuses*.

No contexto da resposta de *Jesus* ao *escriba*, por sua vez, é importante ver o se-guinte: ao citar Dt 6,4, "Jesus (e com ele, autor e leitor de Mc 12,28-34) conserva a ideia do monoteísmo".[19] Além disso, porém, surge a ideia da necessidade de uma relação com *Deus* que é marcada pela exclusividade e pelo compromisso total. Pois somente quem se lembra do *amor* do *Senhor* por seu povo e, por consequência, res-ponde a tal *amor* com uma paixão que deixa *o Senhor* ser o *único* soberano vai se

---

18   BRAULIK, *Deuteronomium 1–16,17*, p. 56.

19   SCHENKE, *Das Markusevangelium*, p. 276.

interessar pelos *mandamentos* dele. Ou também, em outras palavras: a obediência aos *mandamentos* do *único Senhor* somente funciona quando é fruto de uma relação amorosa.

Um último detalhe: Dt 6,4 prevê uma relação entre o *Senhor Deus* e *Israel*. Ou seja: tem-se uma visão comunitária, e não individualista. Nesse sentido, está certo afirmar que o texto "se dirige ao homem como membro de uma comunidade de fé (*Escuta, ó Israel*) e que o mandamento do amor visa a uma ética sociorreligiosa, e não individual".[20]

Após ter lembrado a frase introdutória de Dt 6,4, Jesus cita Dt 6,5. Com isso, apresenta o *mandamento* que, para ele, *é o primeiro* (v. 29b): *Amarás o Senhor, teu Deus, com todo o teu coração, com toda a tua alma, com todo o teu pensamento e com toda a tua força* (v. 30a). Comparado ao texto hebraico de Dt 6,5, há, porém, um acréscimo, pois o elemento *com todo o teu pensamento* não se encontra no original desta tradição, nem na tradução grega da Bíblia Hebraica.

Contudo, o que significa *amar a Deus* com *coração*, *alma*, *pensamento* e *força*? "O *coração* é, acima de tudo, o lugar da razão e do entendimento, dos planos secretos, da reflexão e da decisão. Segundo Dt 29,3, a pessoa tem *olhos para ver, ouvidos para ouvir e um coração para entender*".[21] Portanto, a ideia de *amar a Deus com todo o coração* indica um relacionamento que inclui aquilo que a pessoa é capaz de pensar, mas também de planejar e decidir. Pois, na reflexão antropológica da cultura hebraica, "a passagem das funções compreensivas às ações da vontade são fluentes".[22]

Quando o texto do Evangelho acrescenta ao paralelismo tríplice de Dt 6,5 a expressão *com todo o teu pensamento*, de certa forma realça, outra vez, o que a formulação *com todo o teu coração* já diz de forma metafórica. Ou seja: sublinha-se "a racionalidade do amor a Deus, o uso positivo (e talvez também crítico) das forças racionais do coração".[23]

O termo *alma* exige, ainda com mais urgência, um mergulho na cultura hebraica de Jesus. Pois, "onde o hebreu usa uma única palavra, nós precisamos palavras bem diferentes".[24] Primeiro, a palavra hebraica lembra *garganta* e, com isso, *respiração, alento* e *fôlego*. Disso se deduzem os significados *vida, pessoa, indivíduo* e *ser*, pois quem respira é um *ser* vivo. Além disso, a imagem da *garganta* ilustra ou traz a ideia do *desejo*. Portanto, é o contexto literário que decide sobre o significado da palavra

---

20   PESCH, *Das Markusevangelium*, p. 240.

21   SCHROER; STAUBLI, *Simbolismo do corpo na Bíblia*, p. 62.

22   WOLFF, *Anthropologie des Alten Testaments*, p. 84.

23   PESCH, *Das Markusevangelium*, p. 240.

24   WOLFF, *Anthropologie des Alten Testaments*, p. 26.

alma em hebraico. No caso de Dt 6,5, tem sentido de *amar a Deus com toda a tua vida* ou *com todos os teus desejos*; enfim, *com toda a tua alma*.

Falta o último elemento: *Amarás o Senhor, teu Deus, com toda a tua força*. A *força* "indica todos os recursos da existência humana [...], inclusive os meios e propriedades que estão à disposição da pessoa".[25]

Resumindo: a proposta de Dt 6,5 insiste em um *amor a Deus* que envolve *todas* as dimensões da pessoa, ou seja, *coração, alma, pensamento* e *força*. Mais ainda: Jesus repete esta exigência fundamental da religião israelita na praça do Templo, onde existe, facilmente, o perigo de reduzir o *amor a Deus* à esfera do culto. Ou, pior ainda: lugar onde os maiores representantes da religião, de repente, cultivam ódios e inimizades, querendo *matar* a quem procura, de forma profética, a verdade.

O detalhe mais surpreendente, porém, vem agora. *Jesus*, após ter apresentado o *mandamento* que, para ele, *é o primeiro* (v. 29b), não se contenta com a menção de Dt 6,4-5. Acha necessário lembrar uma outra lei da Torá, ou seja, um *segundo mandamento* (v. 31a): *Amarás teu próximo como a ti mesmo* (v. 31b). Trata-se da formulação jurídica presente em Lv 19,18c. A conexão entre as duas leis de Dt 6,5 e Lv 19,18c nasce, da forma mais imediata, a partir de um paralelismo, pois, nos dois casos, o legislador inicia com a palavra: *Amarás!* (v. 30a.31b).

Aliás, somente cinco *mandamentos*, em todo o Pentateuco, trabalham a parte da prescrição com o verbo *amar*:

Dt 6,5:   *Amarás o Senhor, teu Deus, com todo teu coração, com toda tua alma e com toda tua força.*

Dt 11,1:   *Amarás o Senhor, teu Deus.*

Lv 19,18c: *Amarás teu próximo como a ti mesmo.*

Lv 19,34:   *O imigrante que está convosco: amá-lo-ás como a ti mesmo.*

Dt 10,19:   *Amareis o imigrante.*

Estes paralelismos tornam-se importantes para a compreensão do *mandamento* sobre o *amor ao próximo*, pois fica mais claro através deles quem é o *próximo* visado na formulação jurídica de Lv 19,18c.

Em princípio, o *próximo* é qualquer pessoa que vive na mesma terra, seja este um *filho do* mesmo *povo* (Lv 19,18b), seja um dos *imigrantes*. Ambos devem ser *amados*. O *imigrante*, por sua vez, representa nas tradições bíblicas, de forma simbólica, os mais ameaçados em sua sobrevivência. Pois, por causa de sua situação mais vulnerável, longe de sua terra de origem, o *imigrante* enfrenta, muitas vezes, o perigo de

---

25   PESCH, *Das Markusevangelium*, p. 240. O autor lembra que a "Regra da Comunidade" de Qumrã traz a palavra *forças* junto ao termo *riquezas* (1QS I,11-12). Veja o texto em GARCÍA MARTÍNEZ, *Textos de Qumran*, p. 46.

ser explorado, oprimido e, por causa disso, empobrecido. Basta lembrar a história de *Abraão* ou o destino dos *hebreus no Egito*.[26]

No entanto, onde há opressão, exploração e miséria, o *Deus* de Israel torna-se solidário com o necessitado. Afinal, o Senhor é *quem faz justiça ao órfão e à viúva e quem ama o imigrante, a fim de dar-lhe pão e cobertor* (Dt 10,18). Fica até bem claro nesta afirmação que o *amor ao próximo* "inclui a satisfação das necessidades mais elementares da vida dele, o aprovisionamento com alimentos e vestimentas".[27] Tal é o comportamento do Senhor, que o povo de Deus é convidado a imitar: *Amareis o imigrante, pois fostes imigrantes na terra do Egito* (Dt 10,19). Ou seja: o que o Senhor lhes fez no meio da miséria, façam-no também vocês aos outros.

Enfim, faz sentido identificar o *próximo* a ser *amado* sobretudo com quem mais necessita de ajuda. Pois, para *amar* os amigos que estão bem de vida, não é preciso um apelo do legislador. Ao contrário, porém, o *amor ao próximo* mais necessitado precisa de motivação, especialmente quando esta atitude deve prevalecer em todas as situações, até no caso da existência de inimizades e ódios. Basta observar o contexto imediato da formulação do *mandamento* na Torá: *Não te vingarás* (Lv 19,18a) *e não serás rancoroso com os filhos de teu povo* (Lv 19,18b), *mas amarás teu próximo como a ti mesmo* (Lv 19,18c). *Eu sou o Senhor* (Lv 19,18d).

É visível como o *mandamento* do *amor ao próximo* estabelece uma proposta alternativa (veja o uso da conjunção adversativa *mas*). No lugar de cultivar estruturas cheias de lealdades criminosas e redes de cumplicidades nada éticas, as quais, em muitos casos, impedem a ajuda humanitária, a lei de Lv 19,18c insiste na construção de uma sociedade solidária. A prática de *amar o próximo como a si mesmo*, fazendo das próprias necessidades a medida para a ajuda ao outro, deve estar acima de tudo.[28]

Enfim, ao juntar os dois *mandamentos* do *amor ao Senhor Deus* (Dt 6,4-5) e do *amor ao próximo* (Lv 19,18c), *Jesus* realça as dimensões sociais da religião do antigo Israel. Mais ainda: afirma que justamente nesta dinâmica se encontra o auge da fé do povo de Deus. Ou seja: é o item que deveria unir as pessoas religiosamente interessadas, pois *não existe outro mandamento maior do que estes* (v. 31c).

4. A réplica do escriba

O diálogo entre o *escriba* e *Jesus* continua de forma positiva:

32a *Disse-lhe o escriba:*

32b *"Bem, mestre,*

    de acordo com a verdade disseste:

---

26   Cf. GRENZER, Imigrante abençoado (Gn 11,27–12,9).

27   MOENIKES, *Der sozial-egalitäre Impetus der Bibel Jesu und das Liebesgebot als Quintessenz der Tora*, p. 160.

28   Cf. GRENZER, Junto ao inimigo (Ex 23,1-8).

Matthias Grenzer

32c *é único.*

32d *Não existe outro exceto ele.*

33a *E amá-lo com todo o coração,*

   com toda a compreensão

   e com toda a força,

   e amar o próximo como a si mesmo,

   é ainda mais do que todos os holocaustos e sacrifícios".

O *escriba* reconhece a qualidade da *resposta* de *Jesus.* Já o início de sua fala deixa perceber isso. Afirma que Jesus respondeu *bem* (v. 32b). Por isso, chama-o de *mestre,* pois os *ditos* dele estão *de acordo com a verdade* (v. 32b).[29]

Além disso, o *escriba* confirma a visão de Jesus, citando, outra vez, os *mandamentos* já mencionados por este último. Contudo, ao repetir, acrescenta novos elementos.

Tudo recomeça com a colocação de Dt 6,4. Ou seja: também o *escriba* não duvida de que *o Senhor,* o Deus de Israel, *é único,* ou que *é um só* (v. 32c).

Nesse momento, porém, o *escriba* mostra também seu conhecimento da Torá, pois, com uma outra frase tirada dela, confirma o que é dito em Dt 6,4: *Não existe outro exceto ele* (v. 32d). Assim fala Ex 8,6, quando o texto hebraico diz: *Não há como o Senhor, nosso Deus.* A tradução grega do século III a.C. traz esta frase como: *Não há outro exceto o Senhor.* Enquanto o texto hebraico "acentua o poder incomparável do Senhor, a tradução grega realça a unicidade dele".[30] A mesma verdade afirma ainda Dt 4,35, em que o texto hebraico diz: *o Senhor, ele é Deus, não existe mais fora dele.* Uma das versões da antiga tradução grega apresenta Dt 4,35 exatamente com as mesmas palavras que o *escriba* usa no Evangelho de Marcos: *Não existe outro exceto ele.*

O *escriba* segue, em sua réplica a Jesus, com a menção de Dt 6,5: [...] *e amá-lo com todo o coração, com toda a compreensão e com toda a força* (v. 33a). Entretanto, os quatro elementos da fala de Jesus — *coração, alma, pensamento e força* (v. 30a) — são reduzidos agora a três, sendo que o termo *compreensão* substitui os conceitos *alma* e *pensamento.*

Depois disso, acontece o passo mais importante. Ao acrescentar a Dt 6,5, assim como seu interlocutor, o *mandamento* de Lv 19,18c, o *escriba* revela realmente sinto-

---

29 No texto grego do Evangelho, a palavra aqui traduzida por *mestre* diz literalmente *aquele que ensina.* No total, Marcos chama *Jesus* de *mestre* por doze vezes (cf. Mc 4,38; 5,35; 9,17.38; 10,17.20.35; 12,14.19.32; 13,1; 14,14). Por quinze vezes, Jesus *ensina* (Mc 1,21.22; 2,13; 4,1.2; 6,2.6.34; 8,31; 9,31; 10,1; 11,17; 12,14.35; 14,49). E por cinco vezes vê-se o *ensino* de Jesus (Mc 1,22.27; 4,2; 11,18; 12,38). Outras duas vezes, o mesmo termo aparece quando o texto de Marcos fala do *ensino ensinado* pelos fariseus e escribas (Mc 7,7), e uma vez os apóstolos *ensinam* (Mc 6,30). Surpreende, novamente, o uso do elemento estilístico do número "sete", pois é por trinta e cinco vezes (cinco vezes sete) que o Evangelho de Marcos apresenta a temática do *ensino.*

30 PESCH, *Das Markusevangelium,* p. 242.

A lei superior da convivência amorosa (Mc 12,28-34)

nia com *Jesus*. Há concordância entre os dois a respeito da lógica interna proposta: o *amor ao Senhor Deus* traz consigo, de forma intrínseca, o impulso de *amar o próximo como a si mesmo* (v. 33a).

E, mais uma vez, o *escriba* sente-se à vontade para mostrar seu amplo conhecimento das Sagradas Escrituras. Ao consultar as tradições proféticas, completa o raciocínio apresentado por Jesus. Afirma que *amar a Deus* e *amar o próximo é ainda mais do que todos os holocaustos e sacrifícios* (v. 33a).

É bom lembrar que o *escriba* chega a esta avaliação na praça do Templo, em Jerusalém, lugar exclusivo para a celebração de *holocaustos* e *sacrifícios*. Afinal, "para o antigo israelita um culto sem sacrifícios é inconcebível"; no entanto, também é verdade que, "acerca deste ponto, os profetas desencadearam uma das suas batalhas mais duras".[31] Basta lembrar como o profeta Oseias, no século VIII a.C., descreve a vontade do Senhor Deus: *Realmente, gosto de lealdade (bondade, solidariedade) e não de sacrifício, conhecimento de Deus antes de holocaustos* (Os 6,6; cf. também 1Sm 15,22; Is 1,11.16-17; Sl 40,7; 51,18-19; Pr 21,3).

O *escriba* fala simplesmente de um *mais*. Assim o texto recebe, além das repetições, outro elemento que serve à memorização do *ensino* de Jesus e, com isso, ao interesse catequético do Evangelho. Ou seja: *amar a Deus* e *amar o próximo* são o *primeiro* (v. 29b) e *segundo* (v. 31a) *mandamento*. Isso significa: *Não existe outro mandamento maior do que estes* (v. 31c). Pelo contrário: seguir estes *mandamentos* vale *ainda mais do que todos* (v. 33a) os outros gestos religiosos.

5. A tréplica de Jesus

A última fala direta pertence a Jesus. Entretanto, assim como o narrador acompanhou, com seus comentários, a pergunta inicial do *escriba* (cf. v. 28a.b.c), o faz também com a palavra final de *Jesus* (v. 34a.c).

34a *Ao ver que respondeu de forma pensada, Jesus disse-lhe:*

34b *"Não estás longe do Reino de Deus".*

34c *E ninguém mais ousava interrogá-lo.*

Jesus *vê* que o *escriba* concorda com ele a respeito da centralidade dos *mandamentos* sobre o *amor a Deus* e o *amor ao próximo*. O fato de o *escriba* ter repetido as tradições de Dt 6,4-5 e Lv 19,18c e acrescentado, *de forma pensada* (v. 34a), outras citações das Sagradas Escrituras, as quais apontam para a mesma direção, enriqueceu o diálogo. Ao menos na teoria, não há divergências entre os dois interlocutores.

---

31 SICRE, *Profetismo em Israel*, p. 403.

Mais ainda: a boa compreensão da Torá parece ser o motivo de Jesus avaliar positivamente o *escriba*. Assim, diz que seu interlocutor *não está longe do Reino de Deus* (v. 34b). Afinal, compreendeu que o cultivo do *amor ao Senhor* e, com isso, do respeito à mais absoluta soberania dele, garante que as pessoas cheguem a adotar uma postura marcada pelo *amor ao próximo*, sobretudo, ao *próximo* mais sofrido. E é dessa forma que o *Reino de Deus* pode aproximar-se, pois se trata de um *reinado* em favor dos oprimidos da terra.

Por outro lado, a ideia da *não longevidade* parece indicar também que o *escriba* ainda não adentrou no *Reino de Deus*. O que estaria faltando? Será que Jesus quer dizer ao *escriba* que "a ortodoxia não basta", mas "que ela deve ser acompanhada pela prática da justiça com o próximo", ou seja, pela ortopráxis?[32] Em todo caso, as críticas duras ao comportamento dos *escribas,* promovidas por Jesus logo em seguida (cf. Mc 12,38-40), parecem apontar nessa direção.

Antes das críticas, porém, surge ainda um outro assunto, o qual, na visão do Evangelho de Marcos, tem a maior importância para a questão da entrada no *Reino de Deus*. Trata-se do reconhecimento do *messias* e das origens divinas dele (cf. Mc 12,35-37). Ou seja: segundo o Evangelho, Jesus é o *ungido* por Deus — em hebraico, o *messias*; em grego, o *cristo* —, aquele que anuncia *a chegada do Reino de Deus* (Mc 1,14-15). Em outras palavras: o *Reino de Deus* é ligado à pessoa de *Jesus*, ou seja, a quem veio de Deus. Nesse sentido, os *escribas* não dividem a mesma opinião.

O narrador encerra a narrativa com a notícia de que *ninguém mais ousava interrogá-lo* (v. 34c). De fato, a série das controvérsias na praça do Templo de Jerusalém chega agora a seu fim (cf. Mc 11,27-12,12; 12,13-17.18-27.28-34). Jesus respondeu às perguntas críticas, feitas pelos representantes de diversos grupos de liderança. Revelou seu conhecimento da *Torá*, sua sabedoria e, sobretudo, sua autenticidade profética. Enfim, os outros se calaram, sem coragem de *interrogá-lo* mais. Contudo, trata-se de um silêncio perigoso.

6. Conclusão

No caso da discussão com o *escriba* sobre *o primeiro mandamento* (Mc 12,28-34), em momento algum Jesus opõe-se às leis contidas na *Torá*. Pelo contrário, valoriza as antigas tradições jurídicas de seu povo como fundamento de sua própria reflexão religiosa.

Nesse sentido, Jesus começa a confessar sua fé de acordo com Dt 6,4: *o Senhor, nosso Deus* — ou seja: o Deus do povo de Israel —, *é único* e/ou *o único Senhor*. Com isso, insiste na exclusividade do senhorio deste Deus, pois se trata, conforme a história experimentada por Israel, do *único* capaz de salvar o povo. Todavia, é neces-

---

32 MYERS, *O Evangelho de São Marcos*, p. 380.

A lei superior da convivência amorosa (Mc 12,28-34)

sário que a comunidade *escute* tal verdade sempre, inclusive os *escribas*. Pois dividir o respeito por este *Deus* traria consigo o perigo de diminuir a atenção para o reinado dele. Com isso, no entanto, aumentaria também a possibilidade de um ressurgimento das estruturas opressivas, no lugar das experiências libertadoras dos oprimidos.

Por isso, *Jesus* favorece de novo, em sintonia com a antiga lei de Dt 6,5, um *amor total* a este *Deus*, aproveitando tudo o que a pessoa é capaz de pensar, decidir, viver, desejar e obter. Enfim, a proposta é fazer do *amor a Deus* uma dinâmica fundamental da vida, a fim de conquistar, com o *Senhor Deus*, uma liberdade duradoura.

Entretanto, *Jesus* acha importante destacar ainda uma segunda dinâmica, que nasce, de forma direta, da primeira. Trata-se da seguinte ideia: quem *ama o Senhor Deus* (Dt 6,5) descobrirá também a verdade daquela lei que exige *amar o próximo como a si mesmo* (Lv 19,18c), e isso, sobretudo, no caso em que o *próximo* é uma pessoa necessitada de ajuda.

Enfim, as duas *leis* ou dinâmicas propostas pela *Torá* podem ser vividas apenas como uma única realidade, pois "o primeiro mandamento somente pode ser observado ao se cumprir o segundo; por outro lado, o cumprimento do segundo somente é possível a partir do primeiro".[33] Esta lógica interna, criada a partir da junção de dois *mandamentos* da Torá (Dt 6,4-5 e Lv 19,18c), constitui, de fato, o fator surpreendente na resposta de *Jesus* ao *escriba*.

Resta apontar, outra vez, para a sintonia entre os debatedores. Por mais que o *escriba* e *Jesus* pertençam a grupos diferentes, é possível nascer uma relação positiva entre os dois, desde que entrem num diálogo respeitoso sobre os *mandamentos* de Deus. Fundamental é que haja, em ambas as partes, a disposição de aproximar-se daquilo que é realmente *maior*.

7. Referências bibliográficas

BRAULIK, Georg. *Deuteronomium 1–16,17*. Würzburg: Echter, 1986. (Die Neue Echter Bibel. Kommentar zum Alten Testament mit Einheitsübersetzung.)

BROER, Ingo. Jesus und die Tora. In: SCHENKE, Ludger et alii. *Jesus von Nazaret*; Spuren und Konturen. Stuttgart: Kohlhammer, 2004. pp. 216-254.

DAUTZENBERG, Gerhard. Jesus und die Tora. In: ZENGER, Erich. Die Tora als Kanon für Juden und Christen. Freiburg, Herder, 1996. pp. 345-378. (Herders Biblische Studien, 10.)

GARCÍA MARTÍNEZ, Florentino. *Textos de Qumran*; edição fiel e completa dos Documentos do Mar Morto. Petrópolis: Vozes, 1994.

GRENZER, Matthias. Imigrante abençoado (Gn 11,27–12,9). In: PASSOS, João Décio; LIGORIO SOARES, Afonso Maria (orgs.). *Doutrina social e universidade*; o

---

33   SCHENKE, *Das Markusevangelium*, p. 277.

Cristianismo desafiado a construir cidadania. São Paulo: Paulinas, 2007. pp. 139-153.

_____. Junto ao inimigo (Ex 23,1-8). In: *O projeto do êxodo*. 2. ed. São Paulo: Paulinas, 2007. (Bíblia e História.)

_____. *Multiplicação dos pães (Mc 6,30-44)*. 2. ed. São Paulo: Paulinas, 2007. (Perícope.)

MOENIKES, Ansgar. *Der sozial-egalitäre Impetus der Bibel Jesu und das Liebesgebot als Quintessenz der Tora*. Würzburg: Echter, 2007.

MYERS, Ched. *O Evangelho de São Marcos*. São Paulo: Paulus, 1992. (Grande Comentário Bíblico.)

PESCH, Rudolf. *Das Markusevangelium*; 2. Teil. Kommentar zu Kap. 8,27–16,20. 3. ed. Freiburg: Herder, 1984. (Herders Theologischer Kommentar zum Neuen Testament.)

SALDARINI, Anthony. Fariseus, escribas e saduceus na sociedade palestinense: uma abordagem sociológica. São Paulo, Paulinas, 2005. (Bíblia e História — Série Maior.)

SCHAMS, Christine. *Jewish Scribes in the Second-Temple Period*. Sheffield: Academic Press, 1998. (Journal for the Study of the Old Testament, 291.)

SCHENKE, Ludger. *Das Markusevangelium*; literarische Eigenart: Text und Kommentierung. Stuttgart: Kohlhammer, 2005.

SCHROER, Silvia; STAUBLI, Thomas. *Simbolismo do corpo na Bíblia*. São Paulo: Paulinas, 2003. (Bíblia e História.)

SICRE, José Luís. *Profetismo em Israel*; o profeta; os profetas; a mensagem. Petrópolis: Vozes, 1996.

SKA, Jean Louis. *Introdução à leitura do Pentateuco*; chaves para a interpretação dos cinco primeiros livros da Bíblia. São Paulo: Loyola, 2003. (Bíblica Loyola, 37.)

STEGEMANN, Ekkehard W.; STEGEMANN, Wolfgang. *Urchristliche Sozialgeschichte*; die Anfänge im Judentum und die Christusgemeinden in der mediterranen Welt. 2. ed. Stuttgart: Kohlhammer, 1997. [Ed. bras.: *História social do protocristianismo*; os primórdios no Judaísmo e as comunidades de Cristo no mundo mediterrâneo. São Paulo: Paulus, 2004.]

STEMBERGER, Günter. Zum Verständnis der Tora im rabbinischen Judentum. In: ZENGER, Erich. *Die Tora als Kanon für Juden und Christen*. Freiburg: Herder, 1996. pp. 329-343. (Herders Biblische Studien, 10.)

WOLFF, Hans Walter. *Anthropologie des Alten Testaments*. 5. ed. München: Kaiser, 1990.

ZENGER, Erich. Der Pentateuch als Tora und als Kanon. In: ZENGER, Erich. *Die Tora als Kanon für Juden und Christen*. Freiburg: Herder, 1996. pp. 5-34. (Herders Biblische Studien, 10.)

ZENGER, Erich et alii. *Einleitung in das Alte Testament*. 6. ed. Stuttgart: Kohlhammer, 2006.

CAPÍTULO IX

Lei, ética e instituições: testemunhos de Jesus e Paulo

Pedro Lima Vasconcellos

Fazer a pergunta pelos olhares do Cristianismo das primeiras gerações, particularmente aqueles refletidos no Novo Testamento, sobre a temática da Lei, ao mesmo tempo nos remete necessariamente a Paulo, bem como nos coloca em grandes riscos. Inicialmente é preciso cuidar para não projetar sobre a Lei judaica os preconceitos (no sentido etimológico da palavra) que nos advêm de nossa experiência contemporânea com as leis, os códigos jurídicos etc. Nesse sentido chamamos a atenção para dois elementos, a nosso ver importantes, e ainda a um terceiro, referido ao ambiente básico dos textos que nos cabe analisar.

O primeiro diz respeito exatamente ao termo "Lei", e sua inadequação para traduzir o vocábulo hebraico *Torah*. Como se sabe, o equívoco deriva, aqui, da tradução grega da Escritura, que verteu com *nómos* um termo que mais indica "rumo", "caminho", "orientação", ou ainda "direção". Daí a necessidade de aquilatar a densidade diferenciada dos preceitos que constituem a Torá, toda a jurisprudência desenvolvida, a partir dela, durante séculos (já antes de Jesus, seguramente).

O segundo elemento a ser destacado refere-se à valoração, digamos, religiosa da Torá de Israel. Ela não é vista prioritariamente como uma instituição; mas, nos dizeres do Livro do Eclesiástico (que, apesar de surgido no interior do Judaísmo, não faz parte de suas Escrituras sagradas), é a própria Sabedoria de Deus criadora do universo. Com efeito, no capítulo 24 desse livro lemos que a própria sabedoria, ao fazer o elogio de si mesma, relata ter precedido a criação do universo e dela ter participado decisivamente; mais adiante busca um povo no meio do qual pudesse habitar, e é em Israel que arma sua tenda. E, a partir daí, seu alcance só fez crescer, até atingir todas as dimensões da vida de Israel:

> Não apenas os mandamentos cúlticos e um mínimo de ética fundamental, tais como foram formuladas no Decálogo, mas todas as normas foram reconduzidas

à vontade de Deus e legitimadas a partir da Torá: desse modo, todo o direito foi teologizado, não valia como lei promulgada oficialmente pelo rei, mas, sim, com lei de Deus.[1]

Há que se ler os caminhos vivenciados e sugeridos no interior do Cristianismo dos primeiros tempos à luz dessa consciência básica de Israel. Algo do que as linhas seguintes não são outra coisa que indicações.

E é preciso não esquecer que os textos sobre os quais teceremos breves considerações não tiveram por alvo, quando de sua confecção, nações ou povos, mas grupos numericamente diminutos e socialmente irrelevantes, que precisam definir, a partir de suas convicções religiosas, seu lugar no mundo, sua percepção do passado, particularmente o legado de Israel centrado na Torá, e seu entendimento do futuro, decisivo para o entendimento sobre o adequado agir no presente. Por outro lado, convém buscar evitar a "contaminação" da análise despretensiosa que aqui proporemos com temáticas que tiveram sua emergência e relevância apenas séculos depois da época em que os escritos que aqui nos interessam vieram à luz. A controvérsia fé *versus* obras de matiz luterano e as teorias medievais sobre o príncipe e o Estado cristãos (inspiradas em Romanos 13), para ficar em apenas dois exemplos, são boa ilustração do que não pretendemos tratar aqui.

Organizamos este ensaio em torno de dois momentos principais. O primeiro nos leva à pergunta pelo olhar jesuânico, o quanto se possa recuperar dele, sobre a Lei, referencial decisivo da religião de Israel. A seguir passamos a Paulo, cuja polêmica relacionada à Torá judaica e suas obras é tão conhecida como mal compreendida, em grande parte porque insuficientemente contextualizada. Esperamos, dessa forma, proporcionar uma visão panorâmica e indicações sugestivas sobre um tema que, no fim das contas, teve papel decisivo no processo, de longa duração, que acabou por configurar o Cristianismo enquanto sistema autônomo em relação à religião-mãe, aquela de Israel.

1. Jesus

Sem que possamos entrar nas minúcias da chamada "pesquisa sobre o Jesus histórico", tomamos aqui como objeto particular de consideração o dito atribuído ao mestre de Nazaré pelo Evangelho Segundo Marcos: "O sábado foi feito por causa do (ser) humano e não o (ser) humano por causa do sábado" (Mc 2,27). Pensamos que devemos propor alguns passos na reflexão. Primeiramente, notamos que este dito se insere numa cena maior, narrada em Mc 2,23-28. Justifica-se este procedimento de isolar uma frase de seu contexto imediato? Buscaremos responder a esta questão e só

---

1 THEISSEN, *A religião dos primeiros cristãos*, p. 33.

então estabeleceremos algumas pistas para a compreensão de Mc 2,27, inserindo-o depois no contexto da cena que lemos em Mc 2,23-28. Não nos importará aqui, portanto, a perícope de Mc 2,23-28, mas o lugar de Mc 2,27 nela. Tomamos esse dito como expressão de alguma forma originada do galileu Jesus e feita história no testemunho da primeira geração de seu séquito.

a) Mc 2,27 desvinculado de 2,23-28?

Em primeiro lugar é necessário responder a uma pergunta: cabe considerar isoladamente Mc 2,27? Este dito está inserido na cena em que Jesus discute com os fariseus a partir do fato da coleta de espigas, pelos discípulos dele, em dia de sábado (cf. Mc 2,23-28). Uma leitura rápida levaria a concluir que a frase em questão só se entenderia, então, como parte do desenrolar da polêmica que é narrada. Jesus, pelo fato de considerar o ser humano a razão de ser do sábado, estaria justificando, com este dito, a atitude dos discípulos.

Mas uma observação vem suscitar um questionamento: as cenas paralelas em Mt 12,1-8 e Lc 6,1-5, que narram o mesmo episódio, não trazem o dito sobre a razão de ser do sábado. No texto de Mateus lemos, em seu lugar, uma argumentação sobre as funções dos sacerdotes no sábado e um recurso a Os 6,6 (cf. Mt 12,5-7). Em Lucas a frase é simplesmente omitida.[2] Para Mateus e Lucas a perícope pode existir sem o dito. Assim, a resposta fundamental ao questionamento dos fariseus estaria, também em Marcos, na menção a um episódio da vida do líder rebelde Davi (cf. Mc 2,25 par.; cf. 1Sm 21,1-7). O exame do aparato crítico do *Novum Testamentum graece*, edição conhecida como Nestle-Aland,[3] confirma de forma contundente que esta frase é exclusivamente parte do texto de Marcos, e que não houve a tendência de harmonizar com ele os textos paralelos de Mateus e Lucas.

Além disso, deve-se notar que a sentença em Mc 2,27 é antecedida por um "e lhes dizia", de caráter claramente introdutório, semelhante às introduções aos ditos de Jesus que encontramos, por exemplo, no *Evangelho segundo Tomé*. Por outro lado, esta formulação introdutória é muito utilizada em Marcos, para dar outro rumo à narrativa ou apresentar novos conteúdos (cf. 4,21.24.26.30; 6,10; 7,9; 9,1).

Pode-se ainda tecer outra observação: desde Martin Dibelius e Rudolf Bultmann,[4] pelo menos, se tem notado que no gênero literário de Mc 2,23-28 (chamado por

---

2 Este estudo tem por pressuposto a chamada teoria das duas fontes, segundo a qual Marcos, o Evangelho mais antigo, foi utilizado, junto com um outro escrito chamado pelos estudiosos de "Q", por Mateus e Lucas na composição de seus respectivos Evangelhos.

3 26. ed. Stuttgart: Deutsche Bibelgesellschaft, 1979.

4 Dois importantes exegetas, responsáveis, por volta da década de 1920, pela introdução do método da "crítica das formas", aplicado a textos do Novo Testamento.

Bultmann de "apoftegma"[5]), a cena descrita é mais uma montagem artificial (o que não quer dizer irreal, fantasiosa), uma moldura para inserir o dito do mestre, mais do que o seu local histórico. A cena tem a função de incorporar o dito e propor-lhe uma orientação de significado específica. O dito, porém, pode e deve transcender a circunstância episódica em que ele está inserido. Esta serve como cena de enquadramento, contextualização, aplicação do dito. Mas este é potencialmente mais amplo.

Parece, portanto, que nos defrontamos, em Mc 2,27, com um dito originalmente independente da cena descrita em Mc 2,23-28. Trata-se de um dito que foi incorporado à cena das espigas recolhidas indevidamente. Assim cremos que se justifica o exercício de ler Mc 2,27 para além de seu contexto imediato, a cena descrita em Mc 2,23-28.

b) Um provérbio da sabedoria popular

Cabe inicialmente uma consideração sobre a tradução que propomos do dito. Em vez do costumeiro "o sábado foi feito *para…*", traduzimos "o sábado foi feito *por causa do* (ser) humano, e não o (ser) humano *por causa do* sábado". O que está em jogo aqui é a preposição, que no original grego tem sentido claramente causal (*por causa de*) e não de finalidade (*para*). Tal diferenciação tem sua importância, como veremos.

Tratemos de considerar agora a forma como o dito se apresenta. Trata-se de uma sentença proverbial, como tantas que lemos nas Escrituras hebraicas, provenientes da sabedoria popular que se posiciona sobre as diversas realidades da vida cotidiana.[6] Aqui temos um provérbio que se compreende a partir da importância que o sábado tinha para a vida de Israel. Esta sabedoria que se expressa em ditos mais ou menos longos (todos eles caracterizados como "maxal", no hebraico) está abundantemente presente no Novo Testamento, particularmente nas parábolas e sentenças de Jesus. O papel destes ditos é normalmente o da crítica, da sátira, o da provocação a convenções, regras e comportamentos preestabelecidos, sugerindo novas compreensões ou atitudes diante da realidade. Sendo assim, tais ditos podem ter aplicações variadas, dependendo dos contextos em que eventualmente estiverem inseridos.[7] Nosso pro-

---

5   Narrativa em que um episódio é apresentado como cenário para uma palavra significativa e decisiva, no caso, de Jesus. Trata-se, então, de uma construção literária que gira em torno de uma sentença ou dito de Jesus. Os estudiosos da formas literárias no Novo Testamento têm mostrado como o apoftegma tem características peculiares: ausência de referências quanto ao local da cena; ênfase em aspectos coletivos; prioridade do racional sobre o sobrenatural; traz uma palavra astuta, quase sempre de crítica à ordem estabelecida e com papel regulador para a prática da comunidade (cf. THEISSEN, *The gospels in context*, pp. 112-122).

6   Para fundamentar esta compreensão da sabedoria em Israel, cf. WESTERMANN, *Teologia do Antigo Testamento*, pp. 84-86.

7   Para exemplo de como um mesmo dito pode ter aplicações variadas, dependendo de seu contexto literário, podem-se comparar as funções de Mc 4,25 e Mt 25,29 em suas respectivas perícopes.

Lei, ética e instituições: testemunhos de Jesus e Paulo

vérbio se insere dentro destas características, como víamos antes: não paira sobre as circunstâncias, mas não se "amarra" a nenhuma delas.

Mas antes de buscar seu sentido, devemos notar que nosso dito é, na verdade, formado de duas orações (o sábado foi feito por causa do (ser) humano/ e não o (ser) humano por causa do sábado), sendo que a segunda é feita de uma negação que vem reafirmar o que a primeira propõe. Trata-se de um recurso poético muito comum na literatura hebraica, chamada pelos estudiosos, de forma pouco exata, de "paralelismo antitético". Na verdade, o que temos é uma reiteração pela repetição! A segunda oração até omite o verbo, facilmente identificável pelo recurso à primeira. Evidentemente, o acento principal está na primeira oração do provérbio. É aí que se encontra sua incidência mais expressiva.[8] O que não quer dizer que a segunda oração não tenha sua característica, a da controvérsia. É por ela que percebemos que o ambiente vital deste provérbio é o do debate em torno de práticas concretas. Nosso provérbio marca posição. Cabe agora precisar quais os contornos de seu contexto.

Trata-se, evidentemente, de uma tomada de posição em face (e no interior) da Lei e piedade de Israel. Temos aqui uma radicalização (e não uma flexibilização!) de uma perspectiva fundamental da tradição: o sábado.

E aqui é necessário ter clareza sobre o terreno em que estamos pisando. Costuma-se dizer, com bastante frequência, que Jesus, nesta e em outras passagens, estaria desqualificando o sábado e, por extensão, desdenhando todo o conjunto da tradição de Israel. Esta tendência se insere dentro do quadro, bastante tradicional, de desvincular Jesus de seu contexto, particularmente de seu povo. Além do antissemitismo implícito mas latente, o que temos aí é um completo desrespeito pelo fator histórico. Uma pretensa oposição radical entre Jesus e as tradições de seu povo só pode levar a uma conclusão, aparentemente inconcebível: o quanto tais tradições conformavam, a ele e a gente que o seguia![9]

Na verdade, parece-nos que a perícope de Mc 2,23-28 e, mais especificamente, o dito de Mc 2,27, antes que sugerir o abandono da tradição derivada das Escrituras e do passado de Israel, apontam para uma perspectiva contrária. Jesus não está desqualificando o sábado; ele o está interpretando. Cabe aqui recordar, pelo recurso a textos da literatura de Israel, contemporânea ou anterior aos textos do Novo Testamento, que o sábado era reconhecido unanimemente, mas compreendido diversamente nos diversos grupos sociorreligiosos do Israel de então. Se o sábado (palavra

---

8 Talvez seja por isso que vários manuscritos antigos tragam nosso provérbio apenas com a primeira oração. Cf. O aparato crítico de Mc 2,27 em ALAND. *Synopsis quattuor evangeliorum*, p. 66.

9 Só em textos tardios é que se classificará Jesus como alguém que "não observa o sábado" (Jo 5,18; 9,16). Estes textos, porém, devem ser entendidos à luz do distanciamento progressivo da comunidade subjacente ao Quarto Evangelho em relação à sinagoga devido a circunstâncias da realidade histórica de Israel após o ano 70 d.C. Para mais detalhes sobre esta questão, consultar BROWN, *A comunidade do discípulo amado*; WENGST. *Interpretación del evangelio de Juan*.

hebraica que significa "descanso") tem nas Escrituras várias razões a motivá-lo (o desgaste do trabalho segundo Ex 23,11 e 34,21, a que se associa a ênfase na criação em Gn 2,2-3 e Ex 20,8-11; a memória e a negação da escravidão em Dt 5,12-15[10]), no período tardio do segundo Templo o sábado será um marco fundamental, ao mesmo tempo social e religioso, na vida do povo. Os essênios tinham uma compreensão muito rigorosa da observância do sábado, a ponto de Flávio Josefo afirmar que eles "honram a festa do sábado mais particularmente e com mais diligência que todos os outros judeus" (*Guerra dos judeus*, Livro II). O *Documento de Damasco*, descoberto em Qumrã, tem em duas de suas colunas (10 e 11) diversas prescrições a respeito da observância do sábado.[11] Para outros, o sábado é o dia consagrado ao estudo e à meditação da Torá. Entre os rabinos e escribas fariseus, havia debates acalorados sobre o que se podia ou não fazer no sábado, sendo a escola de Shammai mais rigorosa que a de Hillel. Esta diversidade na compreensão do sábado tinha, também, contornos dramáticos: foi necessário que acontecesse um massacre entre as tropas para que os guerrilheiros macabeus decidissem lutar em dia de sábado contra os selêucidas (cf. 1Mc 2,29-41)!

Assim, deve-se pensar numa religião amplamente plural na sua compreensão do preceito sabático, dentro da qual emerge o movimento de Jesus. E a sentença atribuída a este só adquirirá sua compreensão adequada se a percebermos como uma entre diversas possibilidades de compreender e vivenciar o sábado. E mais: o texto de 1 Macabeus antes citado mostra que nosso provérbio não é a única nem a primeira expressão de entendimento do sábado que o subordina às necessidades vitais dos seres humanos concretos.

O que pensar, portanto, dele? Ele afirma que o sábado só tem razão de ser a partir da vida e das demandas vitais das pessoas. O provérbio relativiza, portanto, compreensões enrijecidas do sábado. Poderíamos ver aí um distanciamento em face das práticas como a dos essênios ou as prescrições da escola de Shammai, que, como vimos, não eram consensuais entre todos os grupos do povo judeu.[12]

Mas justamente aí nosso provérbio se encontra com um dito rabínico, que assim diz: "É a vós que o sábado foi dado, e não vós ao sábado".[13] Embora neste dito rabínico apareça certa prioridade do sábado sobre o ser humano, fazendo supor, em tese, que aquele poderia existir sem este, encontramos nele a mesma perspectiva que lemos

---

10 Para uma exposição das diversas características que o sábado foi tomando no decorrer da história de Israel, consultar SCHWANTES, "E no sétimo dia descansou" (Gn 2,2) — Anotações sobre dívida externa à luz da Bíblia, pp. 10-17.

11 Ler o texto em GARCÍA MARTÍNEZ, *Textos de Qumran*, pp. 83-84.

12 Cf. CHARLESWORTH, *Jesus dentro do Judaísmo*, pp. 79-81.

13 STRACK; BILLERBECK, *Kommentar zum Neuen Testament aus Talmud und Midrash*, v. 2, p. 5. Apesar de ser apresentado como provérbio de um rabino que viveu por volta de 180 d.C., ele poderia provir da época dos macabeus (GNILKA, *El evangelio según san Marcos*, v. 1, p. 143. Ver aí a nota 276).

em Mc 2,27: a subordinação do sábado às necessidades do ser humano é igualmente radical. E, em última análise, esta justificativa para a existência do sábado se percebe claramente nos textos de Gênesis, Êxodo e Deuteronômio que citamos antes. Nosso texto se entende, portanto, como um alerta diante das tendências legalistas e ritualísticas que, próprias de alguns grupos, obscureceriam o sentido profundamente humano e vital da experiência do sábado. Isso de modo algum significa negar o sábado, nem propor-lhe uma compreensão, digamos, "liberal" ou relaxada; pelo contrário, implica não absolutizar o sábado, nem isolá-lo de seu mais profundo sentido, sua razão de ser: a vida de todo homem e mulher, de toda a comunidade humana.

Poderíamos acrescentar uma última observação, a título de conclusão desta parte de nosso caminho: o termo "sábado" da primeira oração parece estar carregado de seu sentido etimológico ("descanso"); é a partir desta compreensão que o texto adquire sua maior pertinência. Evidentemente, o provérbio não está discutindo apenas o sentido de um dia determinado. Já o "sábado" da segunda oração tem o sentido convencional, de dia especial, portador de exigências e prescrições, às quais o texto nega qualquer autoridade sobre as necessidades reais e concretas das pessoas.

c) *Mc 2,27 à luz do Evangelho segundo Marcos*

Aqui seguem apenas implicações, a partir do exposto, a leitura de Mc 2,23-28, perícope pela qual se identifica em Jesus o instituidor de um *éthos* peculiar, inspirado no preceito sagrado da Torá, nem por isso carente de originalidade e de particular incidência. A passagem, claramente, tem em vista a prática da comunidade seguidora de Jesus. É a atitude dos discípulos que está sendo questionada. Busca-se uma justificativa para ela. Mas o que está em jogo no questionamento feito: o sábado ou o que se poderia chamar, eufemisticamente, de "apropriação indevida"?

Ficou claro, por tudo que já foi exposto, que é no bojo da redação do *Evangelho segundo Marcos* que entendemos ter ocorrido a inserção do v. 27 na perícope em questão. Esta constatação traz, inevitavelmente, outra: a de que o v. 28 só tenha sua existência aí a partir de sua dependência do v. 27.[14] Assim sendo, a perícope originalmente teria os contornos próximos a Mc 2,23-26. A prática da comunidade que é objeto de questão é, fundamentalmente, a que visa suprir a fome. Não é uma suposta violação do sábado. Mostra-o bem a resposta de Jesus, mencionando um episódio referente ao líder rebelde Davi, que se apropria de pães que não lhe cabiam.

Sendo assim, a inserção do v. 27 (e 28) no conjunto da perícope representou para esta uma inflexão diferenciada. A fome não apenas sujeita as prescrições da vida so-

---

14   Sabemos que esta opinião é passível de discussão. Afinal de contas, Mateus e Lucas têm, em seu seus textos, o correspondente ao v. 28 de Marcos sem terem o correspondente ao v. 27. Porém, pensamos, com John D. Crossan, que isso se deve mais a uma postura deliberada de Mateus e Lucas, de omitir um dito de tamanhas possibilidades de aplicação (cf. CROSSAN, *O Jesus histórico*, p. 293).

cial; determina também o entendimento das regras religiosas. O provérbio aparece aí como uma advertência contra a contínua e renitente, antiga e sempre nova tentação de instituir regras e ritualizações que levem a um legalismo que acaba sufocando as pessoas.[15]

2. Paulo

Tratar da relação entre Paulo e a Lei judaica em poucas páginas é, efetivamente, entrar em terreno minado, seja porque o tema tem sido muito frequentado ao longo da história do pensamento cristão, seja por conta de algumas interpretações "dogmatizantes" do que o apóstolo diz especialmente na Carta aos Romanos, seja porque, por estranho que pareça, Paulo fala muito a respeito, mas sempre de forma fragmentária, em debate com posições distintas e por vezes antagônicas, principalmente na Carta aos Gálatas e na já citada aos Romanos.[16] Por outro lado, o entendimento do pensamento paulino no seu todo também coloca uma série de complexidades, que não podemos discutir aqui. Para nossos limitados propósitos, ressalte-se o desafio, já mencionado em nossa introdução, de considerar que todo o debate que Paulo propõe a respeito da Lei tem como ponto de partida sua matriz divina, e sua promulgação por anjos (cf. Gl 3,19). Assim, será preciso situar a problemática paulina sobre ela no bojo de um horizonte mais amplo, que exige considerar principalmente o caráter escatológico que ele quer imprimir às comunidades que estabelece e às quais se dirige, o alcance potencialmente universal do que Deus realizou em Jesus Cristo e a própria discussão sobre a identidade judaica em um mundo helenizado de que Fílon de Alexandria é testemunha importante.[17] Sobre essas questões não podemos tratar aqui de forma extensiva; algo a seu respeito aparecerá à medida que formos expondo os aspectos mais importantes que nossa estrita questão nos apresenta.

a) A lei e o povo judeu

Quando se fala da discussão que Paulo estabelece em relação à Lei, é preciso considerar que ela se refere àquele elemento que, como já foi visto, aponta para a identidade judaica, dado particularmente importante em se tratando da Diáspora, contexto do nascimento de Paulo e de sua atividade missionária refletida nas cartas. Por outro lado, é preciso evitar a armadilha, em que muitas vezes se caiu, de asso-

---

15   Parece que o próprio evangelista percebeu a extrema radicalidade do provérbio que recolheu, a ponto de buscar reduzir seu impacto pelo acréscimo de 2,28, onde o Filho do Homem, embora originalmente pudesse ser sinônimo de "humano", tem significação claramente cristológica. Mas é justamente a sua condição "humana" que o torna, na lógica da perícope, senhor do sábado!

16   Cf. SANDERS. *Paulo, a lei e o povo judeu*, pp. 13-15.

17   Sobre o Judaísmo na diáspora, serve como visão geral BARCLAY, *Jews in Mediterranean Diaspora*.

Lei, ética e instituições: testemunhos de Jesus e Paulo

ciar a discussão sobre a Lei, lida em Gálatas e em Romanos, a um eventual descarte do elemento ético na configuração do que se poderia chamar "sistema religioso" paulino.[18] E ainda: convém privilegiar Gálatas diante de Romanos, dadas as circunstâncias específicas que motivaram a escrita de cada uma dessas cartas: o ardor da disputa suposta naquela permite compreender melhor o que está em jogo naquele decisivo embate.

O que efetivamente constitui o pomo da discórdia, a polêmica que se lê na Carta aos Gálatas, refere-se à forma da incorporação de pessoas de origens diversas no interior do povo judeu, e da permanência nele. Tal proselitismo, que por muito tempo se julgou característica distintiva do Cristianismo em face da religião de Israel, era particularmente intenso no século I de nossa era ao longo da costa mediterrânea, e resultou num número expressivo de pessoas alçadas à condição de "tementes a Deus" (veja-se, por exemplo, o caso do romano Cornélio, narrado em Atos 10). Comentando o judeu Fílon, helenístico como Paulo, umas décadas mais velho que este, Peder Borgen identifica três aspectos básicos que envolviam esse processo de "conversão": (1) o religioso, que supõe basicamente o abandono do culto dos vários deuses para cultuar a verdadeira e única divindade (nos termos lidos em 1Ts 1,9); (2) o ético, ou seja, passar dos vícios pagãos às virtudes judaicas (algo similar a essa contraposição pode ser lido em Gl 5,16-24); (3) o social ou nacional, que poderia implicar o abandono da família e dos costumes ancestrais para ingressar numa "nova e divina comunidade" (expressão de Fílon).[19]

Mestres e missionários judeus tinham eventualmente concepções distintas sobre esses aspectos, a interação entre eles, e de que forma seria necessário explicitá-lo nos processos de acolhida de novos adeptos para a religião de Israel. E que Paulo se situa neste âmbito evidencia-o a discussão que é produzida pela presença de outros missionários "cristãos" na Galácia que efetivamente acentuavam a necessidade da "conversão" nos aspectos anteriormente mencionados, mas também consideravam indispensável, para a permanência do adepto no seio do povo de Deus, a ritualização dessa pertença por meio da circuncisão corporal. Diferentemente de Paulo, os opositores que ele ataca na carta "querem persuadir os cristãos gálatas a aceitarem a circuncisão corporal como complemento necessário para a permanência no interior do povo de Deus".[20]

Fundamentalmente, a polêmica de Paulo em relação à Lei judaica deriva de sua discordância nesse ponto essencial. E, por mais diferente que seja no conteúdo, a

---

18 A Carta de Tiago, com sua notável perícope sobre "a fé e as obras", parece reagir a algum "paulinismo" desprovido de imperativos éticos, se é que não terá sido o próprio autor da carta a entender a proposta paulina desta forma.

19 Cf. BORGEN, *Early Christianity and Hellenistic Judaism*, p. 260.

20 Ibid., p. 261.

postura paulina tem uma proximidade curiosa com a proposta por Fílon. Para este, "prosélito não é aquele que circuncidou sua incircuncisão, mas aquele que (circuncidou) seus desejos e prazeres sensuais e outras paixões da alma". Comenta Borgen:

> Fílon oferece aqui uma resposta à pergunta sobre quando uma pessoa recebe o *status* de prosélito na comunidade judaica e deixa de ser um pagão. Neste dito é a circuncisão ética, e não a corporal, o requisito básico para o ingresso na comunidade judaica. Circuncisão corporal era um dos mandamentos a que os prosélitos deviam obedecer ao receberem o *status* de judeu.[21]

Assim, não é o ético, ou o jurídico, que se está pondo em discussão, assim como também não é esse o tema principal das polêmicas paulinas a esse respeito. O que o evidencia é justamente o fato de em Gálatas encontrarmos uma reação intensa contra a exigência, imposta por missionários judeus (certamente vindos de Jerusalém), da circuncisão corporal. Basta ler o capítulo 5 da carta para verificar que é em torno disso, efetivamente, que se está pelejando. Seguro que, com a circuncisão, impõe-se a observância de outras exigências legais, entre as quais as restrições alimentares são as de maior destaque, além do respeito a dias ou tempos sagrados, justamente aqueles itens que distinguem judeus de não judeus.

b) *"Tudo me é permitido, mas nem tudo me convém"*

Por outro lado, e aí se passa a Romanos, Paulo insiste em que os comportamentos previstos na Lei judaica impõem-se aos "cristãos". Permita-se aqui uma síntese valiosa, de Ed P. Sanders:

> As cartas de Paulo não são haláquicas, embora tratem de pontos específicos do comportamento. Ele tende a não citar uma lei para depois deduzir dela normas de comportamento. Apesar disso, há um sentido importante no qual suas ideias sobre comportamento funcionam como lei: a existência de castigo para a desobediência e de recompensa para a obediência [...]. Ao refletir sobre o comportamento adequado para ser cristão, Paulo não viu incongruência entre "viver pela fé" e "cumprir a lei".[22]

Mas seguramente a discussão ensejada pelos conflitos vividos em torno da missão junto aos gálatas, que levou Paulo a uma relativização de aspectos da Lei bastante relevantes, exigiu dele especular sobre eventuais fontes outras para pensar a vida das Igrejas que foi estabelecendo na Grécia e na Ásia Menor. Efetivamente, em Corinto o missionário há de se defrontar com desafios significativos nesta matéria,

---

21 Ibid., pp. 260-261. A citação de Fílon é extraída desta obra, à p. 260.

22 SANDERS, *Paulo, a lei e o povo judeu*, pp. 134s.

especialmente a partir de sua convicção, expressa de forma categórica em 1Cor 6, que tribunais conduzidos por infiéis não têm competência para dirimir questões que afetam o cotidiano das relações entre os "santos". Ele parece ter tido de enfrentar, naquela Igreja, alguns setores que julgavam estar, por conta da liberdade diante da Lei, isentos de qualquer compromisso ético, convictos de que "tudo lhes era permitido" (1Cor 6,12): "Eles reivindicam uma liberdade ilimitada, entendida como capacidade de agir sem nenhuma restrição em relação ao mundo, como claro domínio do 'eu' espiritual sobre tudo, como poder absoluto de dispor da realidade exterior".[23]

Mas permitimo-nos aqui, em nome da brevidade, pontuar alguns aspectos da, até certo ponto, negligenciada Carta a Filêmon, a mais curta das cartas conhecidas de Paulo e "a que mais se aproxima do modelo das cartas helenistas, especialmente as intercessoras".[24]

O cenário mais provável é relativamente simples, embora a falta de detalhes obrigue a uma reconstrução hipotética. Onésimo, escravo de Filêmon, foge de seu senhor, líder de uma Igreja que se reúne em sua casa. Foge e busca refúgio em Paulo, que nessa oportunidade se encontra preso. Este o batiza, e surpreendentemente o envia de volta a seu até então senhor, portando uma carta, que é justamente essa que hoje lemos no Novo Testamento. Nela Paulo diz esperar que Onésimo, que fugira como escravo, seja recebido por Filêmon não mais nessa condição subalterna e coisificada, mas como "irmão". Portanto, entendemos, ao contrário de muitas interpretações do passado e do presente, que o que está sendo advogado em favor de Onésimo é sua liberdade, sem ressalvas.[25]

Mas é curioso notar como Paulo se vê desafiado a escrever de maneira ao mesmo tempo eficaz (no sentido de alcançar seu objetivo) e, se assim se pudesse dizer, não impositiva. Para tanto, faz, aqui, uso extremo de todas as possibilidades que a sua habilidade retórica lhe apresenta. Ele faz questão de dizer, uma e outra vez, que não quer mandar, apenas pede. Confia em que seu amigo fará mais do que lhe está sendo pedido. Chega a ser apelativo, ao relembrar ao destinatário da carta a sua condição de velho, e agora prisioneiro pela causa do Evangelho. Na verdade, este último parece possuir, segundo o apóstolo, todas as prerrogativas necessárias a que se alcance o fim almejado, a liberdade de Onésimo, assumido para sempre, pelo agora seu ex-senhor, como irmão:

---

23 BARBAGLIO, *As cartas de Paulo (I)*, p. 231.

24 BROWN, *Introdução ao Novo Testamento*, p. 665.

25 Não parece, portanto, ser adequada a posição de um James Dunn, para quem "a consideração mais importante era a de que a relação de ambos, Filêmon e Onésimo, com o mesmo Senhor relativizava totalmente a relação mútua entre ambos, *também se continuasse a ser relação entre senhor e escravo*" (DUNN, *A teologia do apóstolo Paulo*, p. 787). O autor claramente lê Filêmon à luz das *Haustafeln* ("listas de normas domésticas") de Colossenses e demais escritos pós-paulinos, como, aliás, tem sido a prática mais constante.

> Não é suficiente o que se faz por exigência externa ou mandamento legal, nunca será bastante nem jamais o seria. Os decretos que se impõem sobre a consciência vêm de fora para dentro e nunca ao contrário, mesmo se cumpridos em vez de resistidos. Se Paulo ordenasse e Filêmon obedecesse, esse relacionamento não o transformaria definitivamente para o futuro. Mas se, ao contrário, Filêmon internalizasse a atitude de Paulo em face desta contradição "proprietário cristão de um escravo cristão", ele saberia como administrar não só a presente situação, mas todas as que viriam depois.[26]

Paulo, muito modernamente, pensa em termos do sujeito: a relatividade da Lei instituída (e ele pensa do particular para o geral) abre ao mesmo tempo possibilidades e desafios (como se descobre, no meio de tudo, que é permitido, aquilo que convém?), que os enfrentamentos registrados nas cartas permitem apenas imaginar: de que valem as leis para Igrejas feitas de pessoas que Paulo quer convencer de sua identidade escatológica, para quem há de ser seguro que "a figura deste mundo passa" (1Cor 7,31) e que "a noite passou, e o dia se aproxima" (Rm 13,11)? No fim das contas, ao menos em termos ideais, "o comportamento que brota no crente pela sua fidelidade aos impulsos do Espírito é um comportamento de adesão às máximas aspirações éticas do coração do homem e da lei hebraica".[27]

c) Ética para uma comunidade escatológica

Não foi à toa que os principais desafios vividos por Paulo, a partir de sua convicção da relatividade da Lei e das implicações daí decorrentes, ele os enfrentou na sua relação com a Igreja de Corinto. Com efeito, nesta "as fronteiras não eram tão claras, na qual as questões éticas surgiam precisamente porque os crentes compartilhavam muitos dos valores da sociedade circundante".[28] Mas justamente a tarefa de Paulo consiste em estabelecer tal demarcação: "Que a Igreja pertence ao *eschaton* e não à realidade histórica não é um elemento 'desmitificável' no pensamento paulino".[29] Daí, por exemplo, a censura que o apóstolo dirige a uns membros da Igreja de Corinto que abriram um processo contra um irmão, "diante de incrédulos" (1Cor 6,1-11; aqui v. 6). Isso soa absurdo, visto que, de acordo com suas convicções escatológico-apocalípticas, são os santos (ou seja, os membros da Igreja) que julgarão o mundo! O contraste que se propõe, agora não mais em relação à Lei, mas no tocante às instituições jurídicas da *pólis*, não poderia ser mais brutal. E é preciso ter

---

26 CROSSAN; REED, *Em busca de Paulo*, p. 109.

27 PESCE, *As duas fases da pregação de Paulo*, p. 235.

28 DUNN, *A teologia do apóstolo Paulo*, p. 775.

29 PESCE, *As duas fases da pregação de Paulo*, p. 225.

coragem para extrair as consequências que daí decorrem, e muita imaginação para entender como esse pensamento foi "domesticado" com o passar do tempo:

> A *ekklesía* não pode propor-se uma transformação para melhor daqueles tribunais, mediante uma cristianização deles [...]. O princípio cristão é intraduzível em leis, em instituições públicas, em cultura. E tampouco pode dar lugar a uma cristianização das instituições.[30]

Como se vê, é preciso não perder de vista o horizonte apocalíptico diante do qual Paulo se movia, que dava sentido ao seu agir e a seus posicionamentos. Será necessário levar em conta que Paulo não age em função de um mundo e uma Igreja estabelecidos de forma estável, mas num contexto de "gemidos e dores de parto" (cf. Rm 8,22). Sem Lei, com o desafio do discernimento constante sobre "o que convém", na consciência de pertencer a uma comunidade escatológica: à luz desses tópicos, o complexo olhar paulino sobre a ética e as instituições públicas, inclusive aquelas que se apresentavam como da justiça, ficará mais bem compreendido. E também resultará mais desafiador entender como dizeres assim tão radicais e situados puderam continuar fazendo história quando o contexto que os gerou deixou de existir.

3. Conclusão

O presente ensaio, como se disse, apresentou-se modesto em suas pretensões, e assim terá sido lido. Nem de longe foi possível enfrentar todos, nem mesmo os mais importantes, problemas que a temática geral desse volume enseja. Particularmente seria preciso visitar a decisiva passagem de Mt 5,21-48, que apresenta Jesus, qual um novo legislador, discutindo o que poderíamos chamar a "regulamentação" de preceitos do decálogo israelita ("Ouvistes o que foi dito [...]; eu, porém, vos digo [...]"), e o ensino que o mestre de Nazaré aí expõe sobre o caminho da justiça que desemboca em Mt 25,31-46 ("porque eu tive fome [...]; tive sede [...]"). Mas queremos crer que os dois cenários que procuramos delinear terão proporcionado uma primeira aproximação promissora à temática: a relativização de preceitos rituais em favor da dimensão ética, centrada na consideração das demandas básicas do ser humano (Jesus); e uma perspectiva apocalíptica que vê na ressurreição do crucificado a inauguração dos novos tempos, que põe a marginalizada comunidade de fé em rota de colisão com o *modus vivendi* da sociedade circundante, porque desafiada a viver já aqui um *éthos* que se paute nos valores que fundam nada menos que a nova criação. Diante disso a observância dos preceitos rituais da Lei (particularmente aqueles mencionados) torna-se obsoleta (Paulo).

---

30 Ibid., p. 225.

4. Referências bibliográficas

ALAND, Kurt. *Synopsis quattuor evangeliorum*. 13. ed. Stuttgart: Deutsche Bibelgesellschaft, 1988.

BARBAGLIO, Giuseppe. *As cartas de Paulo (I)*. São Paulo: Loyola, 1989.

BARCLAY, John M. G., *Jews in Mediterranean Diaspora*; from Alexander to Traian (323 B. C.E-117 C. E.). Edinburgh: T&T Clark, 1996.

BORGEN, Peder. *Early Christianity and Hellenistic Judaism*. Edinburgh: T & T Clark, 1996.

BROWN, Raymond. *A comunidade do discípulo amado*. São Paulo: Paulinas, 1984.

_____. *Introdução ao Novo Testamento*. São Paulo: Paulinas, 2004.

CHARLESWORTH, James H. *Jesus dentro do Judaísmo*. Rio de Janeiro: Imago, 1992.

CROSSAN, John D. *O Jesus histórico*. Rio de janeiro: Imago, 1994.

CROSSAN, John D.; REED, Jonathan. *Em busca de Paulo*; como o apóstolo de Jesus opôs o Reino de Deus ao Império Romano. São Paulo: Paulinas, 2007.

DUNN, James. *A teologia do apóstolo Paulo*. São Paulo: Paulus, 2003.

GARCÍA MARTÍNEZ, Florentino. *Textos de Qumran*. Petrópolis: Vozes, 1995.

GNILKA, Joachim. *El evangelio según san Marcos*. Salamanca: Sígueme, 1986,

PESCE, Mauro. *As duas fases da pregação de Paulo*. São Paulo: Loyola, 1996.

SANDERS, Ed P. *Paulo, a lei e o povo judeu*. São Paulo: Paulinas, 1990.

SCHWANTES, Milton. "E no sétimo dia descansou" (Gn 2,2) — Anotações sobre dívida externa à luz da Bíblia. *Contexto Pastoral*, v. 2, n. 9, Campinas, 1992.

STRACK, Hermann L.; BILLERBECK, Paul. *Kommentar zum Neuen Testament aus Talmud und Midrash*. 2. ed. München: C. H. Beck'sche Verlagsbuchhandlung, 1983.

THEISSEN, Gerd. *A religião dos primeiros cristãos*; uma teoria do cristianismo primitivo. São Paulo: Paulinas, 2009.

_____. *The gospels in context*; social and political history in the synoptic tradition. Minneapolis: Fortress Press, 1991.

WENGST, Klaus. *Interpretación del evangelio de Juan*. Salamanca: Sígueme, 1988.

WESTERMANN, Claus. *Teologia do Antigo Testamento*. São Paulo: Paulinas, 1987.

CAPÍTULO X

Cristianismo e direito

José Comblin

Cristianismo e direito situam-se em dois níveis diferentes. Não têm o mesmo objeto. O Cristianismo é um messianismo: é um projeto que é, ao mesmo tempo, uma promessa, o anúncio do Reino de Deus. O Reino de Deus é um mundo transformado, porque este mundo não é de Deus: não é o mundo que Deus tinha criado. O messianismo é o anúncio de uma humanidade renovada em que reine a justiça e a paz, em que todos se tratem como irmãos. Para muitos é uma ilusão, um sonho, uma coisa irrealizável nesta terra dada à humanidade que existe e nunca se prestará a isso. Jesus anunciou esse Reino, mas não definiu datas, não definiu as etapas, não definiu a estratégia. No entanto, desde há dois mil anos, milhões de discípulos acreditaram e viveram para que esse anúncio se tornasse realidade. Não completaram a sua tarefa, mas não viveram em vão, porque algumas transformações houve, alguns setores da humanidade melhoraram e se aproximaram mais das promessas feitas a Abraão. Jesus não prometeu que esse Reino de Deus chegaria à sua plenitude nesta terra. Mas ele quis que os seus discípulos trabalhassem nesse sentido.

O direito trata da humanidade tal como é agora. Procura organizar a vida social da melhor maneira possível, procurando salvar a vida das pessoas e da sociedade na medida do possível. Organiza a vida de indivíduos dotados de virtudes, mas também afetados por muitos vícios. O seu problema é: como organizar a paz num mundo de pecadores? O direito varia de uma civilização para outra, varia com as épocas históricas, com as relações de força dentro da humanidade. Os impérios sempre tiveram o sonho de impor o mesmo direito a todos os seus povos. O império ocidental que começa no século XVI teve esse sonho. Identificou os seus códigos com a verdade universal. Mas os impérios não são eternos. Os nossos descendentes poderão ver o direito imperial chinês substituindo no Brasil o direito imperial ocidental. Por enquanto vamos examinar as relações entre o Cristianismo e o direito ocidental contemporâneo.

1. O Cristianismo em face do direito

a) O Cristianismo inicia um novo modo de viver como ser humano

Doravante, ser humano é viver como Jesus, imitar Jesus, seguir o caminho de Jesus. É o que se chama a revelação. Jesus não veio fundar uma nova religião, nem fundar um novo culto, uma nova moral, uma nova instituição religiosa. Isso fizeram os seus discípulos no decorrer da história com mais ou menos fidelidade ao caminho de Jesus.

Jesus declara obsoletas todas as leis do seu povo e do império. Os seus discípulos não se interessam pelas leis, são livres de todas as leis porque a lei foi substituída pelo amor. Jesus nunca obedece a uma lei porque sempre age por amor. Assim teriam que ser os discípulos.

Paulo explicita essa radical transformação operada por Jesus: para os cristãos, não existe lei, e os gálatas foram severamente repreendidos porque ainda se submetiam a leis e regras religiosas. Porém, Paulo reconhece que a lei foi boa como pedagogia, como preparação das pessoas que ainda não conheciam o caminho de Jesus (cf. Gl 3,1-29).

Aqui os juristas modernos vão sentir-se aliviados: estão pensando que o tempo da pedagogia ainda não passou e que os povos no meio dos quais trabalham ainda estão na fase da pedagogia. Em parte eles têm razão. Mas não podem considerar essa concessão como uma dispensa da revelação de Jesus. Ainda que os povos estejam na fase da pedagogia, devemos esforçar-nos para que tenham acesso ao conhecimento do caminho de Jesus.

b) Jesus perdoa

Não condena, não castiga. Não tem inimigos e não quer que os seus discípulos tenham inimigos (cf. Lc 6,27-38). Todos terão que ser tratados como amigos. Jesus quer que perdoemos tudo, até as dívidas, como consta na oração do Pai-nosso: "Perdoa-nos as nossas dívidas como também nós perdoamos aos nossos devedores" (Mt 6,12). Essa oração é tão forte que a hierarquia não a suportou e mudou o Pai-nosso de Jesus. Na missa, o povo reza assim: "Perdoa-nos as nossas ofensas como também perdoamos aos que nos têm ofendido". Assim é mais aceitável. A hierarquia achou que Jesus tinha exagerado. Pois ele cortava todo o sistema bancário. Não podemos prometer isso a Deus.

Jesus condena a vingança (cf. Mt 5,38-42). Sabe muito bem que a vingança está profundamente enraizada nos seres humanos. A história na Igreja mostra infinitas infidelidades a esse ensino na própria Igreja: a Inquisição, a caça às bruxas e as penas previstas no Código de Direito Canônico até agora, e aplicadas tantas vezes no passado e ainda no presente. Procuram justificar a vingança dizendo que se trata de justiça e não de vingança. Porém, a justiça de Deus é misericórdia.

Dizem que o castigo tem por finalidade a conversão do malfeitor. Mas o que acontece não é a conversão e sim o endurecimento. A mesma justificativa é invocada no direito moderno. Dizem que os castigos são meios para corrigir o malfeitor, embora suceda o contrário. Criaram um "Ministério da Justiça", quando seria melhor dizer que há um "ministério da vingança". O que se chama justiça e poder judiciário é exercício da vingança coletiva. Basta ver todas as humilhações e degradações humanas infligidas nas casas penitenciárias para perceber que se trata não de pedagogia, mas sim de vingança. Os presos são tratados como inimigos e seres infra-humanos. Se se tratasse de uma obra de recuperação dos malfeitores, as penas seriam determinadas pelos juízes em função do tempo necessário para realizar essa recuperação. Não acontece nada disso. As penas expressam a intensidade da vontade de vingança. Dizem que os castigos são exemplos para outros para evitar que imitem condutas condenáveis. Mas isso não acontece. Os modernos querem esconder que a sociedade está dominada pela vingança. Mas os fatos estão aí: os presos não são tratados como irmãos que precisam ser recuperados e reeducados, mas sim como inimigos que precisam ser destruídos.

Não podemos acusar os legisladores ou os juízes porque eles aplicam a vontade de vingança que está no povo. Muitas vezes o povo quer uma pena superior ao que infligiu o juiz. Muitas vezes o povo queria a pena de morte. O pior é que pessoas que se dizem cristãs colaboram com esse sistema social ou associal. Aqui está o maior conflito entre o anúncio de Jesus e o que fazem os cristãos.

c) Jesus rejeita a violência

Jesus não quer reinar pela espada. Não quer matar. No entanto, a principal instituição de todas as sociedades sempre foi a guerra. A guerra sempre foi sagrada. Ela sempre foi a prioridade absoluta. Sempre as forças armadas foram tratadas com um respeito excepcional. Será muito difícil julgar um militar que cometa um delito ou um crime. Os vencidos são tratados com vingança, mas aos vencedores tudo se permite. A guerra dispensa todas as leis e todas as repressões.

De novo a história mostra as infinitas infidelidades dos cristãos: as guerras do Império Romano, as guerras contra os povos pagãos na alta Idade Média, as Cruzadas contra o Islã ou contra os hereges, as guerras de religião entre cristãos desde o século XVI, as guerras coloniais para conquistar e dominar a América, a África, a Ásia, a Oceania. Tudo isso foi feito em nome de Deus.

Jesus foi ao encontro dos seus perseguidores, não quis defender-se pelas armas e se deixou crucificar sem resistência. Espera a mesma atitude dos seus discípulos.

d) Para a Bíblia, o papel da autoridade é defender os pobres (Salmo 72)

Mas Jesus não funda nenhuma autoridade, nenhum poder sobre os seres humanos. Mais tarde apareceram autoridades dentro da própria Igreja. No decorrer da história, tais autoridades buscaram muitas vezes a aliança com os poderes da sociedade estabelecida: com os imperadores romanos, com os reis dos visigodos e dos francos, com o Santo Império da nação germânica, com os reis católicos, com os Estados contemporâneos. Essas autoridades tiveram que legitimar sociedades que oprimiam os pobres.

e) Quem vai realizar o Reino de Deus?

Segundo o Evangelho, serão os pobres. Jesus confia essa tarefa aos pobres e não pede a ajuda de nenhum poder humano. Parece loucura, e de fato frequentemente as autoridades da Igreja buscaram o apoio do poder humano. Ouvi um núncio apostólico declarar que, sem aliança com os poderes, a Igreja não pode evangelizar.

De fato, os pobres são o que é mais fraco na sociedade. Jesus não pensa que eles vão conquistar poderes humanos para estabelecer o Reino de Deus. Quer que o busquem pela força do amor, pela força da palavra, da paciência, e finalmente da perseguição à Loucura de Deus, que, na verdade, é louco. Como diz Paulo a sabedoria de Deus é loucura para os homens. Durante séculos a Igreja cristã foi proibida: foi nesses tempos que foi mais gloriosa e deu o testemunho mais fiel. Ainda no século XX, a Igreja foi proibida em varias nações e ali estava a sua parte mais forte e mais convincente.

O que o Cristianismo pode ensinar ao direito tal como é concebido no mundo ocidental? É o que veremos agora.

2. O direito

a) O olhar cristão permite-nos descobrir que na sociedade ocidental há dois direitos

As leis são as mesmas para todos, mas não se aplicam da mesma maneira. Por conseguinte, mesmo com as mesmas palavras, elas têm dois sentidos diferentes.

Há o direito dos ricos e o direito dos pobres. O direito dos pobres diz que não podem roubar, e esse direito se aplica rigorosamente. Mas o direito dos ricos diz que podem roubar terras nacionais ou terras de pequenos agricultores e não acontece nada. O direito dos pobres diz que devem pagar os impostos. Mas o direito dos ricos diz que devem pagar o que querem, e o resto eles podem mandar para as ilhas Cayman e ninguém irá reclamar. Se um pobre comete uma contravenção nas leis do trânsito, deve pagar a multa. Se é rico, não deve pagar nada. Se um pobre comete um delito, vai para a cadeia. Se é rico, recebe um *habeas corpus*.

É verdade que o direito dos ricos é implícito. Não se explicita nos textos dos códigos. Mas os juízes, os delegados, os advogados conhecem-no muito bem. Não precisam de textos. Esta situação não é própria do Brasil. Ela se acha em todo o mundo ocidental. Pode ser que a situação seja a mesma nos outros mundos, mas não tenho experiência suficiente para julgar.

Numa inspiração cristã, haveria também dois direitos. Mas haveria um direito para privilegiar os pobres e outro para exigir mais dos ricos. Estamos bem longe disso, mas os discípulos de Jesus não podem conformar-se com a situação atual. Vão defender com perseverança o ensino de Jesus.

b) O direito na ideologia liberal

O direito que predomina nas chamadas democracias está inspirado na ideologia liberal. As duas raízes estão no Iluminismo do século XVIII. Esta ideologia parte de um princípio: todos os homens são iguais. É mais do que evidente que todos os homens não são iguais. Todos os poderes estão concentrados numa pequena minoria, e a imensa maioria precisa conformar-se. Essa igualdade pode ser um ideal, mas é evidente que os que detêm o poder não querem saber de igualdade e fazem todo o possível para aumentar as desigualdades. Hoje em dia isto está mais claro do que nunca, porque a evolução da economia desarticulou as poucas forças que os pobres tinham conseguido conquistar. A crise financeira mostrou com uma evidência nunca igualada quem manda no mundo. Os donos do poder econômico obrigaram o povo a dar-lhes um dinheiro que ninguém jamais teria imaginado e que poderia ter sido capaz de resolver os problemas da extrema pobreza. Os governos curvaram a cabeça, e os povos tiveram que ficar calados. Toda a mídia assumiu a defesa dos que exploraram os povos.

Em segundo lugar, a ideologia liberal afirma que todos os poderes emanam do povo. Invocam as constituições liberais, que proclamam que todas as leis derivam da vontade do povo, porque emanam dos representantes eleitos pelo povo. Na prática nada disso acontece. Consta atualmente que, se os povos europeus tivessem sido consultados, jamais teria nascido o complexo de instituições que compõem o que se chama de União Europeia. Nos Estados Unidos, desde há muitas gerações, a metade dos eleitores não vota porque sabe que o seu voto não terá nenhuma importância e que serão sempre os mesmos que vão mandar. Nas democracias da América Latina, a situação não é muito diferente quando o voto não é obrigatório. De todos os modos, os eleitos não se importam com o que podem pensar os que os elegeram. Sabem usar os meios de comunicação para ganhar as eleições qualquer que seja o programa. Por sinal, todos têm o mesmo programa, porque todos prometem o paraíso.

O direito liberal foi elaborado pela burguesia para destruir os privilégios da monarquia, da nobreza e do clero. O clero impedia todas as expressões intelectuais da burguesia pelo controle das heresias. O clero e a nobreza eram os maiores proprietários, sem contribuir em nada com o progresso econômico do país. O clero e a nobreza gozavam de inúmeros privilégios em matéria judiciária, fiscal, e eram objeto de honras exorbitantes, ao contrário dos burgueses, que eram o motor da nação.

A burguesia liberal queria a liberdade de expressão, de pensamento, de comércio e de atividade produtiva. A burguesia queria a igualdade com os nobres e o clero em todos os domínios da vida nacional. Mas os burgueses não estavam buscando a igualdade com os seus empregados ou com os camponeses que cultivavam as suas terras ou com os operários das suas fábricas.

Depois de duzentos anos, os trabalhadores dão-se conta de que os burgueses ocupam agora as posições que eram do clero e da nobreza com todos os seus privilégios. Os operários conseguiram conquistar a duras penas alguns direitos dos trabalhadores. Estes direitos sociais são sempre ameaçados pela voracidade dos donos do país que querem reservar-se a maior parte possível da produção. Os trabalhadores conseguiram implantar um direito do trabalho. Na atualidade os donos conseguiram desarticular em grande parte o movimento operário, de tal sorte que os direitos dos trabalhadores são cada vez mais precários.

Na atualidade, o direito liberal serve para esconder a realidade e legitimar a situação social estabelecida.

3. A evolução do direito no Ocidente

a) O costume

Nas origens do direito está o costume. Quando a humanidade não tinha desenvolvido a escrita, valiam os costumes transmitidos por via oral. Não se podia saber quando e como tinham nascido esses costumes. A grande força dos costumes era a sua antiguidade. Os anciãos eram os depositários dos costumes, o que favorecia a permanência. A antiguidade não é sinônima de justiça. As estruturas sociais fundadas nos costumes podiam ser mais ou menos justas. Era difícil criticá-las.

b) O direito do rei

Com o desenvolvimento econômico que permitiu que houvesse excedentes de produção, alguns indivíduos mais poderosos conseguiram ser os chefes das antigas comunidades para reservar-se a si próprios esse excedente, tudo aquilo que não era consumido imediatamente. Começa o direito dos reis, dos chefes, base do direito imperial, que será a sua forma mais elaborada. Essa ascensão de chefes coincide com a invenção da escrita. O direito dos reis não deriva do costume. Precisa de documentos escritos que afirmam a sua existência e a necessidade de obedecer.

O direito imperial é o direito que procede do imperador. Este outorga aos seus povos os códigos que expressam os seus poderes. Então o direito enuncia os direitos do chefe. Na Bíblia, temos um exemplo bem interessante daquilo que é o direito do rei. Está no Primeiro Livro de Samuel, capítulo 8, versículos de 10 a 22. O exemplo mais famoso do direito imperial são os códigos de Justiniano. Na definição desse direito, não houve nenhuma participação popular. O próprio chefe impõe os seus poderes que chama de direito. São os direitos que se atribuiu a si mesmo. Quando há uma pressão popular muito forte, o rei pode fazer concessões ao seu povo e conceder-lhe certos direitos. Estes são revogáveis a qualquer momento.

Os católicos têm uma experiência muito significativa do direito imperial. Pois o direito chamado canônico, que rege a vida interna da Igreja Católica, é um modelo perfeito de direito imperial. O povo cristão não teve nenhuma participação na definição desse direito. O direito é feito pelo papa e pelos seus funcionários. O primeiro código foi publicado em 1917, apresentado como se fosse do Cardeal Gasparri. Na realidade, foi escrito em grande parte por Dom Pacelli, que tornou-se mais tarde o Papa Pio XII. Jamais o povo foi consultado. Esse código define todos os poderes dos papas, dos bispos e do clero. Os leigos não têm direito nenhum. O direito dos leigos, como dizia Pio X, é obedecer. Na Igreja Católica, até agora nenhuma concessão foi feita ao povo. Mais importante também: esse direito é sacralizado, como se emanasse de uma vontade de Deus, de tal sorte que uma desobediência é um pecado. Nenhum imperador jamais sonhou com um poder igual.

Apareceram contestações do poder dos reis e do seu direito. O fato histórico mais famoso foi o que aconteceu na Grécia no século V a.C., particularmente em Atenas: a destituição dos reis e o advento da chamada democracia. Foi um primeiro sinal. Mas a democracia de Atenas tinha por cidadãos apenas os proprietários. Somente eles eram verdadeiros cidadãos. Não o eram os escravos, os trabalhadores manuais, e naturalmente as mulheres. A cidadania era uma pequena minoria da população. Mas o fato não deixava de significar uma mudança na sociedade e no direito. Era o começo de uma longa luta dos cidadãos contra o poder absoluto dos reis e um direito de tipo imperial.

c) *Primeira entrada do Cristianismo no direito*

O Cristianismo apareceu no mundo do direito na Idade Média, nos séculos XII e XIII, em algumas cidades da cristandade. Por diversas circunstâncias, algumas cidades em algumas regiões desenvolveram-se mais do que as outras pelo comércio ou pela produção artesanal, por exemplo, na fabricação de tecidos, como nos Países Baixos ou no norte da Itália.

Uma classe nova rebelou-se contra a dominação arbitrária da nobreza e do clero e quis conquistar a plena liberdade de atividade econômica e a proteção contra as intrusões insuportáveis dos nobres ou dos bispos. Foi o movimento comunal. Nas comunas nasceu um direito conquistado pelas classes inferiores, oficializando liberdades, igualdade e organização de trabalhadores. Nasceu um direito que emanava das classes inferiores. Embora em conflito frequente com a autoridade eclesiástica, esse movimento social foi inspirado por motivações cristãs. Era uma brecha aberta no edifício edificado por séculos de dominação imperial.

Quando a monarquia absoluta, a partir do século XVII, venceu, as liberdades das cidades foram destruídas pelos reis. Com a aliança entre a hierarquia e a monarquia, concretizada pelo direito de nomear os bispos que foi concedido aos reis pelos papas, sem nenhuma intervenção do povo cristão, o direito imperial voltou a prevalecer. Mas o movimento comunal deixou sequelas, porque contribuiu para formar o "Terceiro Estado", isto é, a burguesia. Os reis recorreram muitas vezes aos burgueses para conter a ambição dos nobres afastados do poder. Com essas condições, a burguesia pôde impor certos direitos. Essa burguesia preparou as revoluções liberais do século XIX, começando pela Revolução Francesa. Havia nessas revoluções uma inspiração cristã que os papas não quiseram reconhecer. Os papas lançaram a Igreja numa guerra contra o movimento liberal, não para promover um direito dos operários, mas para defender os privilégios do clero, por exemplo, os Estados pontifícios.

3. O direito da burguesia

A burguesia fez as revoluções em nome do povo, com o recurso das massas operárias ou de camponeses revoltados. O direito que fundou não atendia às reivindicações dos trabalhadores, mas os conceitos abstratos do direito deixavam a porta aberta para essas classes. Estas puderam exercer uma pressão crescente sobre a burguesia graças ao crescimento da indústria, que aumentou o número de operários concentrados na mesma unidade de trabalho. Nasceu um direito do trabalho, com a colaboração de cristãos católicos ou protestantes, embora com muita resistência das hierarquias excessivamente ligadas às antigas classes dominantes ou à nova burguesia. Nasceu a chamada social-democracia, com a qual movimentos ou partidos políticos cristãos colaboraram bastante, sobretudo por medo do comunismo.

a) O direito capitalista

A partir da década de 1970, a ameaça comunista desaparece, e um capital internacional toma conta da economia por meio das grandes corporações transnacionais que, na atualidade, controlam a maior parte da economia mundial. Esse capitalismo mundial enfraquece o Estado liberal republicano porque lhe impõe a programação do governo dos diversos Estados. Uma nova classe governante aparece: a dos altos executivos do sistema financeiro ou produtivo. Esses executivos representam uma classe de acionistas que doravante já não precisam trabalhar, porque as rendas do capital são tais que superam a imaginação dos antigos donos da indústria ou dos bancos nacionais. Com a chegada da crise do sistema, os novos governantes nada sofreram, porque os povos é que tiveram de pagar a salvação do sistema.

O novo capitalismo não se sente responsável por nenhuma nação porque é universal. Procura acumular mais capital e exerce uma pressão permanente sobre os operários para tirar deles os direitos sociais que tinham conquistado. As multinacionais encarregam os Estados de impor aos trabalhadores condições de vida piores, e os Estados têm pouca capacidade de resistência. O novo capital multinacional comprou quase todos os meios de comunicação, TV, rádio e imprensa escrita. Com isso, confunde as massas populares e torna muito difícil um movimento de resistência popular. O direito volta a ser imperial, tendo em vista que é imposto pelo capital multinacional aos Estados enfraquecidos. O novo imperador são grupos de altos executivos que somente alguns entendidos conhecem, uma força anônima. O Cristianismo foi expulso da vida pública. Encontra uma saída em movimentos puramente espirituais como os carismáticos, que aceitam passivamente tudo o que acontece pelo mundo afora. A alta hierarquia parece que se conforma com essa situação. Não quer conflito com o novo imperador.

b) O direito na vida diária

Além de tudo isso, a vida diária do direito consta de milhões de pequenos conflitos entre cidadãos ou entre os cidadãos e as autoridades públicas. É o que alimenta a vida de cada dia de centenas de milhares de advogados e de juízes. A propósito disso, o Cristianismo não tem nada para dizer. Jesus fez uma alusão a essa situação:

> Alguém da multidão lhe disse: "Mestre, dize a meu irmão que reparta comigo a herança". Ele respondeu: "Homem, quem me estabeleceu juiz ou árbitro da vossa partilha?". Depois lhes disse: "Precavei-vos cuidadosamente de qualquer cupidez, pois, mesmo na abundância, a vida do homem não é assegurado por seus bens" (Lc 12,13-15).

Claro que, se tivéssemos que tomar esse comentário de Jesus como um preceito, multidões de juízes e de advogados perderiam o emprego. Mas não é preceito. Jesus quis dizer que ele nada tem a ver com isso. Esses conflitos são da vida diária que se resolvem com receitas para as quais ele não tem profissionalização. Mas há assuntos muito mais importantes.

Vamos terminar com isso, deixando a cada leitor a tarefa de lutar para que o Evangelho tenha nem que seja uma pequena penetração na nossa sociedade.

PARTE III

Ética e Direito

CAPÍTULO XI

A hermenêutica da diferença: referências teológico-cristãs à prática jurídica

Walter Salles

A questão que deve nos ocupar neste ensaio é pensar de que maneira referências cristãs contribuem para uma práxis jurídica, como valores evangélicos permitem pensar a prática do direito em nossos dias. Como este trabalho faz parte da tentativa de diálogo entre duas áreas do saber, no caso a teologia e o direito, tenho por pressuposto que esse diálogo se insere no pluralismo cultural que caracteriza nossa sociedade e que as áreas do saber nele envolvidas devem dialogar a partir de suas próprias identidades. Por isso, coloco o leitor diante de alguns textos bíblicos que fazem parte da tradição cristã e que, portanto, ajudam a tecer sua identidade. Esses textos possibilitam um diálogo com a área jurídica a partir da ótica de uma hermenêutica da diferença que permite falar de um mútuo reconhecimento, e pensar a aproximação entre amor e justiça, entendendo o amor como atenção a si mesmo e ao outro.

1. A Lei de Deus e a abertura ao outro

Tendo em vista que talvez alguns leitores não tenham familiaridade com a literatura bíblica, apresentarei, na medida do possível, alguns textos bíblicos de uma maneira detalhada. Tomo como ponto de partida as reflexões introdutórias de um livro intitulado *A lei de Deus. De uma montanha a outra*.[1] No primeiro capítulo dessa obra, o autor interpreta a história comumente intitulada "O homem (ou jovem) rico", narrada no Novo Testamento, mais precisamente no Evangelho de Marcos (cf. 10,17-22), título que guarda em si mesmo, como o veremos, uma grande armadilha ao propósito desta reflexão. Nessa narrativa se desenvolve um diálogo entre Jesus de

---

1   Cf. BEAUCHAMP, *La loi de Dieu.*

Nazaré e um "homem rico" que lhe apresenta a seguinte questão: *"Que devo fazer para ganhar em herança a vida eterna?"*. A resposta de Jesus aponta para uma lista de mandamentos que fazem parte da Lei de Deus: *"Não cometerás homicídio, não cometerás adultério, não roubarás, não levantarás falso testemunho, não prejudicarás ninguém, honra teu pai e tua mãe"*. Ao que o interlocutor de Jesus responde: *"Mestre, tudo isso eu observei desde a minha juventude"*. Então, Jesus lhe diz: *"Só te falta uma coisa; vai, o que tens, vende-o, dá-o aos pobres e terás um tesouro no céu; depois, vem e segue-me"*. O desfecho desse diálogo, diz a narrativa, é que o interlocutor de Jesus fica acabrunhado e retira-se triste, pois possuía muitos bens.

Um pequeno, mas significativo, detalhe faz da resposta de Jesus de Nazaré algo inesperado, novo, uma vez que não de imediato — como alguns imaginam e desejam —Jesus chama ao seu seguimento: "Vem e segue-me". Isso porque entre ele e seu interlocutor, Jesus coloca um terceiro: a Lei de Deus. E ao fazer referência a esta Lei, mas precisamente ao chamado Decálogo,[2] a narrativa evangélica retoma apenas cinco "palavras", sendo quatro em forma de interdito introduzido pelo vocábulo "não" e uma palavra que concerne à honra devida ao pai e à mãe. Nessa apropriação do Decálogo, a narrativa do Evangelho de Marcos se diferencia porque realiza uma dupla omissão, omite os mandamentos referentes a Deus e ao sábado,[3] e inverte a ordem do Decálogo, uma vez que coloca o "honrar pai e mãe" no final, após os mandamentos relacionados ao próximo, e não no início, tal como aparece no Livro do Êxodo (cf. Ex 20,12-16). Não que pai e mãe não sejam "meus próximos", mas o são em uma conotação bem diferente daquela que os textos bíblicos aludem ao dizer, por exemplo, "ama o teu próximo como a ti mesmo". Além disso, a inversão não é casual, ela tem um papel importante na estrutura da narrativa.

Sem querer e nem poder entrar nos pormenores teológicos dessa narrativa, é importante, contudo, destacar que o interlocutor de Jesus é alguém que sempre foi fiel à lei, dela não se distancia e nem a desobedece. Talvez daí venha a sua tristeza, pois Jesus lhe mostra que o cumprimento da Lei de Deus, por si só, ou pelo menos como seu interlocutor a interpreta, não é suficiente para alcançar o que inicialmente ele coloca como objetivo: alcançar a vida eterna. Mas Jesus o convida a um excesso, a um transbordamento de si que o move em direção ao outro, que na narrativa aparece configurado na figura do pobre. A própria postura do interlocutor de Jesus, porém, já traz em si um excesso, uma superabundância, expressa no desejo de alcançar a vida eterna, uma vez que o Decálogo não chama de eterna a vida longa que se obtém como recompensa por ter cumprido a Lei de Deus. Trata-se apenas de "longos dias

---

2   Do hebraico "dez palavras", mais que dez mandamentos.

3   Descanso do sábado: "O sétimo dia, porém, é o sábado de Iahweh teu Deus. Não farás nenhum trabalho, nem tu, nem teu filho, nem tua filha, nem teu escravo, nem tua escrava, nem teu animal, nem o estrangeiro que está em tuas portas. Porque em seis dias Iahweh fez o céu, a terra, o mar e tudo o que eles contêm, mas repousou no sétimo dia; por isso Iahweh abençooou o dia do sábado e o santificou" (Ex 20,10-11).

sobre a terra". Talvez seja esse desejo ou essa atitude em excesso que possibilite o extravagante convite de Jesus para tudo vender e dar aos pobres.

É igualmente esse excesso que introduz um duplo deslocamento na vida do personagem que dialoga com Jesus. O primeiro remete o interlocutor de Jesus, segundo a fé judaico-cristã, a um outro, ou seja, Deus, o único que é bom, conforme o prefácio que a narrativa evangélica dispõe na enunciação dos mandamentos presentes na Lei de Deus e que concernem ao próximo: *"Por que me chamas bom? Ninguém é bom senão só Deus"*. Para essa fé, ninguém tem a bondade em si mesmo, ou seja, ser bom faz parte de uma maneira de conceber a existência humana, da qual a Lei de Deus é uma expressão, e que supõe um segundo deslocamento, que é, na verdade, uma saída de si mesmo para ir ao encontro do outro. Este êxodo de si mesmo é narrado no movimento do vai e vem presente na narrativa: *"Vai, o que tens vende-o, dá-o aos pobres... depois, vem e segue-me"*. Aqui, os pobres emergem como este outro que provoca o segundo deslocamento e que supõe o reconhecimento do outro na sua humanidade, na sua irredutível diferença.

A meu ver, este duplo deslocamento é o verdadeiro obstáculo a ser superado pelo interlocutor de Jesus para alcançar o objetivo de ser bom ou alcançar a vida eterna e não a quantidade de dinheiro como o dá a entender, às vezes, o título de algumas traduções da Bíblia ao colocar como título da narrativa: "O jovem (ou homem) rico". Todavia, a riqueza do interlocutor de Jesus não deve ser de todo descartada como sendo secundária no desenrolar da narrativa, pois a suposta bondade do nosso personagem é garantida pela riqueza que lhe advinha de sua família. Esta segurança familiar lhe permitiu ser fiel à Lei de Deus, ou seja, não roubar, não matar, não cometer adultério..., na medida em que não tinha do que sentir inveja e tampouco o que cobiçar, segundo a mentalidade da sociedade daquela época. Por isso, Jesus o chama a ser bom ou colocar-se no caminho do bem a partir da aventura incerta, sem garantias, da relação com o outro. É preciso ser bom na relação com o outro, sem a garantia material da família, do pai e da mãe. Aí, parece estar o sentido do vender e dar ao outro o que se tem, ou seja, a riqueza, no caso da história narrada no Evangelho de Marcos. A fidelidade à Lei e, portanto, a Deus deve se verificar para além da segurança da casa paterna, ou seja, na abertura ao outro, na imprevisibilidade do encontro com o outro, tendo como princípio e fundamento dessa abertura o próprio Deus que nos move para além do nosso próprio querer e interesse.

Entretanto, abandonar todos os bens não é condição geral para se colocar no caminho do bem, do amor ao outro, da justiça ou, em uma linguagem cristã, colocar-se na direção do Reino de Deus. Zaqueu, outro interlocutor de Jesus, que aparece em outra narrativa, no Evangelho de Lucas (cf. Lc 19,1-10), após ter dado aos pobres metade do que possuía, não parece ter ficado pobre. E nem por isso deixou de encontrar a salvação, conforme a linguagem bíblica.

Esse deslocamento em direção ao outro exige ainda outra atitude em excesso, ou seja, a superação da mera fenomenologia do outro. A mera descrição de seu aparecer, por si só, é incapaz de apreender a riqueza da humanidade no outro, uma vez que não distingue o aparecer do outro do aparecer das coisas. Uma não distinção que acabaria por coisificar o outro, colocando-o no nível das coisas criadas. E este encontro com o diferente supõe, hoje, escutar a dor, o sofrimento, o clamor de um além de mim mesmo.

2. A hermenêutica da diferença

A atitude de reconhecimento nos convida a trilhar o caminho do reconhecimento do outro como sujeito, como estranho a mim, mas também como semelhante. E mais uma vez remeto o leitor à leitura de um texto bíblico, desta vez do Antigo Testamento, que por diversos motivos foi amplamente difundido em nossa cultura ocidental: o mito de Adão e Eva (cf. Gn 1,4b-24). Sua interpretação igualmente nos coloca diante de um imenso leque interpretativo que, no decorrer da história de algumas tradições religiosas, serviu para sustentar a prática da injustiça, da violência, contra à mulher, notadamente no que diz respeito à sua corporeidade, tida como fonte de pecado, sendo a própria mulher tomada em si mesma como inferior e portanto tendo que ser submissa ao homem. Entretanto, este texto desdobra diante de si e daquele que dele se aproxima a riqueza de uma interpretação que o situa na dinâmica de uma hermenêutica da diferença que nem sempre recebeu a devida atenção, sendo ofuscada pelas sucessivas interpretações feitas desde a perspectiva do pecado ao qual sucumbiram Adão e Eva.

O contexto do mito de Adão e Eva é o relato da criação no Livro do Gênesis. Neste relato, Deus coloca o homem no Jardim do Éden, para cultivá-lo e guardá-lo. Todavia, Deus não quis que o homem ficasse sozinho e por isso *"modelou todo animal dos campos e todo pássaro do céu"* (Gn 2,18), diz o texto, e os levou para junto do homem a fim de que ele encontrasse uma ajuda que lhe fosse adequada. Mas o homem não encontrou tal ajuda. A partir da ausência de uma ajuda adequada, Deus cria a mulher e a coloca diante do homem, o qual exclama: *"Eis desta vez, o osso dos meus ossos e a carne da minha carne! Ela se chamará humana, pois do humano foi tirada"* (Gn 2,23). Certa sensibilidade presente em nossos dias, não só feminina, indagaria o porquê de Deus ter criado primeiro o homem e somente depois a mulher, e ainda se questionaria por que é o homem quem emite um suposto juízo de valor diante da mulher e não o contrário.

Apesar de serem indagações legítimas e de terem pleno direito de se manifestar, essas questões poderiam, neste momento, desviar o nosso olhar para longe da riqueza daquilo que entendo como sendo a hermenêutica da diferença, ou seja, a afirmação da atenção a si mesmo e ao outro, a partir do horizonte de uma humanidade que nos é comum. Essa atenção é um dos principais ensinamentos do relato do mito de Adão e Eva quando nele se distinguem alteridade, semelhança e diferença. Nesta dissociação, o outro é percebido como meu semelhante, e o outro é outro antes de ser diferente e somente o meu semelhante se manifesta como outro para mim. Alguém que é próximo e diferente ao mesmo tempo, porque é semelhante. Assim, para a narrativa bíblica, a exaltação primeira de Adão é diante do outro que é contemplado como semelhante: *"Eis, desta vez, o osso dos meus ossos e a carne da minha carne"* (Gn 2,23a), e somente então esta alteridade é contemplada como diferença, como sendo a outra, *"Ela se chamará humana, pois do humano foi tirada"* (Gn 2,23b).

Com efeito, a exclamação de Adão diante de Eva expressa o reconhecimento do outro como pessoa, distinto das coisas, reconhecimento que é originalmente respeito à pessoa do outro porque sua natureza o põe como fim em si mesmo. Este respeito pelo outro coordena e integra os afetos que caracterizam a benevolência em relação ao outro diverso de mim mesmo, bem como a dramaticidade da existência humana e os afetos que dela emanam: ódio, ciúme, inveja, vontade de dominação... Mas as dificuldades que emanam do pluralismo perpassam a vida como um todo. Ao contrário do que muitos pensam, os diversos conflitos cuja tentativa de superação envolveu e ainda envolve a violência como forma de superação da diversidade, deixando muitos aterrorizados, não ficam restritos ao cenário religioso. Isso porque a dificuldade para aceitar o outro em sua irredutível diferença é um problema tanto religioso quanto social, político e econômico.

Muitas vezes, essa dificuldade é provocada por determinadas abordagens da realidade que desencorajam a diferença, favorecendo a padronização e a uniformidade, não permitindo conceber a existência e a convivência humana como uma unidade na pluralidade. O longo e complexo processo de globalização que tem caracterizado nossa história mostra o quanto é fundamental o reconhecimento diante do outro para a realização pessoal. Mas essa mesma história mostra que esse desejo de reconhecimento não raramente se pauta pela inveja, pela confrontação, pela competição e pelo desejo de superação do outro. O desejo de reconhecimento do e pelo outro reduzido a essa dinâmica transforma-se facilmente em desejo de dominar, no interior do qual cresce o paradoxo de que a única forma de concretizar o reconhecimento recíproco entre iguais — entre aqueles que desejam ser reconhecidos como humanos, com valor e dignidade — é ser reconhecido como superior aos outros.

O entrelaçamento entre semelhança e diferença que nos propõe o mito de Adão e Eva nos distancia de um ser humano obcecado pela sua própria identidade, para quem o outro nada mais é do que aquilo que o diferencia dele, e nesta obsessão muitas vezes o outro aparece como uma ameaça: ou ele ou eu, ou seja, o outro na sua diferença é antes de tudo um inimigo, alguém a quem devo superar ou mesmo eliminar para que eu seja eu, ou ainda, para que a justiça seja feita. Daí a importância da diferença ser afirmada, como o faz o texto bíblico, juntamente com a semelhança.

Este binômio semelhança-diferença nos permite perceber a irredutível diferença do outro que jamais é assimilável a qualquer forma de discurso ou interpretação ou ação ético-moral. Diante de mim, o outro suscita abertura, reconhecimento, responsabilidade, permanecendo como afrontamento qualquer forma de discurso que tente assimilá-lo por completo. Isso porque, diante de mim, o outro que me olha e se expressa é uma presença que jamais vem a ser completamente objetivável. O outro é presença que me interpela e suscita a responsabilidade, a entrega, o sair de mim mesmo que não nasce da necessidade, mas sim da gratuidade e da liberdade de uma criatura feliz que na sua suficiência tem tudo a receber do outro, na acolhida da visitação de uma alteridade que no face a face me interpela. É na relação com o outro como alteridade que o ser humano é interpretado como ser para o outro e ser com o outro, no mundo.

A valorização do ser humano é caminho de superação do ódio, da violência pela afirmação do amor e da justiça como condição da realização da humanidade que nos é comum. Por isso, o reconhecimento a partir da hermenêutica da diferença é uma atitude ética, pois o reconhecimento de si acontece no reconhecimento do outro e no reconhecimento de si pelo outro, reciprocidade que marca a forma de presença do outro na vida do sujeito. É o que nos mostra o relato do mito de Adão e Eva, pois, embora Eva não fale, é ela quem arranca de Adão a exclamação na qual se reconhece tanto a própria humanidade como a alheia: *"Eis, desta vez, o osso dos meus ossos e a carne da minha carne"*. *"Ela se chamará humana, pois do humano foi tirada"*. Este reconhecimento mútuo possibilita a superação da luta pelo reconhecimento que acabaria com a destruição de mim ou do outro por meio do ciúme, da inveja, do ódio... enfim, da violência.

Do ponto de vista cristão, o entrelaçamento entre semelhança, diferença e reconhecimento do outro em sua humanidade exige outra perspectiva, a do perdão. Esta atitude supõe a imputação de uma ação a um agente, a um sujeito, e a responsabilidade pela ação e suas consequências. Supõe igualmente um juízo moral negativo sobre a ação do sujeito que o aprisiona às consequências de sua ação como culpado e com uma dívida a saldar ou uma pena a cumprir. Trata-se de uma paralisia da capacidade de agir da qual o perdão liberta ao desvincular o sujeito das consequências de sua ação, oferecendo-lhe a oportunidade de recomeçar, de voltar a agir, de seguir em frente na vida, de continuar a caminhar, sem, contudo, tirar a responsabilidade do agente pelas consequências de seus atos.

Antes de remeter o leitor a outro texto bíblico, gostaria de trazer à memória a trama de um filme intitulado *Os últimos passos de um homem* (Dead Man Walking). A história se passa em Louisiana (EUA), onde uma freira (personagem vivido por

Susan Sarandon) passa a lutar pela vida de um homem (personagem de Sean Penn) que está no corredor da morte e espera ser executado a qualquer momento, por ter assassinado dois jovens, um casal de namorados. Na trama do filme, a freira, que busca libertá-lo da execução, em nenhum momento diminui a responsabilidade do condenado por seus atos, muito pelo contrário.

Todavia, essa luta da freira para livrá-lo do corredor da morte o conduz a outro lugar pela via do perdão: o reconhecimento da própria humanidade, apesar da atrocidade do ato cometido com o casal de namorados, mortos de uma forma tão brutal, não sendo reconhecidos em sua dignidade humana. Assim, a luta da freira é para que o condenado possa ser reconhecido pelos outros como humano e possa se ver como tal, assumindo a responsabilidade de seu ato e abrindo desta maneira espaço para o perdão de si mesmo. Algo que finalmente ela consegue, embora não encontre o perdão do Estado, pois não o livra da execução por meio de uma injeção letal. Esta trama cinematográfica nos mostra que a figura do perdão possibilita lidar com atitudes que violam as normas necessárias à convivência social, mesmo que sua eficácia seja questionável.

Todavia, o perdão mantém o convívio em um nível de sociabilidade que não sufoca até a morte justamente porque inclui a possibilidade de um recomeço. É o que apresenta outra narrativa, desta vez não cinematográfica, mas evangélica, e que possui uma grande plasticidade. O cenário descrito pela narrativa do Evangelho de Marcos (cf. 2,1-12) coloca Jesus de Nazaré em uma casa, rodeado por pessoas, e um paralítico que é transportado por quatro homens. Como não conseguem se aproximar de Jesus devido ao grande número de pessoas que o rodeavam, esses homens abrem um buraco no teto da casa e descem o paralítico perto do lugar no qual se encontrava Jesus. Este último se admira com tamanha fé daqueles homens. O restante da narrativa relata um debate entre Jesus e algumas autoridades religiosas, no qual se entrelaçam doença, cura, pecado e perdão.

A riqueza teológica presente neste entrelaçamento é imensa. Entretanto, convido o leitor a fixar o olhar (da imaginação) em um aspecto da cena do paralítico que não raramente passa despercebido e que está presente nas últimas palavras dirigidas por Jesus ao homem que estava paralisado sobre um leito: *"Eu te ordeno [...]: levanta-te, toma o teu leito e vai para a tua casa. O paralítico levantou-se e, imediatamente, carregando o leito, saiu diante de todos"*. Ora, colocar-se de pé e andar são imagens que sugerem um recomeço, a possibilidade de voltar a andar para quem se encontrava paralisado. Mas entre o levantar e o andar a narrativa introduz um aspecto no mínimo curioso: tomar e carregar o próprio leito. Por que o paralítico, liberto de sua paralisia, devia ainda tomar e carregar seu leito? Talvez porque o leito, ou melhor, carregá-lo significasse assumir a responsabilidade pelos atos que o tornaram paralítico,[4] mas que não mais o impediam de caminhar, não eram mais um obstáculo para o recomeço. O texto nada diz sobre o que aconteceu depois, por quanto tempo aquele que outrora fora paralítico carregou seu leito. O tempo não importa. O que interessa é que mediante o perdão um novo começo é colocado diante dele, ele pode se levantar e pode caminhar, mesmo com o peso das consequências de seus atos.

Nesse aspecto, a cena do Evangelho de Marcos se encontra com a cena do filme descrita anteriormente. O perdão é a possibilidade de recomeço justamente porque permite o acusado, o infrator, o paralítico da cena evangélica de caminhar sobre as próprias pernas, embora tenha que carregar, no sentido de ser responsável por, as consequências de seus atos. Isso é humano, é reconhecer no outro a capacidade de recomeçar, é lhe permitir um recomeço, a partir da prática da justiça, imbuída do espírito do perdão inerente à noção cristã de amor.[5] É a partir dessa perspectiva que podemos vislumbrar a junção entre amor e justiça.[6]

No tocante ao amor, o respeito mútuo que advém do reconhecimento do outro e de mim diante do outro, na medida em que possibilita superar tanto a mera simpatia afetiva (gostar de alguém!) quanto o ódio ilimitado, constitui-se meio capaz de articular amor e justiça. Como afirma Ricoeur, trata-se de arrancar "a simpatia de sua tendência romântica, quer de se perder no outro, quer de absorver o outro em si mesmo [...]; é pelo respeito que partilho a alegria e o sofrimento do outro como seus e não como meus".[7] O reconhecimento do outro em sua humanidade implica a descoberta do amor como respeito e deste como amor concreto, pois na prática não posso, de forma romântica, amar a todos, ou seja, na verdade amar a todos é perder-se, é não amar ninguém.

A justiça, por sua vez, aponta para a superação da violência, que é o não reconhecimento do outro na sua humanidade, é o desconhecimento devido à assimetria que se instaura na relação com o outro. Por isso, a prática da justiça requer o reconhecimento do caráter insubstituível do outro como pessoa, trata-se da similitude que aparece na exclamação de Adão diante de Eva: "*O osso dos meus ossos e a carne da minha carne*". Igualdade e equidade que no plano social são expressão do querer viver juntos a partir da afirmação de si e do outro no plano jurídico, na convivência social.

O desafio para a teologia está, pois, em conceber o equilíbrio, embora instável, entre a vivência do amor e a prática da justiça, entre a lógica da superabundância e a lógica da equivalência. Trata-se de pensar a incorporação de um grau a mais de compaixão e generosidade em nossos códigos, penal e civil. Uma tarefa, como lembra

---

4   É preciso lembrar que para a mentalidade da época de Jesus certas doenças eram tidas como consequência do pecado: paralisia, cegueira, lepra etc.

5   Cf. o interessante trabalho de LENTIAMPA, *Paul Ricoeur*.

6   Sobre os desafios dessa junção, cf. RICOEUR, *Amour et justice*.

7   RICOEUR, *À l'école de la phénoménologie*, p. 391.

A hermenêutica da diferença

Ricoeur, perfeitamente razoável, embora difícil e interminável.[8] Isso porque estamos diante de duas lógicas distintas. A do amor que pode e, por vezes, deve chegar ao extremo do amor aos inimigos (cf. Lc 6,21), como expressão do dom de si mesmo e do amor ao próximo. Este excesso, para a tradição judaico-cristã, encontra parte de sua fundamentação na ideia da bondade de todas as coisas inerente ao tema da criação, tal como é relatado no Livro do Gênesis (cf. Gn 1,31).

Contudo, é importante frisar mais uma vez que o amor não é mero sentimentalismo, não pode ser confundido com o gostar de alguém. E, talvez, por isso se possa falar do mandamento do amor: *"Amarás o Senhor teu Deus... e amarás o teu próximo como a ti mesmo"*. O que não deixa de ser um escândalo. Como é possível obrigar a amar? Uma resposta possível pode encontrar sua razoabilidade na ideia de que no mandamento do amor não temos apenas um amante e um amado, mas também um si e um outro além do si mesmo, um próximo, a ser reconhecido em sua humanidade. Além disso, nesse mandamento, o amor é ao mesmo tempo objeto e sujeito, pois é o amor que nos obriga a amar, ou como gosta de afirmar a tradição judaico-cristã, porque Deus, princípio e fundamento do agir humano, é amor; ou como gostam de afirmar alguns exegetas, Deus é amar. Portanto, o mandamento de amar os inimigos, no excesso que lhe caracteriza, afirma que o amor não se reduz à simpatia, à fusão emocional, a partir da perda da distância intersubjetiva ou a partir do perder-se no outro.

Já a lógica da justiça é outra. Em seu estudo, intitulado *Amor e justiça*, Ricoeur lembra que a justiça é exercida quando se pede a uma instância superior que possa intervir entre duas partes que possuem interesses ou direitos distintos, ou mesmo opostos. Faz parte dessa lógica a ideia de que a prática da justiça diz respeito ao aparelho judiciário de uma sociedade que caracteriza um Estado de direito enquanto os princípios de justiça concernem ao predicado justo aplicado às instituições. Outro traço igualmente marcante é a justiça distributiva, e isto desde Aristóteles.[9] Esta ideia supõe a sociedade como um todo, sob o ângulo da justiça, e o ideal da partilha igualitária de direitos, benefícios em prol de cada membro da sociedade. Por isso, a justiça distributiva quer manter as pretensões de cada cidadão nos limites de uma ação não indevida da liberdade de um sobre a de outro.

Amor e justiça, eis um grande desafio à prática do direito hoje. Isso porque, de um modo geral e mesmo nos limites das fronteiras religiosas do Cristianismo, quando estes dois termos são apresentados, muitas vezes não há espaço para junção, para a coexistência. Em outras palavras, torna-se impossível a convivência entre o amor individual ao próximo e a prática coletiva da justiça que procura estabelecer a igualdade. Diante disto, nada mais restaria que a alternativa ou o amor ou a justiça. Mas,

---

8   Cf. RICOEUR, *Amour et justice*, p. 42.

9   Cf. ARISTÓTELES, *Ética a Nicômaco*.

para certa tradição cristã, a alternativa pode ceder lugar à junção, mesmo que esta seja uma convivência instável e conflituosa. E o caminho para o diálogo entre uma lógica do excesso, da superabundância, e uma outra que é a da equivalência, supõe a hermenêutica da diferença a partir da afirmação do amor como atenção de si e do outro, Este diálogo supõe igualmente a valorização da justiça como desejo de superação da violência que não reconhece o outro na sua dignidade humana e, portanto, o querer viver juntos. Assim, a afirmação do amor e a valorização da justiça surgem como condição para o reconhecimento e a realização da humanidade que é comum a todo ser humano.

3. Conclusão

Como, pois, entender a justiça a partir de uma ação, no caso a prática do amor, que erige a não equivalência como regra geral? Eis a questão a qual nos conduziu o percurso iniciado com a hermenêutica de alguns textos da tradição cristã. A resposta não é fácil. Os textos bíblicos aqui apresentados tentaram mostrar um caminho. Em todo caso, uma resposta que tente aproximar teologia e direito permanecerá sempre nos limites do instável equilíbrio entre amor e justiça. E essa tensão não deve nos conduzir à tentativa de suprimir o contraste entre as duas lógicas em questão, pois a justiça pode vir a ser um meio eficaz para que o amor entre na esfera prática e da ética.[10] Talvez aí esteja o espaço para o diálogo entre duas lógicas que a princípio se opõem, diálogo que supõe a hermenêutica da diferença como contribuição da tradição cristã à prática jurídica hoje. Para tanto, é preciso entender o amor para além da esfera do sentimentalismo, o que supõe compreendê-lo como movimento em direção ao outro, como responsabilidade pelo outro que pode nos levar a passar pela esfera do perdão e até mesmo chegar à extravagância do amor aos inimigos.

4. Referências bibliográficas

ARISTÓTELES. *Ética a Nicômaco*. São Paulo: Abril Cultural, 1984.

BEAUCHAMP, Paul. *La loi de Dieu*; d'une montagne à l'autre. Paris: Seuil, 1999.

LENTIAMPA, Adrien Shenge. *Paul Ricoeur*; la justice selon l'espérance. Bruxelles: Lessius, 2009.

RICOEUR, Paul. *Amour et justice*. Paris: Points, 2008.

_____. *À l'école de la phénoménologie*. Paris: Vrin, 1998.

---

10   Cf. RICOEUR, *Amour et justice*, p. 41.

CAPÍTULO XII

A dialética entre legalidade e justiça

José J. Queiroz

Legalidade e justiça, direito e ética, lei e moral, são várias faces da mesma dialética, embora os termos não tenham significado idêntico. Não entrarei em distinções nem em definições para não me perder na polissemia das palavras. Coloco o problema, que, no meu entender, perpassa essas polaridades, sobre o qual me fixarei: como se relacionam legalidade e justiça, a lei e o justo, o que é imposto pelo direito e as exigências da justiça? Convivem pacificamente? Ou entre essas polaridades ocorrem tensões, dilemas, antinomias que o título deste texto sintetiza com a palavra "dialética"? A hipótese — que percorrerá estas breves páginas, que não é nova, nem carece de grandes demonstrações, mas apenas requer explicitação, descrição e, quiçá, interpretação — é dupla: a lei e o justo, ou o ético, em princípio, ou teoricamente, deveriam dar-se as mãos. Não raro, porém divorciam-se, o que desencadeia, em tempos passados e no presente, dilemas e tragédias, constituindo o auge aporético das relações entre legalidade e justiça. Iniciarei com uma retrospectiva do problema e da hipótese e finalizarei com algumas reflexões que o dilema suscita em tempos pós-modernos.

1. Entre o mandamento divino e o amor paterno: o dilema de Abraão

Abraão tinha um único filho gerado na velhice. Sobre ele recaíam as promessas divinas de uma posteridade redentora. Sua descendência seria "como a poeira do chão, que ninguém é capaz de contar" (Gn 13,16). Mas Iahweh quis provar a fé do patriarca e ordenou: sobre o monte na terra de Moriá, Isaac será oferecido em holocausto (cf. Gn 22,2). Altar erguido, a vítima estendida sobre a lenha, a faca na mão pronta a desferir o golpe mortal. Eis o trágico conflito. Uma ordem divina, contradizendo todas as promessas, diante da extrema ternura do amor paterno. Ressoa uma voz: "Não estendas a mão e não faças mal algum ao menino", grita "o anjo do

Senhor" (Gn 22,11.12). Final feliz e reconhecimento da fé inquebrantável do patriarca. Mas imaginemos o terrível dilema do pai ao galgar a íngreme montanha carregando a lenha e a vítima: obedecer a ordem com toda a aparência de contradição e despotismo, ou ouvir a voz do coração paterno e desprezar o mandamento divino? O sacrifício não se consumou, mas milhares de vítimas arderam em piras sagradas expiatórias em nome de poderes, leis e costumes ditos divinos, que apaziguavam as revoltas e a violência recíproca dos clãs e das comunidades, descarregando o furor unânime sobre inocentes indefesos.

2. A tragédia grega: Antígona como emblema

Sófocles[1] canta em versos trágicos o conflito mortal entre a lei despótica e seu enfrentamento pelos ditames da virtude ou da consciência moral que desponta das profundezas do humano. A história é conhecida. Creonte assume o poder em Tebas. Etéocles, Polinice e Antígona são irmãos e sobrinhos do rei. Polinice, comandando um exército de Argos, tenta apoderar-se de Tebas, que é defendida por seu irmão e rival Etéocles. Ambos morrem no combate. Creonte ordena honras fúnebres no sepultamento de Etéocles e emana um decreto proibindo que Polinice seja sepultado, ficando seu cadáver a mercê dos abutres. Antígona, movida pelo amor fraterno e em nome da justiça natural, enfrenta o decreto régio e sepulta Polinice; ela é condenada e morre apedrejada.

Sófocles coloca nas palavras da heroína o dilema que ficou célebre e tem sido comentado por filósofos, juristas e moralistas, desde Aristóteles até hoje. Diz Antígona, respondendo a Creonte, que a recrimina por ter desobedecido às "leis":

> Não me pareceu que tuas determinações tivessem força para impor aos mortais até a obrigação de transgredir normas divinas, não escritas, inevitáveis; não é de hoje, não é de ontem, é desde os tempos mais remotos que elas vigem, sem que ninguém possa dizer quando surgiram.[2]

Mais adiante: "Não é vergonha alguma em nos compadecermos dos que nasceram das entranhas de onde viemos [...]. Nasci para compartilhar amor, não ódio".[3] Prestes a morrer, profere estas palavras de despedida: "Vede-me, ilustres próceres de Tebas — a última princesa que restava —, as minhas penas e quem as impõe apenas por meu culto à piedade".

Aristóteles interpreta a resistência e a trágica morte de Antígona como uma aporia entre uma justiça e uma injustiça "naturais". Diz ele:

---

1   SÓFOCLES, *Antígona*.

2   Ibid., versos 515-520, p. 219.

3   Ibid., versos 583-584, 597, pp. 222-223.

A dialética entre legalidade e justiça

Pois realmente há, como todos de certo modo intuem, uma justiça e uma injustiça naturais, compulsórias para todas as criaturas humanas, mesmo para as que não têm associação ou compromisso com as outras. É isso que a *Antígona* de Sófocles claramente quis exprimir quando diz que o funeral de Polinice era um ato justo apesar da proibição; ele pretende dizer que era justo *por natureza*.[4]

A filosofia do direito, na voz de Giorgio del Vecchio, também reflete sobre a tragédia:

Da mesma forma que a Antígona de Sófocles [...] invoca altivamente as leis naturais contra as ordens de um poder arbitrário, sempre houve consciências humanas para afirmar e reivindicar as razões da verdadeira justiça contra a violência, embora esta se revestisse de todas as formas de legalidade [...]. É bem conhecido o exemplo de *Antígona* de Sófocles, que invoca contra a tirania as leis *não escritas* superiores às leis escritas.[5]

Outro filósofo, este contemporâneo, extrai interessantes deduções socioéticas da tragédia. Renato Janine Ribeiro, em *Ética, política e cidadania*: revistando a vida pública, vê na heroína "um exemplar de toda discussão sobre a ética porque define o que é essencial nesta última".[6]

A resistência de Antígona patenteia, segundo o autor, o conflito entre lei e ética: "Ainda que muitas vezes coincidam o que ordenam a lei e a ética, o cerne de toda autêntica moral está em ser capaz de enfrentar o poder, seja político, religioso, militar ou econômico, com base na convicção de que ele está errado".[7]

Há também consequências políticas desse conflito. Diz Ribeiro:

Isso significa que o sujeito moral não apenas tenha a liberdade — residual — de aceitar ou não *cumprir* a lei; significa que, mais que isso, tenha ele a liberdade — essencial, axial — de *definir* o que é justo ou injusto e, por isso, de enfrentar a lei, a fim de mudá-la. Não é apenas o súdito, que está debaixo do que é dito [...]. Ele também é o que — numa sociedade democrática — contribui para dizer a lei. Talvez aí esteja o que de mais digno há no ser humano.[8]

Ribeiro percebe também um toque feminino inspirado pela tragédia: "E não deixa de ser curioso que Sófocles [que revela todo o seu machismo em *Oréstia*] tenha,

---

4   ARISTÓTELES, *Retórica*, 1376 b6. apud KURY, *A trilogia tebana*, p. 15 (grifos do autor).

5   DEL VECCHIO, *Filosofia do direito*, apud KURY, *A trilogia tebana*, p. 15.

6   RIBEIRO, Ética, política e cidadania, p. 128.

7   Ibid., p. 128.

8   Ibid., p. 128 (grifos do autor).

em Antígona, celebrado a mulher como notável defensora do que hoje chamaríamos de liberdade de consciência ou, simplesmente, liberdade".[9]

Antígona e seu drama são também lembrados por Edgar Morin no livro que encerra a sua obra principal, *O Método*. No *Método 6. Ética* ele interpreta a tragédia de Antígona como "contradição entre dois deveres, ambos sagrados: o dever com relação à cidade, encarnado por Creonte, e o dever de piedade que obriga a dar uma sepultura ao irmão, encarnado por Antígona".[10]

3. O dilema na leitura teológica aristotélico-tomista

Século XIII. Apogeu da Idade Média. O poder papal é hegemônico. O Direito Canônico suplanta o Romano, torna-se lei universal no mundo europeu. As fontes e os fundamentos da lei e da moral são extrínsecos, advêm de algo transcendente, sintetizador da nova visão do direito e da ética. A lei eterna na mente divina é o primeiro princípio e a causa eficiente de todo o arcabouço do agir individual, social e político. Essa lei está impressa como um selo indelével na razão humana que a descobre na perenidade da natureza. A justiça e o bem comum definem a ordem legal. As leis humanas fundamentam-se em dois pilares: a sagrada doutrina, que brota da revelação divina explicada por seus intérpretes, os pais da Igreja, e o magistério papal; e a razão, que se alicerça na doutrina de Aristóteles, o "filosofo" por excelência, do qual Tomás de Aquino se professa discípulo, sempre invocado nas fundamentações teológicas, suplantando o neoplatonismo de Santo Agostinho.

Nesse edifício lógico e coerente, Aquino enfrenta com muita lucidez a dialética entre o legal e o justo. E o faz corajosamente ao perguntar se somos obrigados a obedecer às leis injustas ou imorais. Essa questão aparece no artigo quarto da primeira parte da segunda parte da *Suma de teologia*. Sirvo-me da tradução de Benjamim de Souza Neto[11] que se encontra na obra que ele organizou e publicou com o título *Tomás de Aquino. Escritos políticos*.

Interessante notar que Aquino não coloca a questão sobre se o que é legal é necessariamente justo, pois dirá ele, nesse mesmo artigo, que leis não justas não são leis. A pergunta é se a lei humana impõe ao homem necessidade no foro da consciência. Começa argumentando que parece não existir essa imposição, pois as leis humanas trazem frequentemente aos homens calúnia e injúria. Cita Isaías 10,1: "Maldição aos que estabelecem leis iníquas e aos escribas que escrevem iniquidades para oprimir

---

9   Ibid., p. 128.

10   MORIN, *Método 6*, p. 48.

11   Cf. TOMÁS DE AQUINO, *Escritos políticos*.

A dialética entre legalidade e justiça

os pobres em juízo e fazer violência à causa dos humildes do meu povo". Ora, sendo lícito a qualquer um evitar a opressão e a violência, as leis humanas não impõem necessidade ao homem quanto à sua consciência.

Como princípio geral, Aquino se posiciona contra essa tese, mesmo que a pessoa deva, como diz a Primeira Carta de Pedro "suportar tristeza por causa de sua consciência ao sofrer injustamente" (1Pd 2,15). Mas a resposta que dá no corpo do artigo é de grande sutileza. Começa fazendo essa distinção: as leis humanamente impostas podem ser justas ou injustas. Se justas, têm força de obrigar em consciência. E aduz este fundamento teológico: a lei justa deriva da lei eterna e por isso vincula a consciência. Cita como reforço a palavra da Escritura Sagrada em Provérbios 8,5: "Por mim reinam os reis e os legisladores decretam leis justas". Há também razões filosóficas que fundamentam a justiça das leis. São justas em razão do fim, quando ordenam o bem comum; em razão do autor, quando contidas nos limites do poder do legislador; em terceiro lugar, Aquino indica uma razão que é verdadeira novidade para o seu tempo: a justiça da lei pela forma de sua aplicação, que deve conter "uma igualdade de proporção ao impor aos súditos encargos em ordem ao bem comum". O argumento a sustentar esse princípio da proporcionalidade é a pertença de cada um ao todo social e a prevalência do bem de toda a comunidade sobre os interesses individuais. Diz textualmente: "Assim, sendo cada homem parte da multidão, cada homem, ele próprio, no que é e no que possui, integra a multidão, assim como qualquer parte, no que é, enquanto parte, integra o todo. Donde é natural (*unde et natura*) impor algum detrimento à parte para salvar o todo. Nesses termos, as leis que, segundo a devida proporção, impõem encargos são justas e obrigam no foro da consciência e são leis legais (*leges legales*).[12]

O jurista Fabio Konder Comparato, em *Ética, direito, moral e religião no mundo moderno*, ao comentar de passagem esse artigo da *Suma de teologia*, observa com muita perspicácia: "Está aí o *princípio de proporcionalidade* que só no século XX foi redescoberto pela doutrina jurídica".[13]

Há também, segundo Aquino, dois modos de saber se a lei é injusta. Primeiro, quando contraria o bem humano, se o legislador impõe aos súditos leis onerosas, não pertinentes à utilidade comum, mas antes voltadas à própria glória e cobiça. Outro modo é quando o autor propõe uma lei que extrapola o poder que lhe foi conferido. Ou então, pela própria forma da lei, quando os encargos são distribuídos desigualmente pela multidão, ainda que se ordenem ao bem comum. Essas leis "são mais violência do que leis". Aquino recorre à autoridade de Agostinho, que diz: "Não se vê ser lei o que não for justo".[14] Por isso, tais leis não obrigam no foro da consciência.

---

12   Cf. ibid., p. 103.

13   COMPARATO, *Ética, direito, moral e religião no mundo moderno*, p. 147, nota 29.

14   SANTO AGOSTINHO, *Sobre o livre arbítrio*, I, 5,33.

Entretanto, não é sempre fácil discernir com clareza o conflito e partir decididamente para a resistência, pois, embora injustas, resistir-lhes pode provocar, segundo Aquino, "um mal maior, um escândalo, uma perturbação". Essa exceção, que impõe a obrigação de obedecer a uma lei injusta, não é afirmada de maneira categórica, mas condicional, pois Aquino usa o advérbio latino *forte*, "talvez" (*nisi forte propter evitandum scandalum vel turbationem*). O teólogo não especifica o que seria escandaloso, nem a que tipo de perturbação se refere. Nesses casos, talvez, deva a pessoa ceder o seu direito de desobedecer e dispor-se a sofrer a injustiça, aceitando o sacrifício da sua liberdade.

Resta, porém, uma situação não resolvida nesse artigo, quando a lei injusta agrava o bem de toda a multidão, emanada por um poder despótico e opressor. A questão é respondida no capítulo VII do Opúsculo *Do reino ou do governo dos príncipes, ao rei de Chipre*, que consta da obra já citada, *Escritos políticos* (pp. 138-141). A tirania deve sempre ser evitada, "temperando" o poder do rei. Se a tirania for branda, é conveniente, temporariamente, tolerá-la para evitar mal maior. Sendo insuportável o excesso de tirania, Aquino refere à opinião segundo a qual caberia "aos homens fortes matar o tirano". O próprio Antigo Testamento respalda essa posição. Mas a essa opinião, Aquino opõe o ensinamento de São Pedro: "Devemos ser reverentemente submissos, tanto aos senhores bons e moderados, como também aos perversos" (1Pd 2,18).

Entretanto, a resistência à perversidade do tirano é justa desde que não seja feita pela iniciativa privada, mas pela autoridade pública. Pois, se compete à multidão o direito de prover-se de rei, "não se há de julgar que tal multidão age com infidelidade destituindo o tirano, sem embargo de se lhe ter submetido perpetuamente, porque mereceu não cumpram os súditos para com ele o pactuado, não se portando ele fielmente, no governo do povo, como exige o dever do rei".[15]

4. A dialética nos grandes deslocamentos da modernidade

O advento da modernidade fez desabar o castelo filosófico e teológico medieval. Proclama-se a autonomia da razão, abalando os fundamentos da ética na lei divina e natural. A metafísica é destronada depois de longos séculos de domínio sobre o pensamento e a ciência. Prenúncios dessa derrocada já se observam no nominalismo de Guilherme de Occam, que questionava a validade dos conceitos universais. O *cogito* cartesiano instaura o sujeito moderno fundado na racionalidade e na separação nítida entre o sujeito pensante (*res cogitans*) e a materialidade (*res extensa*), campo do empirismo que se radicaliza no ceticismo de Hume.

---

15 TOMÁS DE AQUINO, *Escritos políticos*, p. 140.

a) A dialética direito e moral no realismo político de Maquiavel

O deslocamento passa necessariamente por Maquiavel (1469-1527), que desnuda o moralismo no âmbito da política praticada na Idade Média decadente. Os seus conselhos ao príncipe manifestam a intenção de municiar o *condottiere* de meios para estabelecer um poder forte e libertar a pátria — a Itália — constantemente assolada e dominada pelo poder dos papas e dos imperadores estrangeiros que se revezavam na ocupação do solo italiano. Claramente desconcertante, o maquiavelismo político é uma denúncia da hipocrisia dos poderosos e da Igreja, que ungia príncipes, atribuindo o poder em nome de Deus a pessoas corruptas, violentas, inescrupulosas e déspotas; e ela mesma agia com crueldade para manter seu domínio nos Estados pontifícios, tendo como protótipos o Papa Alexandre VI e o sanguinário César Bórgia, paradigmas do maquiavelismo.

O príncipe de Maquiavel introduz o realismo político que libera o poder de submeter-se aos ditames da moral. Opera-se com Maquiavel o divórcio entre religião, moral e direito, que se entrelaçavam na Idade Média. Assim, prepara-se o terreno para a plena liberdade da acumulação e do lucro, lema da burguesia nascente que triunfa na Revolução Francesa desbaratando o poder medieval enfeixado pela nobreza e pelo clero.

Maquiavel resolve a dialética entre legalidade e moral reduzindo a ética à "razão de estado", que se torna a suprema regra das ações. O povo é massa de manobra do poder. Deve o príncipe mantê-lo satisfeito para que não se rebele, buscando abster-se de interferir nos seus negócios e até mesmo favorecendo seu enriquecimento. O governo do príncipe se legitima pela força das armas. A sua atividade própria é a arte da guerra (cap. XIV). Ele deve confiar na *virtù*, entendida como coragem e valor, mais do que na fortuna ou sorte. Deve sempre aparentar ser virtuoso, ainda que possa incorrer em vícios e infâmias para salvar o Estado (cap. VI). Deve ser cruel, para manter os súditos obedientes (cf. cap. XV e XVI). Das suas ações, não há recurso a nenhum tribunal. Se tiver sucesso, mesmo usando meios violentos, estes serão julgados virtuosos, porque o povo só vê as aparências e não a realidade. Ele deve mais ser temido do que amado e nunca confiar no povo, pois os homens são de modo geral ingratos, volúveis, enganadores, dissimulados, covardes, cupidos. Se forem cumulados de bens, serão dóceis, e pelo príncipe sacrificarão sangue, bens, a vida, os filhos. Se descontentes, poderão aliar-se aos sediciosos e pôr em perigo o poder (cap. XVII).

Comparato tece excelente comentário sobre a assunção do maquiavelismo como paradigma da moderna ciência política. Nessa ciência, pretende-se que só haja lugar

> para juízos de fato, nunca para juízos de valor. Como se a consciência ética dos cidadãos, o seu comportamento efetivo em função dos padrões do dever ser, vi-

gentes na vida social, não fossem fatos reais, que influem decisivamente no jogo do poder! Como se os poderosos pudessem descurar inteiramente das justificativas éticas (religiosas, morais, jurídicas) para obter a maior obediência possível de todos, sem o uso da força![16]

b) O teorema na moral kantiana

Marco do pensamento moderno, Kant instaura de maneira definitiva o grande deslocamento que estabelece uma ética secular pós-metafísica. A condição da lei moral agora se respalda na liberdade, pedra fundamental ou condição *a priori* de toda moralidade[17] A lei moral "mantém-se firme por si mesma". Não decorre da razão especulativa, nem é confirmada pela experiência ou demonstrada *a posteriori*.[18] Ela carrega uma espécie de "carta de crédito", pois se propõe a si mesma como um princípio de dedução da liberdade.[19]

A lei moral se firma na pureza do dever ao qual Kant eleva um verdadeiro hino:

> Nome grande e sublime, que nada em ti inclui de deleitável [...]. Mas exiges submissão; no entanto, nada ameaças que excite no ânimo aversão natural e cause temor, mas, para mover a vontade, propões simplesmente uma lei que, por si mesma, encontra acesso na alma e obtém, para si, ainda que contra vontade, veneração.[20]

Mais adiante, Kant formula o famoso princípio: "Unicamente o homem e toda criatura racional é fim em si mesmo. Ele é efetivamente o sujeito da lei moral, que é santa, em virtude da autonomia da sua liberdade".[21]

Kant não ignora o conflito que se põe quando este homem, sempre fim e nunca meio, sempre autônomo e livre, se vê diante de uma lei injusta e opressora. Nos seus *Escritos políticos,* ao enunciar os princípios da *Paz eterna*,[22] ele enfrenta o problema, mas focaliza a dialética pelo viés da sociedade ou da comunidade violentada por uma lei tirânica.

Primeiro, ele questiona a proposição *salus publica suprema civitatis lex est* ("o bem público é a suprema lei do Estado"). Embora ela conserve intacto o seu valor, Kant adverte que "a salvação pública, que *antes de mais nada* importa ter em conta,

---

16 COMPARATO, *Ética, direito, moral e religião no mundo moderno*, p. 162.

17 Cf. KANT, *Crítica da razão pratica*, p. 12.

18 Cf. ibid., p. 60.

19 Cf. ibid., p. 60.

20 Ibid., p. 102.

21 Ibid., p. 103.

22 KANT, *A paz perpétua e outros opúsculos*.

A dialética entre legalidade e justiça

é justamente a constituição legal que garante a cada um a sua liberdade mediante a lei".[23] O soberano, com vistas à *salus publica*, especialmente quando se trata de garantir o estado jurídico, sobretudo em caso de ameaça de inimigos externos, pode impor leis penosas, que o súdito deve aceitar e até ser constrangido a obedecer. Nesse caso, a vontade do soberano é "irresistível", mesmo se a resistência for pacífica, sem violência.[24] Por isso, "toda sedição para transformar em violência o descontentamento dos súditos, toda revolta que desemboca em rebelião [...], é o crime mais grave e mais punível porque arruína o próprio fundamento do corpo comum".[25] Recusar ao súdito o direito de "constrangimento" do soberano não significa que o povo deva renunciar aos seus direitos "imprescritíveis". O soberano deve "autorizar" o cidadão ao direito de "denunciar" ("de fazer conhecer publicamente a sua opinião sobre o que, nos decretos do soberano, lhe parece injusto"), pois, caso contrário, seria admitir que o soberano não pode errar e que seria um "agraciado por inspirações celestes e superiores à humanidade".[26]

Por isso, Kant defende a *liberdade de escrever*, contida, porém, "nos limites e no amor pela constituição sob a qual o súdito vive". Kant não admite, como Hobbes, a soberania absoluta do chefe de Estado, que não estaria "de nenhum modo vinculado por contrato ao povo e não pode cometer nenhuma injustiça contra o cidadão, seja qual for sua decisão a respeito dele".[27] A constituição deve "salvaguardar o modo liberal de pensar dos súditos".[28]

Kant procura conciliar o dever de obediência à constituição política e às suas leis "coercitivas que concernem ao todo", com o que ele chama de *espírito de liberdade*. Diz ele: "No tocante ao dever universal dos homens, cada qual exige ser convencido de que a coação é conforme ao direito, a fim de não entrar em contradição consigo mesmo. A obediência, sem o *espírito de liberdade,* é a causa que induz todas as *sociedades secretas*".[29]

Os possíveis conflitos entre a legalidade e a ética podem ser evitados ou resolvidos no plano objetivo, quando o povo, "constituído em comunidade política, cria suas constituições e leis e elege o soberano com base numa *teoria do direito público* com seus princípios *a priori* (a experiência não pode ensinar o que é direito). Sem a consonância com esse direito, nenhuma prática é válida".[30]

---

23   Ibid., p. 90 (grifos do autor).

24   Cf. ibid., p. 90.

25   Ibid., p. 90.

26   Ibid., p. 97.

27   Ibid., p. 97.

28   Ibid., p. 97.

29   Ibid., p. 99 (grifos do autor).

30   Ibid., p. 100.

5. A dialética contemporânea: novos "Creontes"; Antígona no século XXI

Muitos autores poderiam aparecer na arena do conflito que focalizo, mas os limites de espaço obrigam a mencionar apenas alguns, em que pese a importância dos demais.

No avanço da modernidade, até nossos dias, ao lado da conquista da hegemonia pelo capitalismo, a história registra os longos períodos de regimes coloniais, a truculência das potencias colonizadoras, espezinhando os "condenados da terra",[31] o genocídio de povos e culturas, abafando a recusa da tirania do colonizador, os reclamos dos direitos e das consciências, reprimidas pelas condenações à morte arbitrárias, pelo mar de sangue sufocando rebeliões, conspirações e revoltas.

O século XX, mesmo com o declínio das potencias coloniais, tornou-se "o mais assassino de todos os tempos".[32] Seja pelas duas grandes guerras que exterminaram milhões de inocentes, seja pela truculência interna dos regimes ditatoriais, que silenciaram, nas prisões, nos campos de concentração e nos expurgos em massa, o reclamo das consciências libertárias e das etnias oprimidas. O conflito entre legalidade e moral tornou-se um macroconflito a perpassar o todo social em nível nacional e internacional.

Mesmo nos países que não adotaram a barbárie ditatorial, e ainda mantêm o "estado de direito", instaurou-se, e ainda vige, a violência simbólica que oprime as consciências, passando dos castigos violentos de outrora para a opressão do poder microfísico que penetra no tecido social, mediante as próprias instituições ditas "democráticas", vigiando, punindo e abafando a liberdade de negar a ditadura da sociedade unidimensional.

Soam cada vez mais atuais os alertas de Marcuse, ainda na década de 1960,[33] que denuncia o novo "Creonte" fabricado pela sociedade industrial avançada, porquanto estabelece novas formas de controle pelo consumo massivo: fecha o universo político sob as aparências de democracia, restringe o universo da locução sob as aparências da liberdade de comunicação, derrota a lógica do protesto, instituindo a racionalidade tecnológica, estabelece a lógica da dominação, penetrando no âmago do inconsciente pela "dessublimação repressiva", proclama a vitória do pensamento positivo e a derrocada da filosofia.

Alguns anos mais tarde (1979), Jean-François Lyotard, ao analisar a condição pós-moderna, aponta o império do "discurso do poder", que despreza "a legitimação

---

31   FANON, *Os condenados da terra.*

32   HOBSBAWN, *Era dos extremos.*

33   Cf. MARCUSE, *A ideologia da sociedade industrial.*

A dialética entre legalidade e justiça

idealista ou humanista". E constata com dureza: "Não se compram cientistas, técnicos e aparelhos para saber a verdade, mas para aumentar o poder".[34] Na visão tradicional, o direito e a sabedoria sobrepujavam a força, o justo e o verdadeiro prevaleciam sobre o forte. Na condição pós-moderna, a dialética se reduz entre o eficiente e o ineficiente. O eficiente se legitima, o ineficiente é desqualificado. O desempenho, ao aumentar a capacidade de administrar a prova, "aumenta a de ter razão". Assim, há correspondência de critérios. O critério técnico que se introduz "brutalmente" no saber científico acaba influenciando o critério de verdade. Paralelamente, dá-se a relação entre justiça e desempenho: "As chances de que uma ordem seja considerada justa aumentam com as chances de ela ser executada com o desempenho do prescritor".[35] Por isso, Lyotard concorda com Luhmann, o qual constata nas sociedades pós-industriais a substituição da normatividade das leis pela eficiência mensurável dos procedimentos.[36]

Obras recentes sobre ética buscam situar a nova face da dialética e ao mesmo tempo vão à procura de uma nova Antígona a enfrentar os novos Creontes dos tempos ditos pós-modernos. Detenho-me apenas em algumas, pela premência do espaço.

Em *Ética pós-moderna*, Zygmunt Bauman aponta um divórcio entre Estado e moral, na passagem do Estado moderno para o pós-moderno. O moderno "derivou seu tremendo poder de colonização e regulação coercitiva da vida diária da soberania combinada sobre todas as dimensões decisivas da sobrevivência individual e coletiva".[37] Fundado no tripé econômico-cultural-militar, ele "assumia, catalogava, supervisionava e administrava diretamente os recursos submetidos a seu poder, inclusive os recursos morais da população e o potencial contraestrutural da sociedade".[38]

Já a pós-modernidade profetiza o fim do Estado moderno, "tal como o conhecemos", por vários fatores: globalização da economia e dos suprimentos culturais, ineficiência defensiva de qualquer unidade política tomada sozinha; a "economia nacional" se torna um mito mantido vivo por conveniências eleitorais; o papel econômico da maioria dos governos resume-se "em manter hospitaleiras as condições de trabalho (trabalho submisso, baixos impostos, pão e circo para a população mais pobre), e a grande preocupação é atrair o capital cosmopolita nômade, sem pátria, cuja única face é o lucro".[39]

---

34 LYOTARD, *O pós-moderno*, p. 83.

35 Ibid., p. 84.

36 Lyotard cita a obra de Luhmann *Legitimation durch Verfahren*, 1969.

37 BAUMAN, *Ética pós-moderna*, p. 160.

38 Ibid., p. 160.

39 Cf. BAUMAN, *Ética pós-moderna*, p. 160.

Nessa nova conjuntura, a sociedade em redes universais propicia aos Estados despirem-se do manto de Creonte e apaziguarem ou anularem as possíveis resistências. Diluído cada vez mais nas mãos do mercado, o novo Creonte assume, porém, todas as sensibilidades do antigo tirano: ora está "nervoso", inquieto e irascível, ora aquieta-se e sorrateiramente reprime, despojando multidões e acumulando imensas riquezas nas mãos dos poucos felizardos detentores dos poderes acionários. Já não interessa muito ao novo Estado o humor dos seus súditos, preocupado que está com o humor do mercado. O único bem "moral" é que, porquanto possível, sejam cidadãos "contentes". O seu dever "moral" é de criar uma maioria de eleitores satisfeitos, não importa se nesse segmento haja miseráveis aos quais sobram migalhas que lhes permite sobreviver "de qualquer jeito". Importa que não cobicem os mais aquinhoados e afastem o fantasma da subversão da nova "ordem".

Acesso frequentemente e pesquiso o último volume do *Método* de Edgar Morin, a *Ética*. O dilema aparece quando o autor analisa a relação entre ética e política.[40] O seu olhar para o conflito entre legalidade e justiça focaliza ouros aspectos da atualidade que complementam a análise de Bauman.

Ética e política mantêm relações inseparáveis, complementares, antagônicas e concorrentes. O máximo do antagonismo, já espelhado no conflito entre Antígona e Creonte,

> ressuscitou na sua radicalidade, em pleno totalitarismo do século XX, nos episódios de resistência ao nazismo e ao stalinismo. E reaparece no século XXI: intervenções, ocupações e repressões destroem as poucas regras instituídas para civilizar as guerras; o retorno da tortura é o indicador inequívoco de uma regressão bárbara no coração da civilização.[41]

O dilema, segundo Morin, pode levar a acordos nos quais a ética tenta conciliar com a força, ou seja, utilizá-la para seus fins. Nesse caso, surgem outras incertezas: saber se as escolhas são acertadas ou não, saber qual estratégia adotar e, enfim, enfrentar os riscos e a aposta.[42]

Se a ética se dissolve na política, torna-se puro "cinismo". Entretanto, é um sonho imaginar uma política totalmente submissa à ética. Por isso, a complementaridade entre ética e poder sempre envolve "dificuldade, incerteza e até contradição".[43] Daí a necessidade de salvaguardar a liberdade e os direitos, que é tanto mais imperiosa quanto mais a solidariedade e a comunidade se degradam pela truculência da força.

---

40   Cf. MORIN, *Método* 6, pp. 80-87.

41   MORIN, *Método* 6, p. 80.

42   Cf. ibid., p. 80.

43   Ibid., p. 80.

A dialética entre legalidade e justiça

Morin vê na complexidade da relação entre ética e poder uma "permanente aporia". As incertezas são muitas, pois "o que caracteriza o nosso século é uma perda de futuro". Esse "déficit de futuro" torna o agir moral diante do poder e da política profundamente incerto, o que "reforça a consciência da aposta e a necessidade de estratégias", em especial "a necessidade de combinar audácia e precaução".[44]

Na política de resistência, há também riscos, pois muitas vezes

> o terror do Estado repressivo suscita o recurso a um terrorismo que ataca indistintamente as populações [...]. Cada vez mais as resistências comportam um elemento terrorista e quando este se torna um componente essencial, então a degradação moral do opressor entrou na alma do resistente.[45]

A antinomia realismo/ética e realismo/utopia também encerra contradições. Uma ética de princípios que não tem o pé na realidade pode converter-se em "angelismo"; por outro lado, realismo político sem princípios, que se baseia nos "fatos consumados", torna-se "cinismo". As relações entre o poder dos Estados e a imperatividade dos direitos humanos são muitas vezes antagônicas, quando elas são guiadas por interesses de poder nas diplomacias internacionais e relegam para um plano secundário a proteção dos direitos inalienáveis. Por isso, não raro, o resquício de absolutismo dos Estados desemboca em "compromissos", tapando os olhos para as violações dos direitos humanos. Longe estamos daquela sociedade das nações sonhada por Kant, com poder de proteger de forma eficaz, em toda parte, os direitos universais consignados em quase todas as constituições democráticas.

6. Antígona hoje

Como suscitar "Antígonas" neste contexto da modernidade tardia? As atenções voltam-se cada vez mais para a ética, buscando com ela revigorar a debilidade da política. O pensamento ético reaparece vigoroso na atualidade, excetuando-se a minoria derrotista que proclama "o crepúsculo do dever" ou "a era do vazio".[46] Cito apenas algumas obras e desde já peço desculpas aos ilustres autores por mencionar apenas poucos entre os ricos pensamentos, garimpados, mais do que analisados em profundidade.

Bauman, na obra citada, apela para o reavivamento da consciência moral, "última fonte incitadora do impulso moral e raiz da responsabilidade moral, que foi

---

44   Ibid., p. 82.

45   Ibid., p. 82.

46   Cf. LIPOVETSKY, *A era do vazio*.

apenas anestesiada, não amputada. Adormecida, talvez, atordoada, às vezes envergonhada e reduzida ao silêncio, mas capaz de ressurgir".[47]

Na sua *Ética*, Morin confia nas vias regeneradoras que possibilitam sair da pré-história da mente humana, da barbárie civilizada, imaginando um caminho de reformas profundas: reforma/transformação da sociedade, da educação, da vida; uma regeneração moral para a qual é imprescindível o aporte de uma ciência libertada. E coloca suas esperanças numa metamorfose que implica, segundo a metáfora da crisálida, uma autodestruição e, ao mesmo tempo, uma autoconstrução. "Atualmente, o planeta é incapaz de tratar os seus problemas vitais e de evitar os perigos mortais. A gigantesca crise que suporta carrega todos os perigos de um desastre, mas também as chances da metamorfose". E cita a famosa expressão de Hölderlin: "Onde cresce o perigo, cresce também o que salva".[48]

O despertar da moral no contexto brasileiro é trabalhado em *O desafio ético*, que conta com a colaboração de Luiz Veríssimo, Frei Betto, Luiz Soares, Jurandir Freire e Cristovam Buarque.

Luiz Veríssimo descreve com nitidez o novo "Creonte" que desponta no final do século XX e se projeta na atualidade, um novo "paradigma" que suscita perplexidade, difícil de ser decifrado e, mais ainda, de ser enfrentado. Revolução da informação, fim da guerra fria, hegemonia de uma superpotência, internacionalização da economia, equilíbrio de forças nas relações humanas e sociais. As antigas aspirações de solidariedade e justiça social que moravam nas utopias dos últimos séculos são silenciadas e prevalece o modelo neoliberal que se proclama o ponto culminante da história, não se importando com milhões de vidas jogadas na indigência e sacrificadas no altar do "deus" mercado. Segundo Veríssimo, a especulação financeira, livre dos seus grilhões, possibilita aos capitalistas realizar o seu "sonho reducionista, na sua pátria única, "o lucro". "Assim, o capital assumiu a retórica das melhores intenções socialistas."[49]

Há, porém, esperança. Frei Betto vê sinais promissores na retomada da espiritualidade que desperta no ser humano "fome de pão e beleza".[50]

Luiz Eduardo Soares pergunta por que não retomar o fio condutor do nosso processo de transição, pois nossa democracia é incompleta em vários níveis, e assim contagiar a sociedade com bandeiras e valores instituintes.[51] Por que não propor como iniciativa politizante a tematização da felicidade, como um núcleo criativo e

---

47   BAUMAN, *Ética pós-moderna*, pp. 283-284.

48   MORIN, *O método 6*, p. 181; cf. pp. 168-193.

49   VERÍSSIMO, O poder do nada, p. 15.

50   BETO, *Crise de modernidade e espiritualidade*, pp. 31-46.

51   Cf. SOARES, A ética e o intelectual no século XXI, pp. 47-78.

A dialética entre legalidade e justiça

contagiante unido a prismas coletivos solidaristas, como fez a campanha contra a fome? Lembra a experiência do programa "Mutirão pela Paz", no Rio de Janeiro, com o propósito de enfrentar a violência que explode e assola "o Brasil de baixo". Assim como foi decisiva a luta contra a tortura no combate à ditadura, "hoje é bandeira ética a luta contra a violência e o arbítrio policial no esforço de construção de uma sociedade verdadeiramente democrática, com instituições públicas legítimas".[52]

Jurandir Freire desnuda o principal mandamento do catecismo prático das elites do Brasil, o trinômio droga, sexo e cartão de crédito. Denuncia a indiferença e a inércia das elites diante do submundo das drogas, do banditismo, da truculência policial, da miséria e da fome. Aponta a cultura narcísica do Brasil, que faz os afortunados se apaixonarem pelo refugo social que produzem, tornando-se seus cúmplices e reféns.[53] Recomenda uma mobilização político-cultural que inclua uma discussão dos valores ou do quadro institucional que nos constitui enquanto sujeitos sociais, inclusive e especialmente em nossa vida privada, sem o que dificilmente conseguiremos retirar as elites da inércia auto e heterodestrutiva. Há bandeiras urgentes:

> Conceber novas formas de relações familiares; novas modalidades de relações afetivas, sexuais e amorosas. Novos estilos de convivência e solidariedade, novas atitudes diante do progresso científico e tecnológico; novas posturas diante da transmissão do saber e da tradição cultural democrático-humanista que é a nossa.[54]

Cristovam Buarque, depois de levantar críticas severas ao academicismo dos intelectuais, oferece indicativos para mudar a situação. A contribuição dos intelectuais para construir um mundo mais belo, rico e justo requer que eles rompam os grilhões que aprisionam seu pensamento no círculo ideológico do capitalismo ocidental. Que voltem aos fundamentos dos valores humanos, subordinando a técnica à ética numa nova lógica capaz de entender o homem e o resto da natureza como parte de um todo. Redefinir os conceitos de liberdade e de igualdade nestes tempos das *grandes e independentes máquinas* que substituem o trabalho humano e destroem o meio ambiente.[55]

Renato Janine Ribeiro, na obra organizada por José de Ávila Aguiar Coimbra, *Fronteiras da ética*, focaliza a relação entre ética, política e cidadania. Depois das definições de ética e moral, aborda a ética de princípios ou de convicção e a ética da responsabilidade, que levam a sair da esfera apenas moral e ingressar no mundo da política, aproximando política e cidadania do ponto de vista ético. A essencial pre-

---

52 Ibid., p. 75.

53 COSTA, A ética democrática e seus inimigos, p. 87.

54 Ibid., p. 90.

55 Cf. BUARQUE, Os círculos dos intelectuais, p. 100.

sença da ética na administração pública requer não apenas a realização dos fins que incumbem a todos os governantes e estão consignados no art. 3º da Constituição da República do Brasil, mas também os meios pelos quais a ética é colocada no cerne das escolhas da sociedade e que apontam caminhos para implantar maior justiça social.[56]

José Renato Nalini escreve, na mesma obra, um capítulo sobre ética e administração da justiça. Reporta-se à utopia de um mundo mais ético e mais justo. Convoca a superar a passividade, a resignação, o comodismo, e a tomar uma postura proativa, a irresignação — capacidade de indignar-se —, a assumir uma saudável rebeldia, atitudes que revigoram a consciência moral adormecida.[57]

Fabio Konder Comparato conclui a sua monumental obra *Ética, direito, moral e religião no mundo moderno*, dissertando sobre o sentido ético da vida humana, que urge recuperar em nossos dias. Retoma as lições da sabedoria mitológica, relembra as finalidades da vida humana, reafirma o sentido ético da história:

> O longo caminho da evolução histórica tende a nos conduzir à geração da humanidade-pessoa: a nossa espécie torna-se mais consciente de sua posição no mundo, e procura elevar-se indefinidamente rumo ao absoluto, em busca daquele ponto focal onde a mística religiosa sempre situou a divindade.[58]

7. Concluindo

O itinerário percorrido mostra a complexidade do problema enfrentado. A dialética entre legalidade e justiça perpassa toda a história do pensamento e do agir humano. Está presente no dilema de Abraão, aparece nos versos da tragédia grega, penetra na Idade Média, desemboca na modernidade e se faz aguda na atualidade. Enfrentá-la é preciso, com todas as incertezas que carrega. Mas assim é o existir humano. Entre as angústias das situações trágicas e do desamparo que acompanha a nossa liberdade, é preciso navegar e buscar um norte. Este sempre aparece quando brilham a fé e a esperança.

8. Referências bibliográficas

AGOSTINHO. O Livre Arbítrio. São Paulo: Paulus, 1995.

BAUMAN, Zygmunt. *Ética pós-moderna*. 3. ed. São Paulo: Paulus, 2006.

---

56   Cf. RIBEIRO, Ética, política e cidadania, pp. 121-145.

57   Cf. NALINI, Ética e administração da justiça, pp. 197-213.

58   COMPARATO, *Ética, direito, moral e religião no mundo moderno*, p. 700.

BETTO, Frei. Crise da modernidade e espiritualidade. In: VERÍSSIMO, Luiz Fernando et alii. *O desafio ético*. 3. ed. Rio de Janeiro: Garamond, 2001. pp. 31-46.

BUARQUE, Cristovam. Os círculos intelectuais. In: VERÍSSIMO, Luiz Fernando et alii. *O desafio ético*. 3. ed. Rio de Janeiro: Garamond, 2001. pp. 121-145.

COMPARATO, Fabio Konder. *Ética, direito, moral e religião no mundo moderno*. São Paulo: Companhia das Letras, 2008.

COSTA, Jurandir. A ética democrática e seus inimigos. In: BETTO, Frei; COSTA, Jurandir; BARBA, Eugênio. *Ética*. Rio de Janeiro: Garamond, 1997.

FANON, Franz. *Os condenados da terra*. Rio de Janeiro: Civilização Brasileira, 1968.

FREIRE, Jurandir da Costa. A ética democrática e seus inimigos. In: VERÍSSIMO, Luiz Fernando et alii. *O desafio ético*. 3. ed. Rio de Janeiro: Garamond, 2001.

HOBSBAWN, Eric. *Era dos extremos*; o breve século XX — 1914-1991. 2. ed. São Paulo: Companhia das Letras, 1996.

KANT, Immanuel. *Crítica da razão prática*. Rio de Janeiro: Ed. 70, 1989.

_____. *A paz perpétua e outros opúsculos*. Lisboa: Ed. 70, 2008.

KURY, Mario da Gama (org.). *A trilogia tebana*. 13. ed. Rio de Janeiro: Zahar, 2006.

LIPOVETSKY, Gilles. *A era do vazio*; ensaio sobre o individualismo contemporâneo. Lisboa: Relógio D'Agua, 1983.

LYOTARD, Jean-François. *O pós-moderno*. 4. ed. Rio de Janeiro: José Olympio, 1993.

MARCUSE, Herbert. *A ideologia da sociedade industrial*. Rio de Janeiro: Zahar, 1967.

MORIN, Edgar. *O método 6*; ética. Porto Alegre: Sulina, 2005.

NALINI, José Renato. Ética e administração da justiça. In: COIMBRA, José de Ávila Aguiar (org.). *Fronteiras da ética*. São Paulo: Senac, 2002. pp. 197-213.

RIBEIRO, Renato Janine. Ética, política e cidadania. In: COIMBRA, José de Ávila Aguiar (org.). *Fronteiras da ética*. São Paulo: Senac, 2002. pp. 121-145.

SOARES, Luiz Eduardo. A ética e o intelectual no século XXI. In: VERÍSSIMO, Luiz Fernando et alii. *O desafio ético*. 3. ed. Rio de Janeiro: Garamond, 2001.

SÓFOCLES. Antígona. 13. ed. In: KURY, Mario da Gama (org). *A trilogia tebana*. Rio de Janeiro: Zahar, 2006.

TOMÁS DE AQUINO. *Escritos políticos*. Petrópolis: Vozes, 1997.

VERÍSSIMO, Luiz Fernando et alii. *O desafio ético*. 3. ed. Rio de Janeiro: Garamond, 2001.

VERÍSSIMO, Luiz Fernando. O poder do nada. In: VERÍSSIMO, Luiz Fernando et alii. *O desafio ético*. 3. ed. Rio de Janeiro: Garamond, 2001. pp. 13-30.

CAPÍTULO XIII

Ética profissional jurídica: uma aproximação cristã

Andrés Felipe Thiago S. Guardia

No estudo da ética profissional jurídica, à luz dos princípios cristãos, descortina-se inicialmente uma estreita relação entre direito e religião.

Fustel de Coulanges, em sua obra mais célebre, já afirmava que "o direito não nascera da noção de justiça, mas da de religião".[1] Ao identificar a gênese do direito contemporâneo no culto de deuses domésticos e divindades políadas, assente nos albores da antiguidade greco-romana, o historiador francês tinha por certo que naquelas sociedades se imiscuíam, precipuamente, religião, direito e Estado. Se as funções estatais eram distribuídas segundo critérios religiosos, também o processo, as disposições sucessórias, os contratos, a propriedade e os atos jurídicos em geral fundamentavam-se, em última instância, no transcendente.

Neste panorama, as normas jurídicas não representavam a síntese dos valores mais caros ao homem em determinado momento histórico e lugar, mas a própria vontade dos deuses, traduzida em legislações esparsas e de abrangência restrita. A lei era comum apenas àqueles que partilhavam da mesma fé e não se estabelecia liame jurídico entre dois seres humanos que pertencessem a comunidades religiosas distintas. Entre cidadãos, escravos e estrangeiros inexistiam, portanto, relações jurídicas. Escravos e estrangeiros poderiam converter-se em objeto de direito, mas não eram considerados sujeitos de direitos e tão somente a condição humana não garantia ao homem qualquer *status* peculiar.

Onde os deuses eram legisladores, as normas não representavam outra coisa senão a própria religião imposta aos homens. Consequentemente, não há que se falar no reconhecimento de direitos fundamentais em uma sociedade que absorvia completamente os indivíduos, tolhendo-lhes a liberdade em todas as dimensões.

---

1 COULANGES, *A cidade antiga*, p. 212.

Ética profissional jurídica: uma aproximação cristã

Paulatinamente, a religião antiga deixou de representar o norte absoluto das políticas estatais, e o interesse público passou a orientar o *corpus* social. Surgiu o conceito de coisa pública, *res publica*, que, somado a uma ampla difusão do ideário cristão, representou grande abalo ao modelo de Estado religioso existente até então.

Ao afirmar que seu reino não pertencia a este mundo, Jesus Cristo tornou evidente não a separação completa e absoluta entre Estado e religião, mas a relação de complementaridade existente entre ambos. Com o advento do Cristianismo, a religião deixa de ser patrimônio exclusivo de uma família, de uma comunidade, de uma nação, para tornar-se universal. O separatismo cede lugar à comunhão, e o estrangeiro deixa de representar o idólatra de deuses estranhos para ser reconhecido como semelhante, um irmão. A religião cristã a todos abarca, independentemente de raça, nacionalidade ou legislação.

O Cristianismo não apregoa a imutabilidade e infalibilidade das constituições, até então fundadas no culto e dotadas de uma rigidez sacramental. Ao contrário, os preceitos cristãos devem ser infundidos nos corações e não nas cartas constitucionais. Não se pretende aqui negar qualquer afinidade entre os ensinamentos cristãos e os princípios que ordenam a atividade estatal. O respeito à vida, às liberdades individuais e a promoção do desenvolvimento humano são preceitos inscritos concomitantemente em ordenamentos jurídicos e religiosos. É natural que o Estado e a religião, por vezes, persigam objetivos idênticos. Entretanto, o mero caráter religioso de uma norma não lhe confere nenhum *status* jurídico.

O Cristianismo foi responsável pela mais contundente mudança já suportada pelo direito. Se antes as normas eram buscadas unicamente nos ensinamentos religiosos, agora o ordenamento jurídico poderia ser livremente construído, a partir dos preceitos mais caros à razão e à consciência humanas. Em última análise, a religião cristã foi a primeira a reconhecer o caráter dinâmico do direito, cujas instituições, em perene evolução, devem manter-se fiéis aos costumes de seu tempo.

A ética — analisada por teólogos, historiadores, filósofos ou juristas —, apesar de calcada em valores estáticos e objetivos, não deixa de ser dinâmica e progressista. Os valores permanecem imutáveis, atemporais, mas o valorar, a forma como são interpretados, é vária e contínua. A maior contribuição do pensamento cristão à teoria dos valores e à ética aplicada às carreiras jurídicas não se restringe ao exercício da profissão em plena consonância com preceitos religiosos. Uma análise entabulada sob estes moldes revelar-se-ia incompleta e papista. De rigor reconhecer, sobretudo, a liberdade conferida à ética profissional pelo Cristianismo. À ética, assim como ao direito, é facultado adaptar-se aos influxos do organismo social, de forma a compatibilizar o exercício da técnica com seu principal objetivo: o fomento do desenvolvimento humano pleno.

Bento XVI, em recente encíclica,[2] afirma que a Igreja não tem soluções técnicas a oferecer, mas uma missão a serviço da verdade a cumprir, em todo o tempo e contingência, a favor de uma sociedade à medida do homem, da sua dignidade, da sua vocação. O Sumo Pontífice põe em evidência a separação necessária entre Estado e religião, ao afirmar que a Igreja não pretende imiscuir-se na política dos Estados. Ao reconhecer a complexidade da contingência econômica atual, considera imprescindível assumir novas responsabilidades, adaptar-se ao tempo presente e promover uma profunda renovação cultural aliada à redescoberta de valores.

As palavras do eminente teólogo e líder religioso exortam os cristãos a jungir a ética social à ética da vida, pois uma sociedade que afirma a justiça, a dignidade da pessoa humana e a paz não pode viver em descompasso com estes valores e aceitar pacificamente as mais diversas formas de desprezo e violação da vida. É necessário cuidar para que a ética não permaneça encarcerada nos livros de filosofia, nas discussões acadêmicas, ou nas normas que regulamentam o exercício das mais variadas profissões. Deve-se pugnar o tempo todo e todo o tempo, pela plena adequação dos comportamentos ao pensamento ético. Ou seja, não basta reconhecer a importância dos valores ou propagar a ética aos quatro ventos, é necessário agir de maneira coerente.

"Dai a César o que é de César, e a Deus o que é de Deus" (Mt 22,21). Há muito essa advertência bíblica tem sido interpretada de maneira simplista e parcial. Ditadores, monarcas e até mesmo líderes religiosos escudam-se neste texto da Bíblia para justificar a completa cisão entre interesses estatais e religiosos. Dessa forma, o enunciado converte-se em mero acordo de cavalheiros. Por um lado, reconhecem os governantes a importância da Igreja e comprometem-se a não lhe embaraçar o culto ou questionar seus fundamentos. Por outro, comprometem-se os religiosos a aceitar os desmandos estatais e não emitir nenhum parecer a respeito do que ocorre fora dos templos. Sob este prisma, a afirmativa esvazia-se de sentido, e governantes inescrupulosos veem-se plenamente livres para utilizar o poder segundo suas próprias conveniências. Afinal, se o Estado não questiona dogmas ou autoridades religiosas, o que autorizaria a Igreja a discutir as razões que levam um ditador a permitir o emprego da tortura em interrogatórios policiais, a utilizar-se indiscriminadamente do confisco de bens e a vilipendiar abertamente as instituições democráticas? Necessário, portanto, interpretar esta assertiva *cum grano salis* e considerar que Igreja e Estado possuem atribuições distintas, mas têm por norte um mesmo objetivo: a defesa da dignidade humana e, por via reflexa, a promoção do desenvolvimento. Deus não é o Estado e o Estado não é um deus.

---

2   Cf. BENTO XVI, Encíclica *Caritas in Veritate*.

Neste início de século, o apelo à coerência dirige-se ao homem, à sua consciência moral, e representa, acima de tudo, a busca do equilíbrio. O grande desafio imposto às sociedades contemporâneas é assegurar a laicidade do Estado e de suas instituições, sem excluir a religião do âmbito público. Na mesma medida em que se deve expurgar das constituições todo fundamentalismo religioso, é imprescindível assegurar a liberdade de religião e permitir que as verdades da fé balizem a vida pública. A relação de complementaridade entre o Estado, a religião cristã e as demais religiões deve ser buscada através da identificação dos valores da fé nas dimensões social, cultural, econômica e política. Permitir que Deus encontre lugar também na esfera pública significa reclamar o respeito aos princípios da ética social — como a honestidade, a transparência e a responsabilidade — e, sobretudo, patenteia um dever de caridade aliado à verdade.

Veritas in caritate, como assinala o apóstolo Paulo ou *caritas in veritate*, tal qual enunciado na encíclica, representa o princípio em torno do qual gravita toda a doutrina social da Igreja e que ganha forma operativa através de critérios orientadores da ação moral. Entenda-se por caridade o preceito retor das responsabilidades morais nos âmbitos social, cultural, político, econômico e jurídico. Em poucas palavras, a caridade encerra a mais perfeita síntese dos ensinamentos de Cristo[3] e representa, em última instância, a base das relações sociais, econômicas e políticas.

O mérito da análise empreendida pelo Sumo Pontífice reside especificamente em jungir a caridade à verdade e considerá-las não apenas sentimentos acessórios, úteis à convivência social, mas autênticos vetores da vida ética. Viver a caridade na verdade, em uma sociedade que relativiza valores e sistematicamente menospreza a confiança e o amor pelo que é verdadeiro, revela mais do que uma simples exigência moral, mas a comprovação de que os valores cristãos são úteis e complementares à construção de um Estado voltado ao desenvolvimento humano integral.

Sem verdade, a caridade confunde-se com altruísmo ou benemerência, não há responsabilidade social e a atividade estatal tende à realização de interesses privados, em pleno descompasso com valores como a justiça e o bem comum:

> Querer *o bem comum* e trabalhar por ele é *exigência de justiça e de caridade*. Comprometer-se pelo bem comum é, por um lado, cuidar, e, por outro, valer-se daquele conjunto de instituições que estruturam jurídica, civil, política e culturalmente a vida social, que deste modo toma a forma de *pólis*, "cidade". Ama-se tanto mais eficazmente o próximo, quanto mais se trabalha em prol de um bem comum que dê resposta também às suas necessidades reais. Todo o cristão é chamado a esta

---

3   "'Mestre, qual é o maior mandamento da Lei'? Jesus respondeu: 'Ame ao Senhor como seu Deus com todo o seu coração, com toda a sua alma, e com todo o seu entendimento. Esse é o maior e o primeiro mandamento. O segundo é semelhante a esse: Ame ao seu próximo como a si mesmo. Toda a Lei e os Profetas dependem desses dois mandamentos'" (Mt 22,36-40).

caridade, conforme a sua vocação e segundo as possibilidades que tem de incidência na *pólis*.[4]

O desenvolvimento humano, a persecução do bem comum e a consecução do ideal de justiça que orientam a produção normativa e condicionam o exercício do ministério jurisdicional adstringem-se a uma aptidão técnica em plena consonância com a coerência moral. *Caritas in veritate* e *veritas in caritate* representam, assim, autênticos imperativos ao desempenho das atribuições funcionais.

Há muito pretendem os legisladores impor a fórceps a observância da ética àqueles que se dedicam às carreiras jurídicas. Na atualidade, numerosas leis e códigos de conduta tratam da matéria e uma nova disciplina — "Deontologia Jurídica" — vem sendo ministrada nas universidades e constitui objeto de arguição em concursos públicos.

Esse esforço para pautar o exercício profissional pelo respeito à ética deve ser observado de maneira crítica. A simples inscrição de preceitos vagos e orações mal construídas em códigos de ética redigidos com pouco rigorismo não autoriza a instituição de uma novel disciplina destinada à análise desses dispositivos. A ética impõe-se indistintamente a todos os homens; é uma, ainda que seus preceitos sejam identificáveis em relações econômicas, políticas, jurídicas, e nem mesmo razões didáticas justificam a criação de uma *deontologia jurídica*. Manter nas grades curriculares uma disciplina destinada a mera leitura e interiorização dos preceitos inscritos nesses manuais de conduta, sem fornecer aos estudantes instrumentos que lhes permitam interpretar tais normas para agir em seus ofícios, não representa apelo à ética e à moral, apenas revelho moralismo. Poder-se-ia questionar essa opção pedagógica ao afirmar que boa parte dos princípios de ética profissional conta com amparo legal e aqueles que descumprem essas diretrizes sujeitam-se a sanções judiciais e administrativas. Entretanto, mais acertado que cobrar a interiorização mecânica desses textos, seria fomentar a análise crítica, de forma a propiciar aos futuros profissionais a compreensão do amplo sentido dessas normativas.

A ética aplicada às carreiras jurídicas não se restringe à interiorização sistemática e exaustiva das normas inscritas nos códigos de conduta e legislações conexas, mas à perquirição do sentido primeiro desses dispositivos.[5]

No Brasil, o estudo da ética no exercício da advocacia condiciona-se à análise de dois importantes instrumentos normativos: a Lei n. 8.906, de 4 de julho de 1994 (Estatuto da Advocacia), e o Código de Ética e Disciplina da Ordem dos Advogados do

---

4   BENTO XVI, Encíclica *Caritas in Veritate*, n. 7.

5   Não se pretende aqui exprobrar o ensino da ética nas faculdades de direito. Ao contrário, o estudo dessa disciplina é imprescindível à formação jurídica. Restringimo-nos apenas a advertir que, antes de memorizar os artigos que disciplinam a conduta profissional, é preciso saber interpretar-lhes o sentido. O ensino da ética reclama, sobretudo, uma análise hermenêutica.

Brasil, de 1995, aprovado e editado pelo Conselho Federal da Ordem dos Advogados do Brasil.

Análise hermenêutica de tão detalhada e específica normativa não se afigura possível nos estreitos limites deste capítulo. Há que se ater, portanto, ao último imperativo de conduta do advogado elencado no Preâmbulo do Código de Ética e Disciplina.

Em um sistema jurídico coerente e hierarquizado, deve-se buscar na Carta Maior o fundamento da disciplina legal e infralegal de determinada matéria.[6] Conforme inscrito no artigo 133, da Constituição Federal Brasileira, "o advogado é indispensável à administração da justiça, sendo inviolável por seus atos e manifestações no exercício da profissão, nos limites da lei".

Trata-se de princípio constitucional reiterado no artigo 2º, da Lei n. 8.906/94, que dispõe sobre o Estatuto da Advocacia e a Ordem dos Advogados do Brasil. Atribuída competência ao Conselho Federal da OAB, nos termos do artigo 54, inciso V, da Lei, para editar e alterar o Código de Ética e Disciplina, conjunto de regras que orienta a conduta daqueles que se dedicam à advocacia e institui colegiado cuja principal função é zelar pelo respeito à ética profissional. Impende atentar, instituídos embora pelo Conselho Federal e não pelo legislador ordinário, que os deveres consignados no código, mais que mera recomendação, por expressa determinação legal obrigam a todos os advogados (Lei n. 8.906/94, artigo 33).

Os imperativos de conduta do advogado decorrem diretamente dos princípios que nortearam a elaboração do código e orientam, sobremaneira, a interpretação do Título I, que dispõe sobre a ética daqueles que se dedicam à advocacia. Nove são os imperativos inscritos no preâmbulo deste Código de Ética e Disciplina:

I. lutar sem receio pelo primado da justiça;

II. pugnar pelo cumprimento da Constituição e pelo respeito à Lei, fazendo com que esta seja interpretada com retidão, em perfeita sintonia com os fins sociais a que se dirige e com as exigências do bem comum;

III. ser fiel à verdade para poder servir à justiça como um de seus elementos essenciais;

IV. proceder com lealdade e boa-fé em suas relações profissionais e em todos os atos do seu ofício;

---

6   Despicienda, em trabalho dirigido aos operadores do direito, a análise da natureza jurídica do Estatuto da Advocacia e do Código de Ética e Disciplina, bastando neste projeto de teologia ressaltar-lhes o fundamento e a hierarquia.

Andrés Felipe Thiago S. Guardia

V. empenhar-se na defesa das causas confiadas ao seu patrocínio, dando ao constituinte o amparo do direito, e proporcionando-lhe a realização prática de seus legítimos interesses;

VI. comportar-se, nesse mister, com independência e altivez, defendendo com o mesmo denodo humildes e poderosos;

VII. exercer a advocacia com o indispensável senso profissional, mas também com desprendimento, jamais permitindo que o anseio de ganho material sobreleve à finalidade social do seu trabalho;

VIII. aprimorar-se no culto dos princípios éticos e no domínio da ciência jurídica, de modo a tornar-se merecedor da confiança do cliente e da sociedade como um todo, pelos atributos intelectuais e pela probidade pessoal;

IX. agir, em suma, com a dignidade das pessoas de bem e a correção dos profissionais que honram e engrandecem a sua classe.

O imperativo derradeiro sintetiza o disposto nos postulados anteriormente referidos. Entretanto, exsurgem mais evidentes neste preceito alguns importantes deveres do advogado.

Cabe, ao advogado, observância ao dever de preservar em sua conduta o decoro inerente ao exercício profissional.[7] Nesse mister, deve pautar-se pela correção moral e permanecer fiel ao dever de urbanidade exteriorizado no artigo 31, do Estatuto da Advocacia, e nos artigos 44 a 46, do Código de Ética e Disciplina, que o obrigam, em apertada síntese, a tratar respeitosamente a todos. Também, deve zelar para que lhe seja dispensado, no exercício da profissão, tratamento compatível com o elevado ministério da advocacia.[8]

O imperativo nono condiciona o exercício da advocacia à coerência moral, ao dever de agir em estrita consonância com os ditames da ética. Os advogados são chamados não apenas à caridade — preceito retor das responsabilidades morais —, mas sobretudo à coragem civil:

> Se o réu pobre e obscuro encontra a seu lado, mesmo nos processos mais disputados e perigosos, o defensor que fraternamente o assiste, isso significa que no coração dos advogados não encontra abrigo apenas a cupidez de dinheiro e a sede de glória, mas também, com frequência, a caridade cristã, que impõe não deixar o inocente a sós com sua dor e o culpado a sós com sua vergonha. Há, porém, algo mais: quando alguém passa perto da violência que ameaça o direito e, em vez de

---

7 Cf. Código de Ética e Disciplina, artigo 2º, parágrafo único, incisos I e II.

8 Cf. Estatuto da Advocacia, artigo 6º, parágrafo único: "As autoridades, os servidores públicos e os serventuários da justiça devem dispensar ao advogado, no exercício da profissão, tratamento compatível com a dignidade da advocacia e condições adequadas a seu desempenho".

prosseguir em seu caminho fingindo não ver, para indignado para interpelar o prepotente, e sem cuidar do perigo que corre lança-se generosamente na briga para tomar a defesa do mais fraco, que tem razão, isso se chama coragem civil, que é virtude ainda mais rara que a caridade.[9]

Que a ética ensinada nos bancos da academia represente não a interiorização irrefletida dos códigos e estatutos mas sim um autêntico esforço em prol da coerência moral, tão necessária àqueles que lutam pelo primado da justiça.

Referências bibliográficas

BENTO XVI. Encíclica *Caritas in Veritate*. São Paulo: Paulinas, 2009.

COULANGES, Fustel. *A cidade antiga*. Trad. Jean Melville. São Paulo: Martin Claret, 2004.

CALAMANDREI, Pietro. *Eles, os juízes, vistos por um advogado*. Trad. Eduardo Brandão. São Paulo: Martins Fontes, 2000.

---

9   CALAMANDREI, *Eles, os juízes, vistos por um advogado*, p. 373.

CAPÍTULO XIV

A problemática do bem e do mal: antes e para além do direito

Afonso Maria Ligorio Soares

1. Narrativas que consolam e salvam do absurdo

Se você chegou até esta parte do livro, já teve uma boa noção das possíveis interações entre a reflexão teológica e a prática do direito, que têm na justiça sua fonte e meta comum. Na verdade, o tempo todo se esteve conversando sobre a problemática do bem e do mal. A religião é a estratégia mais antiga que nossos remotos ancestrais inventaram para lidar com este problema: somos seres limitados, finitos, expostos a dores e sofrimentos, potenciais vítimas de agressores, e mortais. A filosofia grega foi uma tentativa de retomar as respostas mítico-religiosas numa chave secularizada, segundo os ditames da razão, da lógica e da ordem. As leis são o resultado dessa reflexão, traduzida em rotinização de atitudes: o que, afinal, devemos fazer e o que não podemos permitir, caso seja de nosso interesse o bem de cada indivíduo e o bem comum. Parece clara, então, uma linha de continuidade entre religião, filosofia e direito.

Mas bem por isso, convém uma última reflexão, pois a tensão entre o bem e o mal não esgota nem culmina no direito, embora passe necessariamente por aí. Há um problema que estava antes e certamente seguirá para além do direito: a pergunta pelo sentido último de nossa existência.

Imaginemos, por exemplo, que um projeto como o dos Dez Mandamentos fosse realmente seguido à risca ou que a inovação cristã de entender a norma como vivência concreta do amor, na trilha do profeta Jesus, fosse de fato experimentada por todos. Se tal ocorresse ou, por algum expediente, as pessoas decidissem seguir os princípios básicos de toda moral, que poderíamos resumir na declaração dos direitos

A problemática do bem e do mal: antes e para além do direito

humanos, mesmo assim continuaríamos a adoecer, a nos frustrar no amor, a nos entediar e a morrer. Como dar conta desses males?

Religião e filosofia disputam a primazia na solução ou na condução desse drama existencial. Muitos entendem que a filosofia já perdeu essa disputa, pois, embora atenda às inquietudes dos homens e mulheres modernos, e especule sobre o mal propondo meios de abordá-lo em termos práticos, não tem o poder religioso de nos motivar, inspirar e amparar diante do mal. Mas não estou muito certo disso. Também a filosofia pode e deve convocar para o engajamento e o combate ao mal.

A filosofia, propõe Luc Ferry, é "uma tentativa grandiosa de ajudar os seres humanos a alcançar uma 'vida boa' superando os medos e as 'paixões tristes' que os impedem de viver bem, de ser livres, lúcidos e, se possível, serenos, amorosos e generosos". Em suma, as visões de mundo filosóficas são em primeiríssimo lugar "doutrinas da salvação", uma vez que se propõem a nos salvar do perigo da infelicidade.[1] Assim definida, a filosofia nos promete a mesma coisa que as grandes religiões, mas nos garante que podemos chegar lá pela razão e por conta própria. Ou seja, filosofar é propor uma doutrina da salvação sem Deus.[2]

O próprio Ferry reconhece a genialidade do Cristianismo ao propor o amor — principal problema para se pôr em prática o desapego exigido pelos estoicos — como solução de nossa finitude e miséria: "em vez de ser a origem de nossos tormentos, agora é ele que nos salva, com a única condição de ser amor em Deus". Os cristãos venceram os gregos com "uma promessa que corresponde em todos os pontos a nossos mais caros desejos". Contanto que se tenha fé, o Cristianismo é imbatível como doutrina de salvação. Por isso, "não espanta", conclui Ferry, que ele "tenha conseguido vencer a filosofia e isso, quase sem concorrência, durante quase quinze séculos".[3]

Eu diria que a principal diferença entre o que Ferry chama de filosofia e o que deveria ser tarefa da teologia é que o teólogo exercita a razão sabendo ser esta uma dádiva divina e, como dizia Tomás de Aquino já no século XIII, a melhor maneira de corresponder à intenção do Criador é usar a inteligência que dele ganhamos.

Assim, a filosofia e a teologia têm de lidar com uma pergunta que permanece mesmo quando o direito e a justiça já foram restabelecidos: por que tudo está prestes a se perder de novo, e isso sempre? Os símbolos do mal, presentes em todos os mitos e religiões ancestrais, falam disso. Temos uma labilidade, uma maleabilidade constitutiva que permite o mal moral, que brota da desproporção entre a finitude e o anseio de infinitude. Paremos um pouco, então, nesses mitos.

---

1   Cf. FERRY, *Vencer os medos*, pp. 15-21. Ou: id., *Aprender a viver*, pp. 18-34 e 266-297; id., *A sabedoria dos mitos gregos*, pp. 11-42 e 288-304.

2   Cf. FERRY, *Vencer os medos*, p. 18.

3   Ibid., p. 43.

2. Tipologias do mal no Antigo Oriente

Para descrever e interpretar as narrativas míticas sobre o mistério da maldade e do sofrimento, sigo uma sugestão didática de Paul Ricoeur em *Finitude e culpabilidade*, obra magistral, ocupada em grande parte com a *simbólica do mal*.[4] Ali ele vasculha o contexto das religiões do Antigo Oriente Próximo e da Grécia em busca das formas com que se "interpreta" a experiência do mal. Ele agrupa seus resultados em quatro modelos fundamentais de mito: o teogônico; o adâmico; o trágico e o órfico. Em todos eles está presente a intuição de que é preciso certa sabedoria no levar a vida, em um difícil equilíbrio entre o que temos de destruir e afastar e aquilo que simplesmente faz parte da condição humana e terá de ser aceito sob pena de enlouquecermos.

O *mito teogônico* ou *etiológico* está presente nas narrativas que procuram explicar a origem do mundo, do ser humano e da divindade. Um exemplo sempre mencionado desse primeiro tipo é o poema sumério *Enûma Elish*, que descreve/celebra o conflito cósmico entre o caos e a ordem, com a derrota daquele perante a segunda. Em diferentes povos, descobrimos relatos ensinando que no princípio era o caos, o abismo, a indistinção, a ambiguidade dos deuses; dos entrechoques dessas forças primordiais e de muita violência desferida por um deus guerreiro — seja Marduk que estraçalha sua mãe Tiamat;[5] Crono que castra o pai Urano; ou Zeus que submete a Crono — a ordem é (re-) estabelecida. Porém, a qualquer momento, o caos pode ultrapassar as fronteiras de onde fora acuado. E o que ou quem representa esse ponto fraco por onde o caos avançaria? Em geral, o ser humano: vencidos pela temporalidade e pela mortalidade, nós vivemos em nós mesmos esse amálgama de ordem e caos.

E como amostra de que tal angústia — longe de ser privilégio do Antigo Oriente — vaga os oceanos da terra, observemos o seguinte mito dos mapuches sul-americanos: *Kai Kai e Treng Treng*.

> Treng Treng era uma montanha e também um espírito bom que ajudava as pessoas. Kai Kai era um pássaro marinho, um espírito do mal, que prejudicava as pessoas. Assim foi como Treng Treng salvou os mapuches e triunfou sobre o mal. Um dia, Kai Kai decidiu aniquilar todos os mapuches e fez com que o mar se levantasse até inundar a terra. Muitos mapuches conseguiram subir até Treng Treng com os seus animais, junto com os animais selvagens que os seguiram. Quando Kai Kai falou: "kai kai kai kai", o mar subiu quase até cobrir o cume de Treng Treng, ameaçando as pessoas e os animais que aí estavam. Ao ver isto, Treng Treng elevou-se ainda mais. A briga continuou até que Treng Treng alcan-

---

4 Cf. RICOEUR, *Finitud y culpabilidad.*

5 Cf. ELIADE, *História das crenças e das idéias religiosas*, t. 1, v. 1, pp. 93-97.

çou a altura que tem hoje; então, toda a água do mar esgotou-se e Kai Kai estava vencido. Assim foram salvas todas as pessoas e os animais que haviam subido até Treng Treng. Isso mostra o poder de Treng Treng. Venceu Kai Kai e salvou as pessoas.

Como se vê, a narrativa pressupõe a preexistência de forças antagônicas, entre as quais vão circulando, como podem, os humanos. Assim, o que aí poderíamos chamar de "mal" preexiste à criação ou à configuração do mundo conhecido e a ela se opõe como "deus" do mal. Seja o Kai Kai mapuche, a babilônica Tiamat ou seu correlato cananeu Yam (o Mar), o oponente de Baal, a origem do mal é coextensiva à origem das coisas. Ricoeur também chama nossa atenção para um efeito importante dessa visão, a saber, quando funda o mundo, o deus responsável pela façanha age como seu libertador. Assim, do ponto de vista tipológico, o mal equivale ao "caos", ao *sem forma*, e a salvação é idêntica à própria criação. O mal absoluto seria não existirmos. Existir já é, por si só, salvar-se do nada.

O fundamental desse primeiro tipo de explicação mítica é que se consegue dar, ao mesmo tempo, um significado ao sofrimento e, de outro lado, desculpar o ser humano das desgraças e injustiças dessa vida. Aliás, até os próprios deuses são, por assim dizer, ameaçados pelo mal, e devem, se o quiserem vencer, combater o caos por meio da ordenação do cosmo. Não deixa de ser, enfim, uma visão dualista que, no fundo, aponta a esfera divina como origem do mal. Ao mesmo tempo, os ritos, as leis e toda a organização social legitimam o deus que luta para sobrepor o bem (a ordem, o sentido) ao mal; e este, por sua vez, dará respaldo e sustentação ao modelo de sociedade que o fortifica ritualmente.[6]

O segundo modelo mítico é o *mito adâmico*. Este tem como referência clássica o episódio do terceiro capítulo de *Gênesis*, versículos de 1 a 24. Você pode relê-lo depois, com calma, em casa ou na biblioteca. E cheque com os amigos as várias versões dessa estória. E há muitas, pois a força sugestiva desse relato continuará servindo de inspiração à tradição filosófica posterior. De fato, ele consiste numa reflexão sapiencial sobre o livre-arbítrio e a autonomia, sem deixar de ilustrar, com acertada plasticidade, a indigência humana.[7] O mal aqui se associa à culpa, e tem sua origem numa ação do ser humano. Em termos mais técnicos, o mal é posterior à cosmogonia e à antropogonia. Para vir à tona, o mal depende da liberdade humana. Daí a função das proibições na narrativa genesíaca. A salvação, como antes já fora a queda, será fruto de uma história de liberdades que culminará na escatologia. A queda é uma pertur-

---

6   Entretanto, as religiões da deusa-mãe ou grande deusa seguem em outra direção, destacando as caóticas forças da vida em sua força centrífuga.

7   Cf. RICOEUR, *Finitud y culpabilidad*, pp. 558-582.

bação da criação acabada e perfeita. Algo, por assim dizer, "imprevisto"[8] que poderá, no entanto, ser contornado em uma história (um processo) original de salvação.

O mito adâmico é a versão judaica dos mitos de queda. Melhor chamá-lo de mito de "desvio" ou de "distanciamento" (Ricoeur), para não confundi-lo com relatos que pressupõem um grau ou realidade superior do qual se decai. O pecado humano teria acarretado aos infratores a perda da inocência, mas não um rebaixamento na hierarquia dos seres.[9]

Segundo o relato bíblico, a própria ontologia da criação funda a moral. Quando uma criatura ousa dominar o mistério da vida e da criação, colocando-se acima do bem e do mal (= ser Deus), o resultado só pode ser uma catástrofe (Gn 3-11). É irônico que a promessa da serpente se cumpra quase ao pé da letra: "Sereis como deuses, detendo o conhecimento do bem e do mal". De fato, ao comer do fruto da árvore, o primeiro casal humano perde a inocência (que, no fundo é um estado pré-humano) e começa a experimentar na própria pele o potencial autodestrutivo da ambivalência: o que é bom para mim torna-se mau para meu semelhante; o que eu retenho, a outro faltará; a tentação de livrar-se de minha responsabilidade e incriminar o outro é sempre iminente ("A *mulher* que *o Senhor me deu* apresentou-me deste fruto, e eu comi"; "A *serpente* enganou-me e eu comi": Gn 3,12-13); e, por fim, fecha-se o círculo quando, ao querer determinar arbitrariamente o bem e o mal em função de meus próprios interesses, mergulho no abismo do mal, isto é, perco a noção mesma de bem e mal.

Submetidos a essa inevitável ambivalência da condição humana, somos socorridos pelos mandamentos divinos que se nos apresentam como orientação cultural na concretização do bem e do mal. Existem em função da sobrevivência e do desenvolvimento do próprio ser humano e não como proibição arbitrária de Deus. Assim, ao proibir algo, Deus estaria, ao mesmo tempo, reconhecendo e limitando a liberdade humana, porque sabe que a autodeificação simplesmente não nos fará livres de forma alguma. Como dizia Santo Tomás de Aquino (*Suma teológica* I, IIae, q. 19, a. 5-6.10), o mal não se deve a uma determinação divina, pois Deus só proíbe o que nos prejudica. E não se trata de exigir cega obediência a leis absurdas ou mal compreendidas, pois a consciência errônea tem o direito de seguir seus próprios ditames. Até seria contraproducente uma lei que coibisse totalmente o erro, sem tolerância alguma (Ia, IIae, q. 96, a. 2; q. 95, a. 3).

Enfim, a nota original desse tipo de mito é deixar claro que, de um lado, está a santidade de Adonai (o Senhor); de outro, a ação má pela qual o ser humano assume a responsabilidade e o consequente sofrimento como castigo (Gn 3,1-23; 6,12-13).

---

8   Valem as aspas, pois os resultados livres das opções humanas também poderiam ter sido calculados pelo Criador, como alguns teólogos costumam sugerir.

9   Cf. RICOEUR, *Finitud y culpabilidad*, pp. 544; 543-608.

A problemática do bem e do mal: antes e para além do direito

Portanto, uma coisa é a bondade da criação; outra, a história como lugar do mal. Dessa forma, o mito visa superar a visão de um combate ancestral entre caos e ordem ou a proposta da condição trágica da vida. Todavia, você poderá atenazar seu professor de teologia com alguns questionamentos que põem em dúvida o avanço pretendido pela ênfase hebraica na liberdade e na responsabilidade humanas:

- Não obstante os argumentos supramencionados, será que Deus protege mesmo o ser humano de seu "desejo de ser como Deus" (Gn 3,6) ou tem ciúme de tal possibilidade?

- Que Deus santo atiçaria a curiosidade mortal de seus filhos, chamando-lhes a ingênua atenção (num jardim repleto de árvores) para uma árvore tão perigosa?

- É opinião difusa entre exegetas e teólogos que o pecado adâmico não fala do mal como de uma necessidade natural, inerente à constituição humana, mas como resultante de uma livre orientação que, de um lado, só é possível graças à finitude e à contingência, e de outro, como fruto do desejo de absoluto. Contudo, de onde vem a falibilidade humana, pressuposto para a catástrofe que virá a seguir?

- Não estaríamos mais uma vez às voltas com um círculo vicioso? A fragilidade dá origem ao desejo de sermos absolutos como Deus, e ceder a tal desejo, negando a finitude e a contingência, é pecado. Não há um mal constitutivo da natureza; ele é um produto da liberdade. Porém, se somos livres por nossa própria natureza, não é constitutivo da natureza humana errar e pecar?

- Se a figura da serpente simboliza o caráter extrínseco do mal, não seria sinal de algo integrante do caos e, portanto, de um mal anterior ao humano?

Sempre digo a meus alunos que é indelicado fazer alguns tipos de perguntas aos relatos bíblicos, pois, eles não estão aí para substituir a filosofia e a pesquisa científica. Entretanto, se eles são de fato, como parecem ser, tentativas conscientes de se contrapor às narrativas míticas circunvizinhas, sobretudo as que fundam os sucessivos impérios que esmagavam o povo judeu, não é demais perguntar-se sobre em que medida os elementos míticos criticados foram realmente superados. Queiramos ou não — aí está toda a filosofia grega para ilustrá-lo — o símbolo mitológico é um campo fértil para a reflexão.

A teologia, no fundo, tem por missão levantar perguntas incômodas ao mito antes que ele dê asas a visões extremadas que deponham contra o próprio sentido buscado no relato. Muitos veem no mito cristão do pecado original um exemplo de visão extrema a que pode ser associado o modelo adâmico. Esse mito, em sua versão agostiniana, quase nega o ser humano a fim de enaltecer a Deus. Dele partirão as filosofias cristãs posteriores a fim de desculpar Deus pelo mal. O mal aqui se origina do "mal moral". Entretanto, a própria mitologia bíblica oferece um contraponto importante a essa vertente: a figura de Jó, o inocente sofredor.[10] Embora o denso poema que ocupa a maior parte do livro pareça inocentar a divindade ao final — chamada de *El Shaddai* na maior parte do texto — também Jó é inocentado. Todavia, a nota de destaque é que o Deus de Jó é intimado por este a sentar no banco dos réus e a se explicar. No epílogo da obra, a divindade toma de fato a palavra, mas, em vez de nos explicar algo sobre o enigma do mal, devolve-nos ao mistério. Ressalte-se, porém, que, ao dialogar com Jó, Adonai acaba reconhecendo a legitimidade de sua queixa. Além disso, Jó se recusa a admitir — ao contrário de um de seus contemporâneos, o indiano Sidharta Gautama — que seu sofrimento seja mera ilusão. Jó afunda-se no arrependimento, no pó e na cinza (Jó 42,2-6), mas não se retrata! De qualquer modo, porém, estava aberta a porta para a culpabilização do ser humano e sua responsabilização ética.

O *mito trágico* contempla uma situação intermediária entre os dois primeiros. Aqui o mal está ligado ao destino do ser humano (vide as tragédias gregas). Os deuses tentam, cegam e extraviam. Embora não cometa a falta, ou não saiba exatamente que falta cometeu, o herói é culpado de alguma maneira. É como se a deidade lhe dissesse: "Você não sabe porque está apanhando, mas eu sei porque estou batendo".

Se nos relatos teogônicos, o combate se dava entre deidades (caos X ordem), agora o mal é experimentado como resultante do enfrentamento entre deuses e seres humanos. Se já fazia parte da natureza dos deuses serem imprevisíveis e desconcertantes, agora eles passam a ser perigosos, traiçoeiros, cruéis e diabólicos. Como nas antigas teogonias, o bem e o mal continuam habitando as profundezas da divindade; só que desta vez se enfatiza sua hostilidade para conosco tanto quanto a inutilidade dos esforços humanos por escapar da Moira (o Destino). Porque, afinal, se são deuses, seu desejo é realidade, o que querem é o certo. A nós, seres imperfeitos e limitados, manchados pela condição terrena, ctônica, material, resta a corda bamba entre destino e liberdade, predestinação e heroísmo, cólera divina e revolta, culpa e infortúnio, medo e compaixão, sem nunca saber, enfim, que surpresas os céus nos reservam para daqui a pouco.

A única salvação possível, nesse modelo, é estética (no sentido de *aisthesis* ou sensibilidade interior), e se alcança quando a própria tragédia é interiorizada na profundidade da existência, convertendo-a em compaixão por si mesmo. Assim, compreender a própria situação de penúria já é libertar-se. É o que apreciamos no belo exemplo de modelo trágico que é *Édipo Rei*, de Sófocles. Trata-se de um autêntico paradigma do homem obcecado, que é levado pelos deuses à perdição. Ei-lo, a seguir, sucintamente:

---

10 Pesquise um pouco sobre essa famosa personagem bíblica. Você vai se surpreender com o quanto ela permanece atual.

Édipo (= literalmente, "o de *pés inchados*") é filho de Jocasta e de Laio (= o *torto, cambaio, canhoto*), e neto de Labdacos (= o *coxo*). Seus pais reinam sobre Tebas e se angustiam com o que lhes diz o oráculo de Apolo em Delfos: o filho que terão matará o pai e desposará a mãe. Laio entrega a criança recém-nascida a um pastor para que a liquide e o oráculo não se cumpra. O pastor perfura os *pés* do menino, suspende-o pelos *calcanhares* em um arbusto e o deixa exposto aos animais da floresta. Salvo por pastores de Corinto, ele é adotado pelos reis daquela cidade. Vive feliz até descobrir, por intermédio do oráculo de Delfos, sua sina. Édipo *foge*, então, dos que pensa serem seus pais, mas acaba tomando a *direção* de Tebas. No *caminho*, cruza-se com Laio e o mata, enfurecido, pois, o carro do rei passara por cima de seu *pé* (novamente "inchado"). Acaba desposando Jocasta como prêmio por livrar Tebas da terrível Esfinge (gr. *sphingo* = estrangular).[11]

A solução do enigma da Esfinge — "qual é o animal que pela manhã tem quatro pernas, ao meio-dia, duas e ao entardecer, três?" — encerra o destino de Édipo e de todos nós: "o homem é o tornar-se este homem". Anos mais tarde, o sábio Tirésias, que é *cego*, revela ao casal real — Édipo e Jocasta — toda a verdade. Jocasta se enforca e Édipo vaza seus próprios olhos. Seu destino se cumpriu e agora ele deseja iniciar uma *viagem interior*, com a visão de Tirésias.[12] Conduzido por sua filha Antígona (que, segundo algumas interpretações, aqui representa *Anima*, a intuição) parte rumo à terra sagrada da Ática e chega ao santuário das Eríneas — deusas com cabelos de serpentes e guardiãs dos infernos.[13] Para quem não as teme são chamadas de Eumênides. Édipo passa por elas sem sentir repulsa nem atração. Está em outro nível. Acompanhado, daí para frente, pelo herói mítico Teseu, atravessa a região sagrada, alcança uma grande rachadura na terra e, ao adentrá-la, é introduzido na morada divina.

Os especialistas têm puxado vários fios desse relato clássico. Contudo, pelas palavras que fui grifando ao longo da estória, o leitor já pôde perceber a ênfase dada à jornada do herói. A tragédia abate-se sobre nós e dela não podemos fugir. Porém, também não podemos ficar paralisados no horror e na culpa. A saída é encarar o inevitável e, depois, arrancar de dentro nossa própria culpa. Vazá-la. Uma vez aliviados do peso, podemos ver além do bem e do mal, além dos contrários. Começa a libertação.

---

11 Qualquer semelhança entre a Esfinge — que, na versão grega, geralmente tem pés de touro, corpo de leão, rosto andrógino e asas de águia — e as figuras que representam os quatro Evangelhos canônicos dos cristãos — o touro para Lucas, o leão para Marcos, a figura humana para Mateus e a águia para João — talvez não seja mera coincidência.

12 Daqui para frente, trata-se de *Édipo em Colono*, do mesmo Sófocles.

13 Na maioria das versões, as Eríneas nasceram do sangue que jorrava do falo decepado de Urano e penetrava a terra, enquanto seu filho e algoz Crono ia carregando o membro viril do pai para atirá-lo em Oceano. Aliás, foi da explosão que se seguiu ao choque do falo urânico ferido em águas oceânicas que nasceu Afrodite.

Como pudemos acompanhar, a ambiguidade da divindade manifesta-se em *Édipo* na indistinção entre o demoníaco e o divino, acarretando sua tragédia. O tabu — nesse caso, parricídio e incesto — foi, ainda que inconscientemente, transgredido, e isso basta para que o terror humano diante do divino seja acionado.

Contudo, nem só de tragédias viviam os gregos. Platão refutará com veemência esse tipo de justificação do sofrimento humano, pois

> Deus, dado que é bom, não é a causa de tudo, como se pretende vulgarmente; é causa apenas de uma pequena parte do que acontece aos homens, e não o é da maior, já que os nossos bens são muito menos numerosos que os nossos males e só devem ser atribuídos a Ele, enquanto para os nossos males devemos procurar outra causa, mas não Deus. (...) É impossível, portanto, admitir, de Homero ou de qualquer outro poeta, erros acerca dos deuses tão absurdos como [este]: (...) que Zeus é para nós dispensador tanto dos bens como dos males.[14]

O pensamento platônico remete-nos a outra modalidade de respostas ao mal: a reflexão filosófica. Porém, é sabido que Platão e outros pensadores foram influenciados por determinadas correntes míticas e espirituais da Antiguidade que merecem ser recordadas. Trata-se do quarto modelo mítico, que virá a seguir.

O *mito órfico* remonta, como parece óbvio, à figura de Orfeu. Teria, contudo, existido um Orfeu histórico, em torno do século VI a.C., na base da doutrina religiosa desse lendário poeta e místico da Trácia antiga? Talvez. O que importa, porém, é a relevância do orfismo nos primórdios da filosofia grega, tendo influenciado bastante filósofos do quilate de Platão e Aristóteles. Típica religião mistérica, o orfismo se distancia da religião pública helênica, famosa pela variedade de representações dos deuses e pela simplicidade com que explicava os fenômenos naturais e humanos.

Em breve, sua doutrina garante que todos somos deuses por herança divina e voltaremos, um dia, à plenitude da divindade. Portanto, eis onde se situa o mal: ele está no corpo, e este, como dirá Platão, é o cárcere da alma. Aí ela é mantida aprisionada, exilada. O mal não depende de nossa vontade; é fruto de uma degeneração, de uma decaída da alma para as regiões mais densas onde habitamos. Os textos órficos narram justamente como a alma, cuja origem é divina, se tornou humana, e como o ser humano se esqueceu dessa distinção, permitindo que a corporeidade se tornasse um lugar de castigo, de tentação e de expiação. O mal, portanto, não está na origem de tudo; ele decorre da perturbação causada pela queda original, da qual derivamos

---

14 PLATÃO, *A República*, pp. 67-68. Na realidade, o Sócrates de Platão admite a noção do castigo reparador divino. Portanto, se o poeta "disser que os maus precisavam de castigo, sendo infelizes, e que Deus lhes fez bem castigando-os, devemos deixá-lo [o poeta] livre" (p. 69).

todos nós. Vivemos, então, nessa contradição entre o espírito anterior à queda e a matéria dela decorrente.

O mito de Orfeu foi recontado nesse novo contexto como descrição desse mal prévio que desterrou nossa alma para as profundezas. Apaixonado pela ninfa Eurídice, Orfeu a perde pouco antes das núpcias. Morta pela picada de uma serpente (de novo, a víbora!), ela é conduzida aos domínios do deus Hades. O herói vai a seu encalço e quase consegue libertá-la da morte. Hades (Plutão) e Prosérpina (Perséfone) impuseram-lhe como condição que ele seguisse à frente de Eurídice e não olhasse para trás até que tivessem transposto os limites do mundo das sombras. Orfeu não conseguiu. Quiçá estivesse apegado ao passado, à vida concreta e carnal (olhar para trás). Paradoxalmente, só renunciando a ela teria obtido uma união imorredoura com sua *anima* Eurídice.

De onde se origina, porém, essa condição dividida, essa separação de nossas origens? A antropologia órfica toma emprestada uma narração mítica dos cultos dionisíacos (isto é, celebrados em honra ao deus Dioniso) acerca do crime dos Titãs contra Zagreu. Hera, deusa-esposa de Zeus, quer liquidar Semele, a nova amante do senhor do Olimpo, e o feto do futuro Zagreu (ou Dioniso ou Baco). Na primeira tentativa faz Semele ser queimada pelo fulgor de Zeus. Este intervém a tempo de salvar ao menos o bebê. Mais tarde, numa segunda tentativa sob as ordens de Hera, os Titãs raptaram Zagreu, mataram-no, cozinharam-no em um caldeirão e o devoraram. Furioso ao tomar conhecimento do crime, Zeus os fulminou e os transformou em cinzas. Uma das versões do relato diz que foram dessas cinzas que teriam nascido os seres humanos. Eis a razão de nossa dupla natureza: enquanto o mal nos advém graças a nossa herança titânica, herdamos o bem do pequeno Dioniso-Zagreu devorado pelos Titãs. Mas esta centelha divina que nos habita é ambivalente, pois Dioniso é também deus da fertilidade e da morte. Embora reconstituído e ressuscitado por Rea, deusa-mãe de Zeus e esposa de Crono (o Tempo) [ou, em outra versão, por Demeter e sua filha Perséfone, esposa de Hades], Dioniso não mais perderá esse lado que flerta com as sombras e os subterrâneos da existência.

Esse relato, que já se situa no limiar do mito filosófico acabado, explica a mescla de bem e mal no ser humano como uma combinação de pelejas intradivinas (teogonia), tragédia (a queda) e culpa (nossos ancestrais titânicos). Agora pelo menos sabemos "porque estamos apanhando". Como foi dito, será o platonismo a tradição filosófica que melhor assimilará essa mitologia. Talvez com a ajuda também dos pitagóricos, Platão receberá o caminho já pavimentado pelo orfismo, pois este muda o final do enredo e abre uma esperança soteriológica. Como escapar dessa triste condição? Para nos salvarmos será preciso, de encarnação em encarnação (*metempsicose*), que nos purifiquemos da matéria por meio do conhecimento, deixando progressivamente de lado os desejos e as paixões.[15] Aliás, os órficos resolveram o problema da culpa de forma original na cultura grega: a culpa é sempre de responsabilidade individual e por ela se paga aqui; quem não conseguiu se purgar nesta vida pagará por suas faltas no além e nas outras reencarnações até a *catarsis* ("purificação") final. Decorre, portanto, do mito órfico um conjunto de práticas e ritos que ajudam a alma aprisionada a tomar consciência e assumir o controle de seus ciclos reencarnatórios.

O orfismo, que atingiu a maturidade no período helenístico, mas que hoje sabemos ter existido já no século VI a.C., foi um movimento que assimilou elementos da religião olímpica (popularizada por Homero e seus discípulos, além de Hesíodo, Píndaro e outros) com as de Elêusis (culto às divindades femininas Demeter e Perséfone) e Dioniso. Foi mais uma filosofia que uma religião, e enfatizou um movimento do mundo que vai do ovo primevo original até a paulatina desordem do mundo, enfim reorganizado na figura do Dioniso órfico que ressurge das cinzas graças a Perséfone/Demeter — em claro vínculo, já reconhecido desde Heródoto, com o deus egípcio da ressurreição, Osíris, e sua irmã-esposa Ísis.

Estratégias semelhantes para tal libertação vamos encontrar também entre os gnósticos contemporâneos ao Cristianismo nascente, certamente influenciados por ideias do orfismo. Para dizê-lo sucintamente, os gnósticos eram grupos dentro do Cristianismo (mais tarde considerados heréticos) que pregavam a salvação pela via do saber.[16] Este saber era o requerido conhecimento dos mistérios, só acessível aos poucos que se dispusessem a trilhar o devido caminho iniciático. São grupos de tipo *eso*térico, enquanto o Cristianismo se propunha como movimento *exo*térico, isto é, como portador de uma salvação acessível a todos, sem distinção, sem degraus iniciáticos para conhecê-la. Basta a experiência do amor ao próximo.

Entretanto, mesmo entre os gnósticos, eram variadas as estratégias de superação do mal que se grudava na matéria e no corpo. Às vezes, até se opunham. Para alguns, a solução era privar o corpo de todos os seus desejos e necessidades, mesmo as mais elementares. A certa altura, a voz do corpo seria calada e a alma liberta. Outros entendiam que o caminho mais rápido e eficaz para calar o corpo era saciá-lo até a exaustão, em orgias infindáveis, até que, no limite, a alma fosse libertada.[17]

Há quem considere o orfismo — graças às figuras arquetípicas de *Orfeu* ("aquele que veio curar pela luz") e *Eurídice* ("aquela que nos ajuda a encontrar a justa medida, a justiça divina") — a primeira religião do amor instalada em solo europeu. Mas

---

15   Cf. RICOEUR, *Finitud y culpabilidad*, pp. 609-644; JAEGER, *La teología de los primeros filósofos griegos*, pp. 60-76.

16   *Gnósis* é conhecimento, mas não no sentido científico moderno, pois inclui: conhecimento em termos gerais, comunhão mística e relação sexual. Os três sentidos estão presentes no *Novo Testamento*. Cf. TILLICH, *História do pensamento cristão*, p. 44.

17   Cf. ibid., pp. 44-47.

o fato é que esse modelo está em continuidade com a gnose e, muito mais, com a *jnana* do hinduísmo clássico e seu correlato, a *moksha* libertadora. Deus ou os deuses, portanto, não têm com isso nada a ver; o mal está na matéria.

3. O mal desafia a razão: filosofia e teologia = teodiceia

Como se pode depreender do que foi visto até aqui, as opções por esta ou aquela tipologia não são equipolentes. Os mitos, evidentemente, não são neutros nem ingênuos; trazem e propagandeiam propostas de estruturação social e de convívio *ad intra* e *ad extra*. A este ponto, porém, já estamos às portas do pensamento filosófico. A viagem pelos modelos míticos de explicação do mal mostra-nos *flashes* de uma dramática e milenar busca de respostas para o mistério da vida humana. Todos os modelos têm sua coerência interna, mas também seus pontos cegos e fios soltos; fios que, em geral, são sobrevivências de modelos anteriores que se pressupunham ultrapassados. E nem poderia ser diferente, já que toda experiência religiosa comporta um traço de ambiguidade e de ruptura, de suspeita e de crença. Ela é ambígua porque nossa própria condição humana nos impede de considerar o todo fora de um ponto de vista; é suspeita porque só pode fazer ato de fé quem duvida, isto é, quem acessa outras possibilidades de explicar ou de se aproximar de determinado fenômeno; e, por fim, resolve-se em crença, porque é imperativo correr a fita até o final e ter certeza do *happy ending* antes de empregarmos nossas melhores energias em algumas causas.

Criador e criatura de seus próprios mitos, o ser humano "capta" a suposta manifestação divina, mas também a interpreta e codetermina quando a recebe, comunica e reflete sobre ela. Embora pré-reflexivo e pré-teórico, o fenômeno religioso não equivale a desinteligência ou preguiça mental, mas desemboca em um conjunto de conceitualizações que fazem parte da tradição religiosa. Cedo ou tarde, algumas perguntas deverão ser feitas ao núcleo mítico dessa tradição, dando ensejo àquilo que o Ocidente habituou-se a chamar de filosofia.

Toda religião inventa suas próprias regras para discernir e avaliar suas experiências religiosas, checando sua coerência interna. Com o Cristianismo não é diferente. Ele surgiu como nova síntese que claramente incorporou elementos dos modelos míticos até aqui estudados, tendo por cadinho a crítica profética à idolatria. Por outro lado, não há como negar o papel do gênio grego (helenístico, sobretudo) na teodiceia cristã. O novo contexto em que a nova αιρεσις [*hairesis*] pretendia expandir-se assim o exigiu, e a majestosa construção mental grega não podia ser deixada de lado. Mas isso você já estudou nos capítulos anteriores.

Resta-nos pincelar um pouco da tentativa filosófica de pôr ordem nos mitos. Como diz Maurice Riseling, mais cedo ou mais tarde, a vida nos transforma a todos em filósofos.[18] No entanto, o filósofo norte-americano Robert Solomon retruca que, embora sejamos capazes de encarar pequenos dissabores da vida através do pensamento — o que, em geral, se entende por filosofar –, quando, de fato, "o infortúnio real [nos] golpeia, a filosofia é notoriamente inepta".[19] Se pusermos de lado o mal cometido, isto é, os habituais e apavorantes sofrimentos a que somos submetidos por outrem ou que submetemos a nossos semelhantes, eliminando assim a secular função filosófica de condenação e autoescrutínio da espécie, que pode ainda dizer a filosofia? — provoca-nos Solomon.

Para nossa surpresa, ele defende que, embora o significado do sofrimento real escape ao conceito, o ponto de vista filosófico pode ser defendido de maneira genérica e igualitária. "Como tragédia, o sofrimento tem *sentido*. Investigar o que dá sentido ao sofrimento é tarefa que compete à filosofia. Se a filosofia pode nos ajudar a fazer frente à tragédia, é dando sentido ao nosso sofrimento. A espiritualidade pode nos fornecer uma perspectiva inspiradora quando nossas vidas estão indo bem, mas ela não é nada se não puder também encontrar sentido na vida que desandou".[20]

Portanto, embora já se possa antecipar o resultado final da empreitada, o pensamento filosófico não pode senão aventurar-se a buscar sentido no "sem-sentido" por definição. Como diz S. Neiman, embora o resultado final possa não passar de uma descrição infeliz — "este é o nosso mundo" — que não pode ser respondida porque sequer é uma pergunta, "a exigência de que o mundo seja inteligível é uma exigência da razão prática e teórica". Por isso a filosofia, durante a maior parte de sua história, não pôde deixar de encarar o desafio, "e suas tentativas repetidas de formular o problema do mal são tão importantes quanto suas tentativas de reagir a ele".[21]

Filósofos e cientistas gostam de inventar nomes novos para antigas realidades e depois se deliciam classificando-as. Susan Neiman, por exemplo, investiga o mal em quatro blocos, agrupando filósofos díspares a partir dos seguintes pontos em comum: 1) aqueles que nutriam certa *esperança de uma ordem melhor* do que a que temos hoje (Leibniz, Rousseau, Kant, Hegel, Marx); 2) os que, ao contrário, tinham em comum a triste certeza de que *as coisas seguirão assim ou vão piorar* (Bayle, Voltaire, Hume, Sade, Schopenhauer); 3) os projetos de Nietzsche e de Freud, que desconsideravam a discussão em si como *armadilha dos fracos* ou concessão a infantilismos; 4) aqueles que, em pleno século 20, se sentiram pequenos para esboçar alguma propos-

---

18   Apud SOLOMON, *Espiritualidade para céticos*, p. 165.

19   Ibid., pp. 163-190; aqui, p. 166.

20   Ibid., p. 167.

21   NEIMAN. *O mal no pensamento moderno*, p. 19.

ta à altura do problema que não se reduzisse a *fragmentos* (Camus, Hanna Arendt e outros).

Juan Antonio Estrada, que vou preferir aqui por uma questão didática, destaca quatro posturas paradigmáticas de teodiceia, ou seja, de explicações ou justificações racionais da realidade do mal que procuram eximir Deus (o Deus cristão, no caso) de responsabilidade: relativizar o mal; apelar ao dualismo; antropologizar o mal e, ultimamente, limitar a onipotência divina.[22] A primeira postura considerada é a da *relativização do mal*. Nesse caso, o mal é enquadrado e integrado na ordem natural, mediante o recurso à totalidade e à perfeição do cosmo (Plotino e Leibniz), ou considerado como parte da evolução natural e do desenvolvimento histórico (Hegel). Outra alternativa consiste em negar sua entidade, rebaixando-o à condição de mera "privação do bem" (Agostinho), ou de "acidente" (Boécio). O objetivo aqui é certa "desontologização" do mal, isto é, esvaziá-lo de sua substância e reformulá-lo como questão apenas epistemológica a ser solucionada quando olhamos o todo da realidade. O resultado pretendido consiste em minimizar o sofrimento concreto, relegando a segundo plano a pergunta por sua origem. Se a realidade do mal fizer sentido no conjunto (justificação teórica, legitimação racional), Deus estaria, por assim dizer, isento de responsabilidade.

Na trilha da teodiceia grega clássica, correntes do pensamento moderno têm-se esmerado por propagar essa perspectiva ao procurar enquadrar o mal — e, com isso, minimizá-lo — como algo inevitável e inerente à natureza humana. Como os estoicos e os epicuristas de outrora, que enfatizavam a ataraxia em face da dor, Nietzsche nos sugere em seu livro *Ecce Homo* o *amor fati*: "não querer ter nada de diferente, nem para a frente, nem para trás, por toda a eternidade. Não apenas suportar aquilo que é necessário, muito menos dissimulá-lo mas sim *amá-lo*". O desafio proposto é considerar o mal como sempre mesclado com o bem, não restando outra alternativa senão aceitar o mundo assim como ele se nos apresenta. É a saída *estética* dos mitos trágicos, de que nos falava Ricoeur.

Ou a saída realista, propugnada por R. C. Solomon: coisas más simplesmente acontecem. Apoiado em autores como Nietzsche, Unamuno e Camus, ele acredita que se possa eliminar "certa presunção filosófica" ao lidar com o sofrimento, pois, de fato, "sabemos que a vida não é justa". "Somente na filosofia e na teologia ousamos afirmar — ou simplesmente presumir — que há uma justificação, uma explicação racional, para tudo que acontece. E somente [nelas] escondemo-nos atrás da exigência de que *deveria* haver essa explicação racional". "Nesse sentido", arremata Solomon, "adotar o sentimento trágico da vida é nada menos que aceitar a realidade".[23]

---

22   Cf. ESTRADA, *A impossível teodiceia.*

23   SOLOMON, *Espiritualidade para céticos*, p. 172.

Mas com isso não estaríamos abrindo a porteira para a indiferença diante do sofrimento humano? Filósofos contemporâneos como André Comte-Sponville acham que não e sugerem a seguinte máxima, de sabor estoico: "Lamente um pouco menos, espere um pouco menos, ame um pouco mais". Pense nisso.

A segunda solução que podemos considerar para nosso problema (literalmente "nosso") costuma ser alcunhada de *dualista*: Deus não é responsável pelo mal. Os responsáveis deverão ser buscados ou na matéria — conforme a proposta de Platão, posteriormente assumida e matizada por Plotino — ou no demiurgo ou criador do mundo. Neste caso, há exemplos desde os antigos mitos que descrevi antes, como depois nas elaborações gnósticas e no maniqueísmo. O modelo órfico explicado por Ricoeur possui muitos pontos em comum com essa solução filosófica.

Dada a influência da tradição judeu-cristã, esse modelo de resposta ao mal não obteve explícita aprovação das teodiceias ocidentais, pois tal significaria pôr em xeque não somente a onipotência divina, que se veria limitada por um antagonista similar, como também o monoteísmo estrito das chamadas religiões do livro e sua peculiar concepção de uma *creatio ex nihilo*. Tenhamos ainda em conta a convergência do bem e do ser na divindade, tanto na tradição grega (Platão, Aristóteles) como na judeu-cristã-islâmica. Além disso, esquemas dualísticos (o zoroastrismo clássico e, principalmente, os vários sistemas gnósticos) costumam deslocar a matriz e a solução do desequilíbrio experimentado para dimensões inteiramente externas ao universo empírico, originando teodiceias que tendem a ser acósmicas, ascéticas e aistóricas e, portanto, inaceitáveis para o tipo de sensibilidade ética da religião bíblica.

Porém, não obstante a declarada objeção teísta, dualismos mitigados, mais ou menos admitidos, nunca deixaram de exercer sua influência em nossa história filosófica e religiosa. As próprias escrituras canônicas judaicas (e cristãs) documentam a persistência de uma concepção de Deus como justiceiro. Ele pune os maus e premia os bons. O lado amargo e cruel dessas "teologias" veterotestamentárias é que, como a Deus ninguém jamais viu, o que se vê são pessoas empobrecidas, doentes, alquebradas. E como aquele salmista que jamais vira um justo a mendigar o pão (Sl 37), isso leva à dedução de que, com certeza, esses miseráveis estejam sendo feridos por Deus com toda a justiça. Em suma, uma concepção "demoníaca" do divino que continua sendo mais atual e persistente do que gostaríamos de admitir.

A solução dualista conta com um atrativo extra, que a torna mais popular que o modelo relativizador: parece corresponder mais com os dados empíricos. Se já não bastassem a profusão de mitos dualistas que nos têm amamentado de geração a geração, a experiência cotidiana é pródiga em exemplos dessa mescla de bem e mal que nos habita. Gente pacata que, de repente, deixa escapar seu lado mais sombrio; escândalos envolvendo personalidades civis e religiosas até então de conduta ilibada. Enfim, é compreensível que a hipótese de dois princípios (divinos) constitutivos e

A problemática do bem e do mal: antes e para além do direito

antagônicos tranquilizem mais que "aquele imenso silêncio sem acusação, apavorante, que se segue [ao] desastre!".[24]

Como não estamos no domínio da experimentação científica, guarde apenas esta objeção ao dualismo: é suportável a ideia de um Deus mau e cruel? Ou de um Deus separado e indiferente a tudo o que acontece conosco? Eu penso que o silêncio ante o clamor para que Deus *aja* leva à desconfiança de que Deus não *haja*! Ao menos nisto ateus, céticos e religiosos estão geralmente de acordo: Deus deve(ria) rejeitar o mal que nos esmaga.

A terceira tentativa de racionalizar a inexorabilidade do sofrimento cabe no amplo guarda-chuva da *antropologização* do mal, isto é, ela procura fazer recair o seu peso no ser humano. Como diz R. Solomon, "as respostas mais poderosas para o problema do mal, mesmo na teologia, centraram-se não na natureza de Deus e de seus meios ou em nossa insignificância, mas, ao contrário, no papel significativo que nós próprios temos na geração do mal e do sofrimento no mundo".[25] Muitas imagens bíblicas situam-se aqui e, com certeza, darão combustível e sustentação aos argumentos das filosofias cristãs posteriores. Elas caem como luva para isentar Deus da responsabilidade pelo problema do mal. A maioria dos textos bíblicos parecem dar respaldo à explicação de que foi o pecado humano a provocar a culpa e a consequente punição da raça humana. Surge assim a clássica proposição do mal moral como gerador do mal físico (sofrimento) e da degeneração do universo (mal metafísico).

A grande vantagem dessa saída é que, além de preservar o postulado da onipotência divina, sacia nossa sede por encontrar a razão e, consequentemente, os culpados das dores cotidianas. É o que Solomon chama de "negação da tragédia" ou tentação de acusar. Algo ou alguém tem de estar por trás do que ocorreu. Se parece cruel recuar até Deus, mostra-se mais conveniente imputá-lo a nosso semelhante. É claro que um filósofo ou teólogo desmancha-prazeres sempre poderá retrucar que, ainda assim, Deus permanece como responsável último, uma vez que nos deixa fazer o mal que, necessariamente, já sabia que faríamos. Mas tal argumento só embaralha o jogo, pois não supera nossa tendência a culpar alguém.

Mas o que geralmente esquecemos ao apelar para essa solução é que ela vai de encontro com a espiritualidade (ao menos, a cristã), porque é o contrário mesmo da aceitação e do perdão (para não mencionar o amor, a confiança e a reverência).[26] A réplica cristã mais comum a esse tipo de objeção é conhecida: Deus é amoroso e

---

24   SOLOMON, *Espiritualidade para céticos*, p. 166.

25   Ibid., p. 183. De certa forma, três das imagens do divino estudadas por J. L. Segundo — precisamente, as imagens do *deus terrível*, do *deus providência moral* e do *deus legislador justo* — flertam com essa terceira modalidade.

26   Cf. SOLOMON, *Espiritualidade para céticos*, p. 183.

perdoa sempre, mas o mal traz consequências; uma vez feito o estrago, no máximo podemos coser algum remendo.

Seja como for, já vimos que a própria tradição judaica nos brindara com o antídoto de Jó contra esse tipo de teodiceia moralista. Sempre retomado, ao longo de toda a tradição filosófica e teológica — embora emudecido pela leitura agostiniana do pecado original — o justo de Huz representa o sofrimento do inocente, a indesejável vitória da injustiça, o absurdo e a arbitrariedade da dor.

Retomando o crítico desmancha-prazeres supramencionado, parece evidente que esse terceiro modelo, se proposto isoladamente, acabe, de novo, abraçando a imagem de um Deus cruel e inclemente, que castiga nesta e na outra vida, que faz recair o pecado dos pais sobre os filhos (imagens do divino no Antigo Testamento), ou que exige o sacrifício do inocente para satisfazer a culpa dos pecadores.[27] Ademais, no fundo, não se supera o modelo dualista, pois, se o mal se deve à liberdade humana, quem a tentou? E quem criou um ser ou coisa (serpente? diabo? anjo de Deus?) à altura de tentar o ser humano? Não seria Adão mais uma vítima de certas realidades supra-humanas?

Há, finalmente, uma forte vertente de racionalizações para o problema do mal — sedutora em certos ambientes pós-modernos, que oscilam entre o ceticismo e o niilismo. Ela converge na apologia da bondade de Deus pelo recurso à *limitação de sua onipotência*. Segundo o postulado leibniziano do melhor dos mundos possíveis, Deus, ao criar, respeita o que é composto de bem e mal e, portanto, não pode lançar mão de sua onipotência indistintamente.

De sua parte, Hans Jonas — com a autoridade de ser um dos sobreviventes do nazismo e de ter perdido a própria mãe em Auschwitz — também se pergunta sobre qual razão poderia ter tido Deus para consentir tal horror, se este fosse evitável. Incapaz de renunciar ao postulado da bondade divina, ele deduz que se Deus não interveio, isso não se deve a que lhe tivesse faltado vontade; ele simplesmente não pôde fazê-lo. Para justificar semelhante saída, Jonas recorre à tradição cabalística da mística judaica e radicaliza a doutrina do *Zimzum* — segundo a qual Deus se "contrai" na criação do mundo, limitando sua infinitude e onipotência para deixar lugar às criaturas. Em suma, o Deus dos judeus não seria um Deus onipotente![28] A seu modo, Jonas repercorre as pegadas de Voltaire, que já dissera que Deus faz o que pode, pois é preferível um deus bom, conquanto limitado, ao onipotente malvado.

---

27 Peça a seu professor que lhe dê uma breve explicação sobre a teoria anselmiana da satisfação vicária.

28 Cf. JONAS, La Idea de Dios después de Auschwitz, pp. 195-212.

A problemática do bem e do mal: antes e para além do direito

Dando por assentado que a mente filosófica ocidental estranha um conceito monoteísta da divindade que exclua a noção de onipotência,[29] há também uma objeção teológica óbvia e imediata a esse quarto caminho: como pode um Deus sofredor e impotente salvar o ser humano? Se até Deus, embora com poderes muito além dos nossos, padece de contingências e limitações, então ele não passa de um — digamos assim — irmão mais velho que, às vezes, nos livra de algumas surras. E se a própria divindade tem limites nesse assunto, isso não equivale a reconhecer que o problema do mal é insolúvel e que, portanto, não faz muito sentido continuar multiplicando esforços humanos para lutar contra o mesmo? Tal solução seria, de algum modo, aceitável para a tradição bíblica, para o Judaísmo, o Cristianismo e o Islã?

Estrada acrescenta a observação de que essa postura é dificilmente defensável em termos existenciais e, talvez, só admissível em pequenos grupos intelectuais. Mas não creio que este último seja um argumento válido neste nível de discussão. Estamos tratando de soluções intelectuais e, nesse caso, a opinião de um restrito grupo, se for verdadeira ou ao menos pertinente, também tem direito à tribuna. E membros desse grupo preferem achar que "só há um problema do mal para os que esperam que o mundo seja bom".[30] O que nos remete, de novo, aos partidários da primeira solução, mais afim ao sentimento trágico da vida.

Contudo, o principal problema dessa quarta alternativa encontra-se na "*concepção imaginária e acrítica da onipotência divina*, que a transforma em um poder abstrato e arbitrário, sem referentes objetivos e sem critérios de significatividade".[31] Essa afirmação abstrata da onipotência provoca sua negação igualmente abstrata ("impotência" e "finitude" de Deus), funcionando como duas faces de uma mesma "crença".

De fato, aqui temos uma via para repensar alguns conceitos adormecidos. Mas ainda não é a solução do problema. Dizer que onipotência não significa que Deus é "todo-poderoso" deixa claro que Ele não será mais nosso super-herói predileto. Mas ainda não nos torna suficientemente adultos para dispensar de vez a expectativa por super-heróis. Há uma caminhada espiritual a ser feita aqui. E me arrisco a sugerir que você está agora numa encruzilhada (e é onde eu vou deixá-lo por sua própria conta e risco). A ilusão do paraíso na terra, ou o postulado de que seja possível um mundo sem mal, tem de ser abandonada na vida adulta. Você pode atravessar a sua existência como quem procura viver da melhor maneira possível essa curta permanência, tentando irradiar essa vida boa às pessoas com quem cruzar. Ou pode fazer

---

29 O filósofo ateu A. Comte-Sponville oferece a seguinte definição nominal de Deus: "um ser eterno, espiritual e transcendente (ao mesmo tempo exterior e superior à natureza), que teria criado consciente e voluntariamente o universo. Supõe-se que ele seja perfeito e bem-aventurado, onisciente e onipotente. É o Ser supremo, criador e incriado (ele é causa de si), infinitamente bom e justo, do qual tudo depende e que não depende de nada. É o absoluto em ato e em pessoa" (COMTE-SPONVILLE, *O espírito do ateísmo*, p. 70).

30 WILLIAMS, *Shame and Necessity*, p. 68, apud SOLOMON, *Espiritualidade para céticos*, p. 182.

31 TORRES QUEIRUGA, *Do terror de Isaac ao Abbá de Jesus*, p. 184.

exatamente a mesma coisa na esperança — desta vez, cristã — de que nenhum gesto ou experiência de amor morrerá para sempre. Com calma e sem afobação (faça umas boas férias antes!), decida-se.

Referências bibliográficas

COMTE-SPONVILLE, André. *O espírito do ateísmo*; introdução a uma espiritualidade sem Deus. São Paulo: Martins Fontes, 2007.

ELIADE, Mircea. *História das crenças e das ideias religiosas*. 2. ed. Rio de Janeiro: Zahar, 1983. t. 1, v. 1.

ESTRADA, Juan Antonio. *A impossível teodiceia*; a crise da fé em Deus e o problema do mal. São Paulo: Paulinas, 2004.

FERRY, Luc. *Aprender a viver*; filosofia para os novos tempos. Rio de Janeiro: Objetiva, 2007.

_____. *Vencer os medos*; a filosofia como amor à sabedoria. São Paulo: WMF Martins Fontes, 2008.

_____. *A sabedoria dos mitos gregos*; aprender a viver II. Rio de Janeiro: Objetiva, 2009.

JAEGER, Werner. *La teología de los primeros filósofos griegos*. 6 ed. Mexico: FCE, [s. a.].

JONAS, Hans. La Idea de Dios después de Auschwitz; una voz desde el Judaísmo. In: *Pensar sobre Dios y otros ensayos*. Barcelona: Herder, 1998.

NEIMAN, Susan. *O mal no pensamento moderno*; uma história alternativa da filosofia. São Paulo: Difel, 2003.

PLATÃO. *A República*. São Paulo: Nova Cultural, 1999.

RICOEUR, Paul. *Finitud y culpabilidad*. Madrid: Taurus, 1991.

SOLOMON, Robert C. *Espiritualidade para céticos*; paixão, verdade cósmica e racionalidade no século XXI. Rio de Janeiro: Civilização Brasileira, 2003.

TILLICH, Paul. *História do pensamento cristão*. São Bernardo do Campo: Aste, s/d.

TORRES QUEIRUGA, Andrés. *Do terror de Isaac ao Abbá de Jesus*. São Paulo: Paulinas, 2001.

Considerações finais:
encontros antigos e desafios novos

João Décio Passos

Muitas abordagens teológicas sobre o direito já foram feitas na história do pensamento ocidental, dentro e fora da tradição judaico-cristã. Nas reflexões que compuseram o presente trabalho essa multiplicidade de abordagens esteve presente, explicitando os aspectos teológicos do direito de maneira direta, de maneira indireta, ou apenas por aproximação. Em todos os casos, o ético se mostra como olhar concreto e necessário por meio do qual a teologia pode aproximar-se das ordens normativas e legais e tecer sobre elas suas considerações. Como valor de fé e em nome desse mesmo valor, o ser humano se apresenta como referência comum para a teologia e para o direito, como *arché* que fundamenta todo discurso normativo, sem o que os formalismos de fé e os formalismos legais imperam com seus paralelismos ou, até mesmo, com suas sínteses não menos formais.

Com efeito, uma teologia do direito carrega em sua ampla extensão pressupostos, antecedentes, rupturas e proposições muito concretas que permitem, em termos metodológicos, a elaboração de reflexões carregadas de densidade histórica, de complexidade metodológica e de objetos específicos. Pudemos observar essas possibilidades no percurso das reflexões que demarcam temporalidades, temáticas e abordagens diversas, fazendo confrontar no conjunto questões antigas e modernas, matérias jurídicas, antropológicas e éticas.

O direito desafia a teologia a pensar a ordem instituída como um meio e não um fim: estruturação provisória que visa a colocar a justiça em prática, codificação necessária destinada à convivência entre sujeitos e povos, consenso fundamentado em valores que garantam a permanência da vida em todas as suas dimensões. A teologia do direito será necessariamente dialógica: encontro entre referências distintas que buscam no âmbito da vida humana os valores mais fundamentais.

1. Os antecedentes

A teologia do direito parte de pressupostos consolidados em suas fontes e em sua história. Na tradição judaico-cristã, de onde emerge com seus conteúdos específicos, a teologia defronta-se diretamente com a temática da Lei. E não se trata somente de mais uma temática encontrada em textos do Antigo e Novo Testamento, mas de uma questão central em ambas as tradições. A Lei com toda sua a extensão semântica pode ser vista como um dado fundamental da tradição judaica, como germe a partir do qual as Escrituras vão sendo construídas como resultado de leituras e releituras da Lei de Deus, mesmo quando se trata de um livro cujo conteúdo não se disponha precisamente como ordenamentos legais ou mesmo comentários diretos sobre os mesmos. O projeto de Deus interpretado no decorrer da história hebraica não é outra coisa que a busca do significado da ordem de Deus para o seu povo, o que se traduz em exortações morais, em codificações éticas ou em doxologias. O conteúdo da Revelação não constitui um tratado de teodiceia, mas um projeto que chama para a vida e se traduz em normas. O Judaísmo tardio tendeu a codificar essa longa tradição em ordenamentos legais cada vez mais explicitados e detalhados. A Lei de Moisés, figura cada vez mais usual e carregada de legitimidade por portar tal autoria, vai ocupar lugar central na vivência religiosa do povo, tanto junto ao templo, quanto às sinagogas, de modo particular depois do segundo templo. É forçoso observar que na direção dessa mesma Lei, o movimento de Jesus de Nazaré entrará em rota de colisão e será igualmente por ela que se encaminhará o julgamento e condenação de Jesus.

De fato, a postura de Jesus e, em seguida, os discernimentos do Cristianismo perante a Lei constituem a questão central da nova tendência judaica que se firmará como proposta original e por demais inovadora perante as instituições legais da Sinagoga. A regra do Amor como mandamento maior caracterizará os seguidores de Jesus Cristo, mandamento que relativizará as leis judaicas como ordenamentos necessários à vivência cristã. O papel de Paulo, estudioso da Lei judaica e cristão carismático, nessa relativização será fundamental. O Cristianismo nasce a rigor sem uma lei (um código legal). O amor que conduz à prática da justiça será sua máxima de vida e o princípio desde onde se lê toda dimensão ética e normativa da convivência humana.

Além dessas referências fontais, o Cristianismo agregará no decorrer de sua história outros elementos de natureza jurídica, particularmente após o Edito de 313. Nessa nova fase, o Cristianismo terá que construir interpretações referentes à estrutura política e jurídica adotada do Império Romano, o que resulta, a longo prazo, nas distinções entre as ordens temporal e espiritual com suas respectivas legislações civis e canônica. Uma teologia do poder vai ocupar-se dessas distinções e, no longo período da cristandade medieval, recuperará concepções e práticas da realeza do antigo Israel. A Idade Média pode ser definida como a era da hierarquia, sendo que as hierarquias terrestres, espelho da hierarquia celeste, buscam as formas de acomodar os poderes temporal e espiritual sobre um poder maior. As hierarcologias políticas e eclesiais são constituídas no âmbito da reflexão teológica e da vida social como um todo.

Contudo, no decorrer dos longos anos da Idade Média será posta aos pensadores cristãos, judeus e árabes uma resultante particular do encontro entre o pensamento grego e a fé na lei de Deus: a distinção e a relação entre as noções de *lei divina, lei natural* e *lei humana*. Sob muitas vozes que se estendem de Fílon de Alexandria a Maimônedes, de Eusébio de Cesareia a Tomás de Aquino essa problemática receberá respostas, de forma a compor um longo acúmulo conceitual. O século XIII pode ser visto como ponto de chegada e ponto de partida dessas reflexões, momento de síntese de todo o pensamento clássico e de lançamento do pensamento jurídico moderno.

As rupturas consolidadas na Modernidade entre a Igreja e o Estado encontram seus primeiros lampejos na distinção entre o Direito Canônico e o Civil, quando as diversas corporações (*universitates*) buscam os meios de legitimar suas autonomias, sendo que as autonomias econômica, social e política já se tornavam realidade, mesmo que em configurações incipientes. É nesse contexto do século XIII que a Modernidade dá seus primeiros passos e a ordem secular vai adquirir sua legitimidade como realidade instituída com suas leis próprias. Por conseguinte, os ordenamentos moral e legal modernos buscarão seus fundamentos não na esfera religiosa, mas sim no ser humano, entendido como sujeito de direitos e de deveres. A declaração dos direitos humanos celebra e institui a emancipação humana dos fundamentos religiosos e sua autorreferencialidade como valor, como fim em si mesmo.

Portanto, falar em teologia do direito é defrontar-se inevitavelmente com esses pressupostos históricos e teológicos. O discernimento dos modelos teóricos e metodológicos possibilita a construção de diferentes teologias do direito: teologia bíblica do direito (resgate do significado dos códigos antigos e da postura cristã perante a lei), teologia eclesial do direito (a exposição dos fundamentos jurídicos da instituição eclesial, o que faz o Direito Canônico), teologia histórica do direito (o resgate dos modelos construídos ao longo da história pelos teólogos antigos e modernos), teologia filosófica do direito (busca da fonte última dos valores que fundamentam a convivência humana) e teologia política do direito (a busca do sentido das codificações normativas e legais construídas pelas nações). Em todos os casos, a relação entre as esferas da fé e da realidade, entre a legalidade e a ética, entre o histórico e o escatológico e entre fato e valor se mostra como desafio para a reflexão e compõe a pauta das discussões metodológicas.

2. O método

A busca de fundamentos teológicos para o direito é o desafio básico para a teologia se ocupar desse objeto. Com efeito, buscar fundamentos poderá ter diferentes significados: resgatar as origens históricas do direito no âmbito da tradição bíblica ou de algum paradigma teológico do passado, buscar o significado teológico do fundamento último do direito ou fazer uma leitura do direito em seu estado atual a partir de parâmetros teológicos. Em todos os casos, significará a promoção do encontro entre os dados da fé e os dados da realidade e, a partir de então, produzir uma reflexão significativa. Contudo, configura-se, de fato, a possibilidade de diferentes leituras do direito, o que depende, evidentemente, de diferentes modos de compreender a teologia do ponto de vista de seu objeto e de sua metodologia.

Nessa operação, coloca-se como marco fundamental o modo de abordar as fontes da teologia e, por conseguinte, a abordagem do direito. A busca de um fundamento do direito atual no direito antigo, no caso nos códigos legislativos bíblicos, resulta no fundamentalismo e, por conseguinte, em anacronismos que de algum modo vai desembocar em modelos políticos teocráticos ou em posturas teocráticas e eclesiocêntricas. A busca de parâmetros jurídicos nas fontes judaico-cristãs e sua transposição para o presente pressupõem abordagens hermenêuticas que ignoram não somente as diferenças contextuais entre o ontem e o hoje, como também as funções sociais dos códigos legislativos presentes na Bíblia em seu contexto original e próprio. Ou seja, não parece correto buscar um fundamento bíblico-jurídico para o direito atual e mesmo para a vivência religiosa atual, como fazem alguns grupos cristãos. O que a teologia poderá oferecer então ao direito? A primeira postura a ser afirmada é que não se trata de buscar referências jurídicas no passado para reproduzi-las no presente, mas de buscar *significados éticos* nas fontes do passado para compreender valorativamente as codificações do presente em seus lugares institucionais secularizados. Isso pode ser feito em dupla mão: como resgate das raízes antropológicas do direito no universo judaico-cristão e como leitura ética do direito atual, tendo em mãos os parâmetros bíblicos. Em ambos os casos, munida de instrumentos metodológicos que elucidam as diferenças entre os significados do passado e do presente, a hermenêutica bíblica busca tão somente o significado dos códigos jurídicos contidos nos textos bíblicos como fundamentos antropológicos e éticos do direito atual. A leitura teológica da realidade atual, seja em que aspecto for, não se faz como tradução direta das referências do passado para o presente, mas na promoção de uma dialética metodologicamente controlada entre as duas temporalidades, adotando, evidentemente, o texto bíblico como uma fonte de sentido para a vida atual.

A tradição judaico-cristã ocupa um lugar de fonte arcaica da cultura e das instituições ocidentais. A moral e o direito puderam beber de suas referências no decorrer da história, mesmo nos momentos em que se distinguiram como ordens autônomas, notadamente na separação moderna entre Igreja e Estado. Com efeito, a pergunta pelo fundamento teológico do direito, desnecessária para o direito positivo moderno, pode persistir como legítima no âmbito acadêmico, não somente por parte daqueles que buscam as arqueologias históricas ou metafísicas do direito, mas particularmente por aqueles que pretendem fazer uma leitura ética dos ordenamentos legais em vigor. Embora a construção de paralelos entre códigos legais antigos e atuais seja metodologicamente possível, não parece constituir a operação hermenêutica mais adequada para teologizar o direito, tendo em vista sua autonomia efetiva como ordenamento socialmente instituído em um contexto de pluralidade religiosa e sob as regras da laicidade.

Do mesmo modo, as teologias do direito construídas no passado carregam inevitavelmente em suas formulações os contextos políticos e jurídicos em que foram construídas, de modo que não podem ser adotadas literalmente em nossos dias. Não podemos reproduzir como regras atuais as teologias monárquicas do passado. Contudo elas constituem construções teóricas válidas para se pensar a relação entre os dados da fé e os dados da razão no que se refere à norma, à moral e à lei. Em todos os casos, a teologia do direito busca o fundamento primeiro da ordem normativo-legal, ou seja, pergunta novamente pela razão de ser da norma e da lei. Para tanto, a noção de *Lei divina* não terá outra função senão a de apresentar o sentido das leis humanas nas suas configurações atuais, o que significa expor o sentido do humano em seus múltiplos aspectos, assim como o sentido da convivência humana. A fundamentação teológica do direito pode, desse modo, situá-lo em um universo de valores que forneça significado para a ordem histórica necessariamente autônoma e consensualmente construída. É quando o direito, assim como qualquer outra dimensão da história, pode ser visto como *lócus teológico*: caminho de realização do humano que se abre para o significado absoluto de sua existência.

Vale observar que, em nossos dias, o grande desafio metodológico para a teologia do direito é, antes de tudo, de ordem prática: a elaboração da crítica teológica do direito atual, em suas configurações locais e mundiais. Trata-se de uma crítica que exige domínio de instrumentos capazes de compreender os fundamentos, as estruturações e funcionamentos das leis e dos sistemas jurídicos para que possa expor seus sentidos antropológico e ético hauridos das fontes teológicas. A teologia do direito será, portanto, interdisciplinar, ao fazer a leitura do direito atual, será hermenêutica ao fazer a leitura das fontes do passado e ética, na medida em que propõe o discernimento e a vivência de valores.

3. Alguns conteúdos

a) O dever ser humano

A teologia do direito se ocupa do ser humano em sua *arché* e em seu *télos*. A pergunta teológica sobre a legalidade remete à pergunta sobre o sentido mais profundo da normatividade em todas as suas expressões. O ser humano, autor, objeto e objetivo de toda legalidade constitui esse universo de sentido; o enigma comum das antropogonias, da filosofia e da teologia. Decifrar o ser humano é a meta permanente das construções humanas, ainda que muitas dessas construções venham tão somente ao encontro da satisfação de seus desejos. A busca de si mesmo é, de fato, o impulso constante das interrogações e das conquistas humanas, quando o pensar, o querer e o fazer colocam-se numa determinada direção, almejando valores. O egoísmo e o altruísmo são direções antagônicas do *pro-jectum* humano, epicentros de um movimento que pode conduzir à felicidade ou à frustração. A consciência da *arché* e do *télos* humano resulta da transitividade humana para além de seu eu imediato que solicita satisfação sempre mais plena e termina novamente na insatisfação. A busca da origem e da finalidade de si mesmo coloca o ser humano na condição comum com o semelhante e descortina o seu *dever ser* como espécie e como indivíduo. A pergunta-resposta *de onde vim* e *para onde vou* instaura o território de fundo da vida e da existência, quando todo eu se entrelaça na condição comum com os outros e, nesse nexo basilar, o *ego* encontra o *ánthropos e* permite colocar a pergunta pelo *éthos* e pelo *nómos* comum. É do *ánthropos* e por ele que se torna possível falar no *dever ser* humano, ou, naquilo que constitui o ideal de si mesmo, ainda que em afirmações historicamente utópicas. É a partir do que o ser humano afirma de si mesmo que pode construir com segurança o que quer para si mesmo.

b) O dever ser: o eu com o outro

O "conhece-te a ti mesmo" socrático convida o ser humano à autorreflexão, como ponto de partida de todo conhecimento e de toda a construção. Em chave racional, o antropólogo-mor formula as buscas das grandes tradições religiosas, assumidas como meta e possibilidade na era axial. O conhecimento de si possibilita e busca autoconstrução, como artífice de si mesmo. A missão mais fundamental do ser humano, repetia Erich Fromm, é *dar à luz a si mesmo*. Peregrinação árdua que exige aprender a interiorizar-se e exteriorizar-se, sem prejuízo de nenhuma das duas direções. A perda no interior leva ao fundo do poço de Narciso. A perda na exterioridade sacrifica a individualidade na alienação suprema da individualidade. O encontro entre o *eu* e o *outro* é o resultado bem-sucedido da espécie que objetiva a sociedade desde os seus primeiros passos ontogenéticos e do indivíduo que se descobre sujeito para além de todas as amarras das determinações afetivas e grupais que possam perpetuar o eu infantil. O sujeito humano emerge, assim, como autonomia, consciência e responsabilidade. As grandes tradições religiosas afirmaram essa dialética com suas regras de ouro. Em todas elas a norma consiste em achar o comum entre o *eu* e o *outro*. O *Não fazer ao outro o que não quer para si* (Confucionismo, Judaísmo, Hinduísmo), o *Fazer ao outro o que gostaria que fizessem para si* (Cristianismo) e a lei maior do Cristianismo, *Amar o outro como a si mesmo,* formulam a regra universal da convivência comum pautada na justiça. A versão cristã dessa tarefa já fora descrita por São Paulo na carta aos Coríntios (12-13), ao tratar das relações entre o indivíduo e a comunidade. A imagem do corpo (*soma*) utilizada para designar a comunidade cristã fornece o parâmetro das relações construtivas entre o ego cristão agraciado por Deus com os dons do Espírito e a comunidade que exige a exteriorização do *eu* na direção do *outro*. Não pode haver graça (*khárisma*) preso ao eu, sem transitividade e construtividade social. Nessa direção, o ideal moderno da subjetividade autônoma e universal afirma um *dever ser humano* que será culturalmente expresso, politicamente buscado e filosoficamente pensado. A formulação jurídica dos direitos da pessoa da Revolução Francesa (1789) significou a canonização desse ideal moderno que coloca cada indivíduo em condição de igualdade radical com o semelhante.

c) A condição criatural

A teologia do direito é, portanto, uma teologia do ser humano. Em termos judaico-cristãos falar em teologia do ser humano é quase uma redundância, sabendo que, na revelação de Deus, o conteúdo que se pode acolher pela fé não constitui propriamente uma *teodiceia*, mas um projeto para o ser humano. É sobre o ser humano que Deus vem falar e por dentro de sua condição oferecer-Se como possibilidade de salvação. O Concílio Vaticano II traduziu essa fé em tarefa para os cristãos ao dizer que "é a pessoa humana que deve ser salva. É sociedade humana que deve ser renovada" (*Gaudium et spes*, 3).

Com efeito, a noção de criação permite situar o ser humano em uma posição justa, na qual ficam impossibilitadas as tentações da autodivinização (ser como Deus) ou de autodestruição, como divindade decadente. A liberdade é a marca fundamental do ser criado à imagem e semelhança de Deus. A escolha livre entre o bem e o mal nega os determinismos cósmicos que podem regredir o ser humano à condição de pura animalidade e afirma a autonomia humana em construir o seu próprio destino e o destino de seus semelhantes. O ser criado por Deus é cocriador porque é construtor da história. A história brota da criação como missão para o ser humano, tempo de sua decisão e ação livres, dinâmica que avança do presente para o futuro sempre aberto. O tempo histórico rompe com o tempo cíclico e lança o ser humano na direção do inacabado, sem qualquer predeterminação. É nessa provisoriedade em construção que toda ordem histórica se inscreve e rejeita toda forma de fixação institucional, ainda que em nome da legalidade acordada. Ser criatura é ser construtor da ordem histórica, tendo como parâmetro a própria gratuidade do Criador que cria sem precisar criar e coloca a todos em condição de igualdade radical. A construção da ordem histórica é continuidade da criação de Deus. A justiça humana é a justiça dos filhos de Deus: a construção das condições da igualdade entre todos. Essa é a essência da teologia de lei e de todos os ordenamentos jurídicos.

d) O poder e a Lei

A distinção entre as dimensões do Criador e da criatura tem seu correlato exato no momento da construção histórica por parte do povo de Deus. A Lei de Deus transcende por sua origem a lei do poder instituído. Deus é a origem da Lei, embora não seja seu escritor direto, uma vez que essa primeira versão foi quebrada por Moisés (Ex 32,18) que, logo em seguida se mostra legislador em nome de Deus, reescrevendo a mesma Lei (Ex 34,28). A Lei é a norma transcendente que submete a si toda autoridade humana. Ela será promulgada a partir de uma aliança entre Deus e o povo (Ex 19,1; 20,22). As realezas antigas por se identificarem com a divindade se identificavam igualmente com a própria lei: *divindade-rei-lei*. No caso de Israel, a realeza constituirá uma mediação entre Deus e o povo em nome da Lei de Deus. Eis a invenção revolucionária do Israel antigo, que antecipa em chave religiosa valores e práticas que tomarão forma definitiva com o advento do Estado moderno. Podemos dizer que o poder real se submete à três instâncias: a Deus como autor da Lei, à Lei como regra de sua ação e ao povo a quem o rei está investido de poder para servir. Por essa razão a realeza pode ser criticada pelo profeta em nome de Deus, da Lei e do povo. Em nome dessa normatividade transcendente as ações do rei podem ser criticadas, Deus castiga os reis e o próprio povo por desobedecerem a sua Lei. A Lei oferecida ao povo se realiza como justiça de Deus para com o povo. Os profetas, via de regra, exercem essa função de vigilância crítica perante o poder, em nome da Lei maior que se liga diretamente a Deus. Nenhum poder ou pessoa podem estar acima da Lei de Deus, ainda que possam desobedecê-la, tendo em vista a liberdade de escolha constitutiva do ser humano. Os profetas insistem também na justiça como forma de concretização da Lei, o que se mostra nas críticas às injustiças praticadas pelo poder e também na interiorização convicta da lei que deve estar escrita antes de tudo no coração (Jr 31,31-33; Ez 11,19-20). Ou seja, o legalismo que centra toda obediência na "lei pela lei" ou na sua interiorização mecânica não tem sentido por reproduzir a legalidade sem a moralidade. É nessa direção que Jesus e o Cristianismo vão posicionar-se perante a Lei antiga e propor a norma do amor como moral fundamental da vida cristã (2Cor 3,3).

e) A justiça da Lei

A Lei que transcende o poder pessoal do rei visa a implantar a justiça para o povo de Deus. A injustiça atrai a ira de Deus para com o governante e para com o povo. Os profetas são os vigilantes da justiça (Is 10; Jr 8) e críticos autorizados pela própria Lei a denunciar as injustiças praticadas pelos reis e pelo povo. Para o Cristianismo, a justiça para com os desvalidos é a regra máxima que define o destino definitivo do seguidor de Jesus Cristo e a expressão concreta do amor ao próximo. Toda lei está subordinada à vivência do amor, resposta concreta ao amor de Deus oferecido como graça em Jesus Cristo. Na realização da justiça se encontram as visões de norma e de lei da tradição judaico-cristã e, de um modo geral, do direito moderno. Sem a justiça, a lei perde suas razão de ser e se torna legalismo ou formalismo. A justiça é que permite rever e, se for o caso, transgredir a própria lei instituída. A lei é meio, a justiça é fim.

De fato, nas várias noções de justiça está implicada de algum modo a igualdade. Ser justo tem a ver com o outro, com um modo de vida que permita a cada pessoa realizar-se como tal em todas as suas dimensões. Sem a justiça, a ordem social volta-se contra si mesma e institui a divisão interna e a depreciação do próprio ser humano. A justiça almejada pelos ordenamentos legais é o valor transcendental e horizonte escatológico absoluto que alimenta como fonte as construções históricas que buscam as condições sempre mais perfeitas para a vida e a convivência humana. Na justiça, todo direito é necessariamente direito humano. Quando não há justiça é que se lembra que tem direitos humanos.

f) O Cristianismo e o fim da lei

O Messias enviado por Deus inaugura um tempo novo na história. Essa esperança escatológico-política alimentou a fé judaica e construiu várias expectativas políticas. Jesus foi um Messias paradoxal: um crucificado que pregou um Reino que teve no centro a justiça dos filhos de Deus e não um território político. A norma do Reino exige um modo de vida no qual o mandamento maior, o amor, possa instaurar a justiça. Paulo de Tarso acolhe esse projeto com entusiasmo e com sua formação rabínica busca relacioná-lo à Lei de Moisés. Na era do Cristo de Deus a lei ainda tem sentido? Paulo não vai afirmar a eliminação da Lei, mas a revelação de seu significado profundo, agora ressignificada pela graça oferecida por Deus em Jesus morto e ressuscitado. "Cristo é o fim (*télos*) da lei" (Rm 10,4), afirma o Apóstolo. A lei antiga teve, portanto, um papel pedagógico, assim como a lei natural inscrita nos corações de todos os homens que não conheceram a lei revelada por Deus (Rm 2,14-15). Por conseguinte, o seguidor de Jesus Cristo, vive uma autonomia perante a lei, tendo em vista o mais fundamental que é a vivência do amor, força a partir de onde a vontade pode praticar o bem. A lei, por sua vez, mostra o limite entre o bem e o mal, ela se relaciona ao limite, ao pecado (Rm 5,20; Cor 15,56). A graça capacita o cristão a resgatar, na prática, o que é fundamental na Lei de forma que "tudo é permitido, mas nem tudo convém" (1Cor 10,23). A vivência da legalidade só tem sentido como vivência do amor e não como prática de regras codificadas interiorizadas pela força da tradição ou cumpridas pela força da coerção.

O Cristianismo nasceu, portanto, como um movimento messiânico que coloca a legalidade como um instrumento a serviço da vida e da convivência humana: antes da lei a vida humana, acima da lei o amor, depois da lei a justiça. Em outros termos, a ética é o fundamento de toda instituição legal.

4. A vida plena de todos os seres humanos

As fontes da teologia do direito afirmam, portanto, que todo ordenamento legal está submetido ao bem do ser humano, ou seja, a lei tem seu fundamento na justiça. Talvez seja essa uma repetição do que afirmam as filosofias do direito de ontem e de hoje. Certamente, a noção de cidadania delimite concretamente os sujeitos da lei nos antigos códigos e normas e as assimetrias sociais que eles instituem como legítimas e naturais. O Cristianismo, sem falar em linguagem jurídica, afirma a cidadania universal perante Deus. A fé na criação atinge sua verdadeira universalidade, superando todas as fronteiras que separem os povos: "Não há judeu, nem grego, nem escravo e nem livre, nem homem e nem mulher" (Gl 3,27-28). Essa antropologia coloca o ser humano como centro da vida social. A relação entre os indivíduos na comunidade instaura um novo modo de vida (*o homem novo*) que, do ponto de vista social, pauta o equilíbrio entre o *eu* e o *outro,* superando os individualismos que isolam e os comunitarismos que massificam, do ponto de vista moral coloca toda norma como grandeza relacional, superando os legalismos que afirmam a lei como valor em si mesmo (Cf. 1Cor 12-13).

A teologia do direito, entendida a partir dessas referências, exige recolocar a relação inseparável entre a moralidade e a legalidade. Nenhuma lei se justifica se não for justa, ainda que pragmaticamente seja necessária. A utopia da sociedade justa permanece, certamente, como fim (*télos*) da sociedade humana e adquire, em nossos dias, dimensões realmente universais, como busca da sociedade planetária capaz de garantir a vida e a convivência humana para a atualidade e para as gerações futuras. Os pragmatismos e os formalismos legais rejeitam os horizontes éticos e utópicos como desnecessários para a construção dos ordenamentos históricos. As burocracias do poder, incluindo a do poder judiciário, podem igualmente transformar a lei em ferramenta útil à manutenção da ordem dominante, valor em si mesmo que abnega os ideais da igualdade radical de todos como romantismo sem viabilidade técnica.

Se, na Idade Média, a relação entre a *lex divina*, a *lex naturalis*, a *lex aeterna* e a *lex humana* compunha um sistema orgânico e permitia pensar a ordem normativa como um todo, integrando cosmo e cidade, consciência e norma, valor e fato, em nossos dias a fragmentação dos saberes e da vida institui rupturas entre as ordens jurídica e moral, entre os indivíduos e a sociedade, o que resulta uma assimetria fundamental: o direito positivo se torna cada vez mais hegemônico ao legislar sobre todas as esferas da vida, enquanto a moralidade perde a força nos âmbitos da vida pessoal e social, donde resulta não a eficácia da lei, mas ao contrário a sua ineficácia,

Considerações finais: encontros antigos e desafios novos

permanecendo como algo externo à convicção de consciência e ao valor praticado. A lei instituída em códigos incontáveis perde cada vez mais sua parceira indispensável, a moral. Lei dura e moral leve, estado de direito e crise do dever. Sem a moral, o direito debate-se contra a maldade, mas não consegue eliminá-la pela raiz. Para cada problema que emerge na sociedade se cria hoje uma regra, para cada maldade uma lei, enquanto na ostra do individualismo cada qual busca aquilo que lhe proporciona maior bem-estar como direito inalienável.

É na vida plena de todos os seres humanos que toda norma e toda lei encontra seu lugar e sentido. Esse bem fundamental não se institui pela estrita via legal, mas somente pela adesão livre e consciente de cada sujeito que o assume como valor fundamental. A vivência da legalidade pressupõe o aprendizado da liberdade e da responsabilidade, vivenciados como valores por todos e por cada um. A educação para a vivência dos valores é um compromisso urgente da sociedade atual, cada vez mais centrada no bem-estar individual e nas garantias legais. O "viver com os outros e para os outros" soa há muito como um ideal romântico e desnecessário; pode até sensibilizar as consciências ávidas de sentido por meio de apelos éticos à solidariedade, de campanhas éticas em prol da coisa pública e de movimentos ambientalistas, sem, contudo, instaurar uma cultura capaz de conectar cada indivíduo com o seu semelhante, em âmbito local e mundial, de estabelecer a vivência de valores absolutos como fim que exige as práticas de meios coerentes e de ligar responsavelmente a geração atual com as gerações que virão.

> A "cidade do homem" não se move apenas por relações feitas de direitos e de deveres, mas antes e sobretudo por relações de gratuidade, misericórdia e comunhão. A caridade manifesta sempre, mesmo nas relações humanas, o amor de Deus; dá valor teologal e salvífico a todo o empenho de justiça no mundo.[1]

---

1   BENTO XVI, *Caritas in Veritate*, n. 6.

Autores

Afonso M. L. Soares

Professor Associado do Departamento de Ciências da Religião da PUC-SP. Mestre em Teologia pela PUG. Doutor em Ciências da Religião pela Universidade Metodista de São Paulo, com pós-doutorado em Teologia pela PUC-Rio. Livre-docente em Teologia pela PUC-SP.

Andrés Felipe Thiago S. Guardia

Bacharel e mestre em Direito pela PUC-SP. Doutorando em Direito pela mesma Universidade.

Antonio Marchionni

Professor Associado da PUC-SP. Bacharel e mestre em Teologia. Doutor em Filosofia pela Unicamp.

Carlos Josaphat

Dominicano, doutor em Teologia com especialidade em ética da comunicação. Professor emérito da Universidade de Friburgo na Suíça, onde ensinou por mais de 25 anos. Autor de vários livros, editados no Brasil e na Europa. Coordenador geral da publicação das Obras Completas de Las Casas, em tradução à língua portuguesa.

Fábio Mariano

Bacharel, mestre e doutorando em Direito pela PUC-SP. Professor Assistente da Uniban e assistente voluntário junto ao PEPG em Direito da PUC-SP.

Frank Usarski

Professor Assistente Doutor do Departamento de Ciências da Religião. Licenciado em Pedagogia. Doutor em Filosofia (Ciências da Religião) com pós-doutorado pela Universidade Hannover. Livre-docente em Ciências da Religião pela PUC-SP.

José Comblin

Doutor em Teologia pela Universidade de Louvain. Teólogo com larga experiência em assessoria a grupos populares na América Latina. Autor de vasta obra bibliográfica com reconhecimento internacional.

João Décio Passos

Professor Associado do Departamento de Ciências da Religião da PUC-SP. Professor do Instituto São Paulo de Estudos Superiores. Bacharel pela Pontifícia Faculdade N. S. Assunção. Mestre em Teologia pelo Pontifício Ateneu Santo Anselmo. Mestre em Ciências da Religião e doutor em Ciências Sociais pela PUC-SP. Livre-docente em Teologia pela PUC-SP.

José J. Queiroz

Professor Titular do Departamento de Ciências da Religião da PUC-SP. Bacharel em Direito. Bacharel, mestre e doutor em Teologia pela Universidade Santo Tomás.

Maria Ângela Vilhena

Professora Associada da PUC-SP. Bacharel e especialista em Teologia pela Pontifícia Faculdade N. S. Assunção. Mestra em Ciências da Religião e doutora em Ciências Sociais pela PUC-SP. Livre-docente em Teologia pela PUC-SP.

Matthias Grenzer

Professor da Faculdade de Teologia da PUC-SP. Doutor em Teologia Bíblica pela Faculdade St. Georgen de Frankfurt.

Pedro Lima Vasconcellos

Professor Assistente Doutor do Departamento de Ciências da Religião da PUC-SP. Bacharel em Teologia pela Pontifícia Faculdade N. S. Assunção. Mestre em Ciências da Religião (Bíblia) pela Universidade Metodista de São Paulo. Doutor em Ciências Sociais e Livre-docente em Ciências da Religião pela PUC-SP.

Rafael Rodrigues da Silva

Bacharel em Teologia. Mestre em Ciências da Religião (Bíblia) pela Universidade Metodista de São Paulo. Doutor em Comunicação e Semiótica e Livre-docente em Teologia pela PUC-SP.

Walter Ferreira Salles

Professor da Puccamp. Bacharel em Teologia pela Faculdade Jesuíta de Belo Horizonte. Mestre em Teologia pelo Centre Sèvre, França. Doutor em Ciências da Religião pela Universidade Metodista de São Paulo.

Sumário

Apresentação da coleção
Afonso Maria Ligorio Soares 5

Introdução 9

Parte I
Aspectos históricos e epistemológicos

I.   Religião como sistema normativo:
     considerações sistemáticas e exemplificações
     Frank Usarski 21

II. O direito na Igreja, na sociedade e na universidade medieval
     Antonio Marchionni 36

III. Teologia e direito na aurora do mundo moderno:
     Francisco de Vitoria e Bartolomeu de Las Casas
     Carlos Josaphat 54

IV. Fundamentos axiológicos do direito: a relação constitutiva
     entre direito e valor
     Fábio Mariano 75

V.   Relações entre teologia e direito: a justiça como fonte e meta comum
     João Décio Passos 85

Parte II
Fundamentos bíblico-teológicos do direito

VI. O patrocínio divino: ensaio sobre normas e leis
     Maria Ângela Vilhena 103

VII. Orientações para a vida: os Dez Mandamentos e o direito no antigo Israel
Rafael Rodrigues da Silva 118

VIII. A lei superior da convivência amorosa (Mc 12,28-34)
Matthias Grenzer 133

IX. Lei, ética e instituições: testemunhos de Jesus e Paulo
Pedro Lima Vasconcellos 151

X. Cristianismo e direito
José Comblin 165

PARTE III

ÉTICA E DIREITO

XI. A hermenêutica da diferença: referências teológico-cristãs à prática jurídica
Walter Salles 177

XII. A dialética entre legalidade e justiça
José J. Queiróz 187

XIII. Ética profissional jurídica: uma aproximação cristã
Andrés Felipe Thiago S. Guardia 204

XIV. A problemática do bem e do mal: antes e para além do direito
Afonso Maria Ligorio Soares 212

Considerações finais: encontros antigos e desafios novos
João Décio Passos 231

Autores.. 242

Impresso na gráfica da
Pia Sociedade Filhas de São Paulo
Via Raposo Tavares, km 19,145
05577-300 - São Paulo, SP - Brasil - 2015